环境法学研究文库

国家社会科学基金项目成果（项目批准号05CFX028）

转基因生物安全法研究

王明远 著

On the Law for GMO Safety

图书在版编目(CIP)数据

转基因生物安全法研究/王明远著. —北京:北京大学出版社,2010.6
(环境法学研究文库)
ISBN 978-7-301-17333-6

Ⅰ.①转… Ⅱ.①王… Ⅲ.①生物-外源-遗传工程-安全技术-法律-研究-中国 Ⅳ.①D922.604

中国版本图书馆 CIP 数据核字(2010)第 107381 号

书　　　名:转基因生物安全法研究
著作责任者:王明远　著
责 任 编 辑:郭瑞洁
标 准 书 号:ISBN 978-7-301-17333-6/D·2626
出 版 发 行:北京大学出版社
地　　　址:北京市海淀区成府路 205 号　100871
网　　　址:http://www.pup.cn
电　　　话:邮购部 62752015　发行部 62750672　编辑部 62752027
　　　　　　出版部 62754962
电 子 邮 箱:law@pup.pku.edu.cn
印　刷　者:北京山润国际印务有限公司
经　销　者:新华书店
　　　　　　965 毫米×1300 毫米　16 开本　16 印张　238 千字
　　　　　　2010 年 6 月第 1 版　2010 年 6 月第 1 次印刷
定　　　价:30.00 元

未经许可,不得以任何方式复制或抄袭本书之部分或全部内容。
版权所有,侵权必究
举报电话:010-62752024　电子邮箱:fd@pup.pku.edu.cn

总　　序

若以中国法学界公开发表的首项环境法研究成果"环境保护法浅论"[①]的发表时间为基准计算,到 2005 年初环境法学研究在中国已经历了 25 个年头。25 年来,中国的环境法学从无到有,从当初隶属于法学的经济法学科到 1997 年跃居为法学二级学科(学科名为"环境与资源保护法学"[②]),老一辈和新生代环境法学者们继往开来,为中国环境法学的茁壮成长作出了杰出的贡献。

目前,国内大多数法学院系开设了环境法学课程,而在有法学教育研究传统的高校院所,还经教育部批准设立了环境法专业的硕士学位和博士学位授予点,真可谓"星火燎原"。1999 年,教育部批准设立了普通高等学校人文社会科学重点研究环境法学基地,到 2000 年,中国法学会还批准设立了环境资源法研究会。

在学科队伍发展壮大的同时,环境法研究的学术成果和著述也如雨后春笋。仅以我和研究生们于 2001 年底对 20 世纪中国环境法学研究成果所作的统计,1979—2000 年我国已发表环境法学类论文近三千篇,各类教材、论(译、编)著二百余部,内容涉及环境法的各分支领域。尽管与其他传统部门法学的研究成果无论在数量还是质量上都不能相比,但它们依旧促进了环境法学这一新兴法学学科在中国的繁荣和进步。

20 世纪末,中国环境法学研究较为关注环境法律制度的建立。进入 21 世纪以后,中国环境法学研究一个显著的改变,就是随着研究队伍的年轻化和专业化,环境法研究者的学历背景已从过去主要由非法学专业者占主导地位回归为以法学专业者占主导地位的"正统法学研究"上来。结果,就是环境法学研究逐步从对教科书的诠释或模仿走向对环境法专题的理性思考和理论深化,环境法律解释逐步从过去注重对官方政策的引用转向现在对环境法制度的公平性与正当性的研究,环境法学研究资料的运用逐步从依靠他人翻译转到直接参考原著上来。我们欣喜地看到,近几年书架上摆放

[①] 作者马骧聪,载《法学研究》1979 年第 2 期。
[②] 因我对"环境与资源保护法学"的学科称谓颇有微词,所以在总序中我依旧使用国际社会通用的"环境法学"(Environmental Law)来表述已被命名为"环境与资源保护法学"的这一中国法学的二级学科,下同。

的环境法学著作中,低水平重复的著述越来越少,而以环境法学某个专题为研究对象的学术专著越来越多。

我先后从师于武汉大学肖隆安教授和北京大学金瑞林教授,在两所被学界誉为国内环境法学研究领域鼎立南北的高校攻读环境法的法学硕士和博士学位并分别留校任职。作为中国环境法教学与研究者,我同时还见证了中国环境法学发展的整个历程。我还清楚地记得,其他环境法学界名师如韩德培教授、陈汉光教授、彭守约教授、蔡守秋教授、程正康教授,还有马骧聪教授、萧乾刚教授等对我从事环境法学教学与研究事业从启蒙直到成长期间的谆谆教诲。他们对学术研究锲而不舍的努力奋斗和一丝不苟的钻研精神,一直勉励和支撑着我和我们在他们的肩膀上为繁荣中国环境法学继续攀登。

为给国内环境法学者建立一个环境资源法学研究的平台,在中国法学会环境资源法学研究会2000年成立之初,研究会与法律出版社共同商定编辑出版《环境资源法论丛》,拟每年编辑出版一卷,刊载环境与资源法学界有关基础理论或专题研究的论文,最终形成庞大的环境与资源法学研究论文集和资料集。

然而,论文集和资料集对环境法研究成果的固化力和影响力远非学术专著可比。我通过教育部在南京大学设立的"中文社会科学引文索引检索系统"检索统计发现,在1998—2002年5年间中国环境法学著述的引证中,环境法学研究型专著以及教科书的学术影响力都远高于环境法的学术论文。[①] 而在环境法学研究成果的汇集上,至今中国未出现以文库或相关形式编辑出版的系列研究文集。许多优秀环境法研究著作因受出版社地位、选题计划以及作者个人学术影响力等因素的影响或限制而不能及时面对读者。这种状况若不能迅速改变,不能不说是中国环境法学研究的一种悲哀。

"北京大学是常为新的。"背负着前辈们的重任和依托北京大学的开创性学术地位,我感到有责任首开编辑出版《环境法学研究文库》之先河,建立起富有特色的环境法学研究系列知识库,让才华出众或崭露头角的环境法学者们的富有学术性、新颖性和实用性的环境法学术研究成果通过文库展现在读者面前。北大出版社副总编杨立范先生以多年主持编辑法学书籍的经验和睿智爽快地把我这一设想付诸实现。《环境法学研究文库》终以它顽强的活力呈现在大家面前。

至此新书出版之际,是以序贺之。

汪 劲
2006年5月31日

[①] 有关调查结果,详见汪劲著:《环境法律的解释》,人民法院出版社2005年版。

前　言

现代生物技术特别是转基因技术的产生和发展,为人类战胜饥饿和疾病带来了希望,同时也带来了种种风险和冲击。作为一把"双刃剑",现代生物技术已经并将继续对人类社会的利益格局产生重大、深远、广泛的影响,促使既有的法律制度和秩序也随之调整,无论是在国际法层面上还是在国内法层面上,皆然。因此,开展有关现代生物技术的法律问题之研究,已经成为国内外法学工作者无可回避的挑战之一。

转基因生物安全法律问题研究是生物技术法学的重要内容,同时也是环境法学领域的新课题。该研究具有跨学科、跨专业的性质,需要以相关的行政法、民法和国际法为重点,结合生物科学与技术、生态学、伦理学与管理学等进行系统、深入的探讨。

本书是笔者所承担的国家社会科学基金项目《转基因生物安全法律问题与我国的对策研究》的最终成果,其主要内容和基本观点包括:

(1) 转基因生物安全问题概述。首先对转基因技术、转基因生物、转基因食品和转基因生物安全等概念进行梳理和辨析,在此基础上,分别从科技、伦理和经济等角度对转基因生物安全问题进行探讨,认为转基因生物安全是指人们为使转基因生物及其产品在研究、开发、生产、进口、加工、运输、销售、消费等过程中受到安全控制,防止其对生态环境和人类健康产生危害,并处理其所造成或可能造成的实际损害而采取的一系列措施的总和,而调整转基因生物安全相关主体之间的社会关系的法律规范共同构成了转基因生物安全法。

(2) 转基因生物安全之法律调整。阐释了转基因生物安全法律调整的必要性、利益机制以及转基因生物安全法的基本内容、调整手段、历史沿革和主要特点,强调由于市场机制具有把生态环境和公共健康成本转嫁给社会的天然倾向,需要政府基于公共利益对其进行干预、矫正,运用多种手段调控企业等市场主体的行为,以达到社会所期望的公共目标;在尊重相关企业等市场主体的独立地位和经济自由的前提下,建立针对转基因技术研发、转基因生物及其产品产业化发展等活动的监管制度,是转基因生物安全法的核心内容;针对转基因技术及其产物所导致的生态和健康风险而采取的安全监管措施属于社会控制、保护性控制;在不妨碍经济领域和政治国家的自主运行逻辑的前提下,社会公众依法对企业、政府有关转基因生物及其产品的活动施加影响,是确保转基因生物安全法律法规得到有效实施的重要因素,而公众对转基因生物及其产品的知情权、消费选择权和相关公共事务参与权应当成为转基因生物安全法的基本内容之一;转基因生物安全法具有科学技术性、综合性、国际性、社会性和立法模式的多样性等显著特色。

(3)转基因生物安全监管分析。指出转基因生物安全监管的基本目标是寻求利益和风险之间的平衡点,保护生态环境和公众健康,同时促进现代生物技术和产业的顺利发展;监管体制包括松散型、集中型和中间型等三种模式,每种模式都有其各自的优劣之处;监管原则包括预防原则、风险预防原则、禁止转基因技术滥用原则、个案处理原则和逐步进行原则、实质等同性原则、基于产品原则和基于技术(工艺)原则以及软法和硬法相结合原则等;监管制度包括许可证制度、报告制度、事先知情同意制度、生态和健康风险评价制度、转基因食品安全评价制度和标识制度、转基因生物及其产品可追溯性制度、专家咨询制度等;而在监管原则和制度的采用方面,不同国家和地区的立场和做法往往也会有所不同。

(4)转基因生物侵权责任探讨。认为终止子技术作为维护育种者自身权益的技术措施,在我国目前的法律框架内,并不构成对以留种权为核心的农民权的侵害;转基因食品经营者对含有转基因成分的食品不进行标识,如果该食品在强制标识目录之内,则直接构成对消费者知情权的侵害;如果该食品在强制标识目录之外,则不构成侵权;转基因生物所致基因污染以及其他权益侵害具有自己的特点,有别于传统环境污染侵权,应当根据转基因生物经营者的地位和实力分别采取不同的归责原则:原则上要求转基因生物的经营者,特别是转基因种子的供应商、进口商、销售商等对转基因生物所致侵权损害承担无过错责任,并且应当依法采取责任保险、赔偿基金等责任保障措施,获得政府许可并不免除其民事赔偿责任;同时,作为例外,对于转基因作物的种植者,特别是农民,则仍然实行过错责任原则。

(5) 转基因生物安全国际立法。分别从经合组织、联合国粮农组织、《生物多样性公约》等角度探讨转基因生物安全问题,并对《卡塔赫纳生物安全议定书》的主要内容及其与世贸组织规则之间的关系等进行讨论。

(6) 部分国家和地区转基因生物安全立法及其启示。分别对美国、欧盟及其部分成员国以及日本、澳大利亚、巴西等国家和地区的转基因生物安全立法进行介评,并得到以下结论和启示:

第一,转基因技术产业化发展的潮流总体上不可逆转,所涉及的利益关系错综复杂,生物安全问题更是充满争议。各个国家和地区在开展转基因技术研发与商业性应用的同时,普遍制定了相关的指南和法律,依法确立政府、企业和社会公众等主体的行为规范,明确其权利义务关系和法律责任,在保障生物安全的同时促进转基因技术与产业的健康发展。概言之,对于发展转基因技术和产业、保障转基因生物安全而言,科技与法律是两种必要的基本手段,二者相辅相成,不可或缺。

第二,各个国家和地区有关转基因生物安全的立场都较为明确且富有个性,相应的立法和管理实践也各具特色。对于转基因技术的研发,发达国家和发展中国家普遍给予高度重视和积极鼓励,致力于在关注生物安全的同时提高本国、本地区的转基因科技水平;而对于转基因生物及其产品的商业化利用,美国大力支持,欧盟及其成员国严格限制,日本和澳大利亚等发达国家居于美国和欧盟之间,而巴西等发展中国家则在经历了一系列的波折后开始积极而谨慎地推进转基因技术的产业化发展。

第三,在转基因技术的研发方面,美国、日本等国家制定了研究指南等"软法",而欧盟及其成员国、澳大利亚、巴西等地区和国家则制定了具有法律约束力的"硬法",即指令、条例、法律、法令等;在转基因生物及其产品的商业化利用方面,各个国家和地区普遍采用"硬法",如美国基于《生物技术监管协调框架》将现有的相关联邦法律延伸适用于该领域,而欧盟及其成员国、日本、澳大利亚、巴西等则制定了专门的基因技术或生物安全立法。

第四,转基因生物安全涉及多种复杂因素,相关立法和管理具有很强的综合性,特别容易受到政党轮替等因素的影响。为了保持转基因生物安全管理的科学性、客观性、独立性、专业性和相对稳定性,各个国家和地区普遍建立或确定了转基因生物安全监管机构。其中,美国、日本等国家没有专门的监管机构,而是确定原有的相关政府机构承担转基因生物安全监管职责;欧盟及其成员国、澳大利亚和巴西既有专门的转基因生物安全管理机构,同时又有相关的原有机构参与转基因生物安全监管。

第五,转基因生物安全问题总体上属于市场完全失灵的领域,需要由政府采取保护性或社会性控制措施加以管理;与此同时,面对市场失灵和可能的政府失灵,市民社会应当在转基因生物安全管理中发挥重要的参与、监督、制衡等作用。这一点在各个国家和地区的转基因生物安全立法和管理实践中普遍得到了落实——主要体现为专家咨询、转基因食品标识以及公众参与环境影响评价等。

第六,风险评价往往面临科学上的不确定性。通过立法明确是否遵循风险预防等原则是建立转基因生物安全管理制度、有效开展转基因生物安全管理活动的重要前提。美国较为简略、宽松、高效的转基因生物安全管理制度和实践与其坚持的实质等同性原则和损害预防原则是吻合的,而欧盟及其成员国周密、严格的转基因生物安全管理制度(特别是可追溯性制度、标识制度)与实践则体现了其所坚持的风险预防原则。

(7)我国转基因生物安全立法的现状及其完善。对我国转基因技术研发和产业发展现状、转基因生物安全立法的历史沿革、转基因生物安全法律体系、管理体制、基本政策和基本制度、转基因生物安全立法及其实施中存在的主要问题、完善我国转基因生物安全立法的基本立场以及转基因生物安全法律的基本框架等进行了系统梳理和探讨,认为完善我国转基因生物安全立法和监管的基本立场应是既大力发展转基因技术和产业,又保护经济、生态、健康和安全不受转基因生物及其产品的威胁,在转基因技术研发、商业化应用以及生态环境与公众健康保护之间寻找一个适当的平衡点;应当制定专门的、综合性的转基因生物安全法律;应当坚持风险预防原则,设计和实施较为严格的转基因生物及其产品监管制度,待积累了较为丰富的资料和实践经验,有充分理由可以确信转基因技术和产业发展不会对生态环境和人类健康造成重大或者不可逆转的危害之后,再逐步放松监管,并在条件成熟时通过修订法律改采实质等同性原则和损害预防原则;相对于农业部而言,由环境保护部作为我国转基因生物安全事务的主管机构似乎更为适当;除了环境保护部门外,科技、农业、林业、卫生、质量检验检疫、工商行政管理等部门也应依法参与转基因生物安全管理；应当设立由国务院环境保护、科技、农业、林业、卫生、工商、质量检验检疫等部门的主管领导组成的国家转基因生物安全委员会，作为转基因生物安全管理的协调机构；还应当成立由国务院相关部门的代表以及环境保护、消费者保护、生物、生态、农业、林业、知识产权、医药、卫生、食品、伦理、法律、经济贸易等相关领域专家的代表组成的国家转基因生物安全技术委员会，作为转基因生物安全管理的咨询机构；应当在转基因生物法律中进一步确立和完善转基因生物风险评价制度、转基因食品安全评价制度、转基因生物及其产品许可证制度、转基因生物及其产品进口事先知情同意制度、转基因生物及其产品标识制度、转基因生物及其产品可追溯性制度、应急处理和损害赔偿制度、转基因生物安全专家咨询和公众参与制度等。

CONTENTS 目 录

第一章　转基因生物安全问题概述　　1
引言　　1
一、相关概念辨析　　2
二、转基因生物安全问题的科技分析　　14
三、转基因生物安全问题的伦理分析　　22
四、转基因生物安全问题的经济分析　　28

第二章　转基因生物安全之法律调整　　35
引言　　35
一、依法保障转基因生物安全的必要性　　35
二、转基因生物安全法的利益机制分析　　37
三、转基因生物安全法的基本内容和
　　调整手段　　46
四、转基因生物安全法的历史沿革　　50
五、转基因生物安全法的主要特点　　53

第三章　转基因生物安全监管分析　　56
引言　　56
一、转基因生物安全监管的主要环节　　57
二、转基因生物安全监管的基本目标　　59
三、转基因生物安全监管体制　　61
四、转基因生物安全监管原则　　68
五、转基因生物安全监管制度　　80

CONTENTS 目 录

第四章 转基因生物侵权责任探讨 87
  引言 87
  一、转基因技术和农民权 88
  二、转基因食品和消费者知情权 95
  三、转基因生物和环境、财产及人身权益 97
  四、结论 112

第五章 转基因生物安全国际立法 113
  引言 113
  一、经合组织与转基因生物安全 114
  二、联合国粮农组织与转基因生物安全 115
  三、《生物多样性公约》与转基因生物安全 117
  四、《卡塔赫纳生物安全议定书》相关问题 119

第六章 部分国家和地区转基因生物安全立法及其启示 134
  引言 134
  一、美国转基因生物安全立法 134
  二、欧盟及其部分成员国转基因生物安全立法 144
  三、其他部分国家转基因生物安全立法 175
  四、评论与启示 188

CONTENTS 目 录

第七章　我国转基因生物安全立法及其完善　194
　一、我国转基因技术研发和产业发展现状　194
　二、我国转基因生物安全立法之历史沿革　196
　三、我国转基因生物安全法律体系　202
　四、我国转基因生物安全管理体制　203
　五、我国转基因生物安全管理基本政策　206
　六、我国转基因生物安全管理基本制度　207
　七、我国转基因生物安全立法及其
　　　实施中存在的主要问题　213
　八、完善我国转基因生物安全立法
　　　的基本立场　218
　九、我国转基因生物安全法律的基本框架　220

参考文献　228

后记　240

第一章 转基因生物安全问题概述

引　言

转基因生物以及相关的技术和产品可能导致的安全问题,尤其是生态和健康风险问题,正引起人们的广泛关注。①

自20世纪70年代以来,转基因技术在农业和医疗领域的应用日益广泛,但有关的安全争议大都集中在转基因农作物和转基因食品之上。②这是因为,转基因技术在医疗领域的应用主要涉及细菌等低等生物,对其进行遗传基因改造较少产生伦理难题,而且封闭式的工厂化生产通常不会带来环境的损害问题,初级产品也不会直接与公众接触,这些因素决定了人们大都对此类应用持较为宽容的态度;而在农业生产方式下,转基因农作物要从封闭的实验室被释放至开放的空间,必然会和外部环境相互作用、相互影响,再加上其有别于传统作物的生理特点以及可能引发的生态、健康甚至伦理、宗教等方面的问题,容易导致人们在被转基因农作物及其产品包围、享受现代生物技术所创造的物质文明成果的同时,往往也会为其安全性等问题感到困惑。③ 人们希望,在通过技术进步解决这些困扰的同时,法律也能够作出及时、充分的回应。

---

① 薛达元主编:《转基因生物风险与管理》,中国环境科学出版社2005年版,第13—16页。
② 汪其怀:《中国农业转基因生物安全管理回顾与展望》,载《世界农业》2006年第6期,第18—20页。
③ 曾北危主编:《转基因生物安全》,化学工业出版社2004年版,第6—9页。

有鉴于此，本书主要讨论转基因农作物在技术研发、环境释放①、产业化种植、加工与销售等环节所涉及的生物安全法律问题，考察主要的利益相关者，如研究者、生产者、进口者、加工者、销售者、消费者、社会公众以及政府管理机构等在转基因生物安全方面的关系，探讨生物技术发展与人类安全之间、私人利益与公共利益之间的平衡机制。

一、相关概念辨析

包括生物技术在内的现代技术，为人们创造了前所未有的充满神奇和魅力的新生活，同时也在许多方面对人类社会造成了一定的现实或潜在威胁。为了兴利除弊，有必要在法制的框架下调整相关的利益关系，加强对现代技术和产业发展的调控。而转基因生物安全管理的核心任务，就是通过相关法律制度的建构和实施，在现代生物技术与产业发展和生态环境、人类健康安全之间寻求适当的平衡点。②

相关概念的界定是进行转基因生物安全法律问题研究的逻辑起点和重要基石。基于此，笔者结合转基因技术和生物安全问题的科技背景，首先对相关概念进行介绍和分析，并在此基础上逐步展开对转基因生物安全法律问题的论述和探讨。

1.1 转基因技术和转基因生物

生物技术的概念有广义和狭义之分。在广义的概念下，凡是用有机体或其产物开发产品的技术都是生物技术。由此则生物技术古已有之，

---

① 环境释放与田间试验是一对非常相近的常用概念。在不同国家和地区，其具体含义和相互关系也不尽相同。例如，在我国，转基因植物的研究分为五个阶段，即实验研究（Experimental Research）、中间试验（Pilot Experiment）、环境释放（Environmental Release）、生产性试验（Preproduction Field Trial）和申请安全证书（Application for Biosafety Certificate），田间试验包括转基因植物中间试验、环境释放和生产性试验；在美国，转基因植物的试验管理分为三个阶段，即设施内封闭试验（Contained Experiment）、受监控的环境释放（田间试验）（Regulated Environmental Release/Field Trial）和解除监控的环境释放（Deregulated Environmental Release）；在加拿大，转基因植物的研究分为设施内利用（Contained Use）、受控田间试验（Confined Field Trial）和无限制环境释放（Unconfined Environmental Release）三个阶段。我国的实验研究阶段和中间试验阶段与美国、加拿大的设施内研究阶段非常相似，环境释放阶段和生产性试验阶段大致相当于其田间试验阶段。

② 刘长秋、刘迎霜：《基因技术法研究》，法律出版社2005年版，第100—107页。

第一章　转基因生物安全问题概述

如人类千百年前的酿酒、发面、泡菜和动植物育种等活动也都可以被称为生物技术。① 而狭义的生物技术仅指以基因工程为代表的现代生物技术,特别是重组 DNA 技术。②

重组 DNA 技术,即重组脱氧核糖核酸技术(Recombinant DNA Technology),又称转基因技术(Transgenic Technology),是指通过分子生物技术将一种或者几种生物的目的基因(Gene of Interest)转入某一生物的遗传体系内,进行基因重组,以获得某种特定性状并且能使该性状在此生物的后代中得到稳定遗传。③ 该技术是现代分子生物技术(Molecular Biotechnology)的主要分支之一。④

与现代生物技术的发展状况相对应,"转基因生物"一词最初的表述和来源是英语"Transgenic Organisms"。在 20 世纪 70 年代,重组 DNA 技术刚刚开始应用于动植物育种,当时常规的做法是将外源目的基因转入生物体内,使其得到表达,故早期的英语科技文献大都将这种移植了外源基因的生物形象地称为"Transgenic Organisms",即"转基因生物"。⑤

随着分子生物技术的不断发展,尤其是从 20 世纪 90 年代末以来,科学家们已经能够在不导入外源基因的情况下,通过对生物体自身遗传物质的加工、敲除或者屏蔽等方法改变该生物体的遗传特性并获得人们所希望得到的性状。⑥ 在此情形下,由于没有转入外源基因,严格说来也就不应再称之为"转基因技术",而应称之为"基因修饰技术"(Genetically Modified Technology)。这样会显得更加适当、全面,更加名符其实。于是,有人开始用"Genetically Modified Organisms(GMOs)",即"基因修饰生物"

---

① 徐晋麟、陈淳编:《基因工程原理》,科学出版社 2007 年版,第 34 页。
② 于智勇:《现代生物技术发展史上的重要事件》,载《生物学杂志》2002 年第 5 期,第 57—60 页。
③ 刘谦、朱鑫泉主编:《生物安全》,科学出版社 2001 年版,第 23 页。
④ 〔德〕Gunter Kahl 编:《基因工程词典》,陈启良译,高等教育出版社 2007 年版,第 343 页。
⑤ Reynolds M. Salerno, *Balancing Security and Research at Biomedical and Bioscience Laboratories*, Presented at BTR 2003: "Unified Science and Technology for Reducing Biological Threats and Countering Terrorism", New York Planting Technology Press, 2003, pp. 40—45.
⑥ 闫新甫主编:《转基因植物》,科学出版社 2003 年版,第 121 页。

来代替早期的"Transgenic Organisms"。①

可见,传统的"转基因技术"和"转基因生物"概念,实际上已经分别为"基因修饰技术"和"基因修饰生物"所涵盖。② 但由于"转基因"一词已经广为人知,再加上外源基因导入仍然是分子生物技术在作物育种等领域的主要应用方法,"转基因技术"和"转基因生物"这样的表述也就被沿用了下来。③ 在某些国际条约如《卡塔赫纳生物安全议定书》中,转基因生物又被称为 Living Modified Organisms(LMOs),即"改性活生物体"。

然而,近年来,用"基因修饰生物"来表述现代基因工程生物开始遭到部分学者的反对。在他们看来,通过杂交、回交、自交等传统育种方式获得的新作物品种也同样具有"基因修饰"效应,因此用"基因修饰生物"来指称通过现代基因工程获得的新生物品种,会混淆现代生物工程与传统选择性育种之间的区别,使人们失去对转基因生物及其产品的警惕。④

笔者认为,无论对转基因生物作何种表述,每种表述的内涵有多少细微的差别,但有一点是共同的,也是最本质的,那就是转基因生物是应用现代基因工程技术的结果,这种生物不能通过自然进化的途径出现,也不能通过传统的作物育种方法得到;此外,鉴于目前转基因生物的称谓混乱不一,用基因工程生物(Genetically Engineered Organisms)来表述似乎更加合理、准确。例如,我国《农业转基因生物安全管理条例》就将"农业转基因生物"界定为"利用基因工程技术改变基因组构成,用于农业生产或者农产品加工的动植物、微生物及其产品",主要包括:(1)转基因动植物(含种子、种畜禽、水产苗种)和微生物;(2)转基因动植物、微生物产品;(3)转基因农产品的直接加工品;(4)含有转基因动植物、微生物或者其

---

① Julie Hill, "Decision-making on Biotechnology: Developing New Principle for Regulation", *Journal of Environmental Assessment Policy and Management*, March 1999, pp. 61—79;吴乃虎编著:《基因工程原理》,科学出版社 1998 年版,第 37—43 页。

② Timothy M Swanson, *Biotechnology, Agriculture, and the Developing World: The Distributional Implications of Technological Change*, MA Edward Elgar Publishing Inc., 2002, pp. 15—16.

③ 刘鸿飞:《〈生物技术发展史〉解读》,载《国外科技新书评介》2007 年第 12 期,第 67—79 页。

④ Paul Grun, Tim Ramsay, Nina Fedoroff, "The Difficulties of Defining the Term 'GM'", *Science*, 2004 (303), pp. 1765—1769.

产品成分的种子、种畜禽、水产苗种、农药、兽药、肥料和添加剂等产品。①

综上所述,目前所谓的"转基因技术"往往泛指基因修饰技术、基因工程技术,而"转基因生物"通常泛指基因修饰生物、基因工程生物,有时甚至还包括相关的转基因产品。本书就是在这种意义上,继续使用"转基因技术"和"转基因生物"的概念。

1.2 转基因食品

世界上第一种转基因食品(Genetically Modified Food)是1993年在美国投放市场的转基因西红柿。其后,各种类型的转基因食品纷纷涌现,动物来源的、植物来源的和微生物来源的转基因食品发展非常迅速。②

如果仅仅从字面上理解,转基因食品③是指含有转基因成分的食品。但是,不同国家和地区对何谓"含有转基因成分"有着各自不同的理解和定义。例如,根据欧盟2003年发布的《转基因食品和饲料条例》,转基因食品是指"含有转基因生物或其成分的食品,或者由转基因生物或其成分生产的食品",而"由转基因生物或其成分生产的食品"即是"来源于转基因生物的食品"。这种循环绕口的解释说明这样一种情形:如果某种食品是以转基因生物或其成分为原料制造的,那么即便在加工生产之后,该食品中已经不再含有任何转基因成分,它仍然是转基因食品。④ 而美国则规定,在进行转基因食品标识时,如果食品中转基因成分的含量低于5%,则可以加贴"非转基因食品"标签。显然,在美国看来,转基因成分低于一定含量的食品,即使来源于转基因生物,也属于非转基因食品。⑤

在我国,根据《转基因食品卫生管理办法》第2条的规定,转基因食品系指利用通过基因工程技术改变基因组构成的动物、植物和微生物生产

---

① 《农业转基因生物安全管理条例》第3条,载http://www.gov.cn,最后访问日期:2009年3月2日。
② 殷丽君编:《转基因食品》,化学工业出版社2002年版,第61—67页。
③ 在讨论转基因食品时,大多数文献都将转基因饲料(GM Feed)也包括在内。
④ Articles 2(6) and 2(10), Regulation (EC) No.1829/2003 of the European Parliament and of the Council on Genetically Modified Food and Feed, 18th Oct., 2003.
⑤ 薛达元主编:《生物安全管理与实践——南京生物安全国际研讨会论文集》,中国环境科学出版社1999年版,第32—43页;张忠民:《美国转基因食品标识制度法律剖析》,载《社会科学家》2007年第6期,第70—74页。

的食品和食品添加剂,包括:(1)转基因动植物、微生物产品;(2)转基因动植物、微生物直接加工品;(3)以转基因动植物、微生物或者其直接加工品为原料生产的食品和食品添加剂。① 而食品产品中(包括原料及其加工的食品)含有基因修饰有机体或/和表达产物的,应当标注"转基因XX食品"或"以转基因XX食品为原料"。② 此外,根据《农业转基因生物标识管理办法》第6条有关标注方法的规定,转基因动植物(含种子、种畜禽、水产苗种)和微生物,转基因动植物、微生物产品,含有转基因动植物、微生物或者其产品成分的种子、种畜禽、水产苗种、农药、兽药、肥料和添加剂等产品,直接标注"转基因XX";转基因农产品的直接加工品,标注为"转基因XX加工品(制成品)"或者"加工原料为转基因XX";用农业转基因生物或含有农业转基因生物成分的产品加工而成的产品,最终销售产品中已不再含有或检测不出转基因成分的,标注为"本产品为转基因XX加工制成,但本产品中已不再含有转基因成分"或者标注为"本产品加工原料中有转基因XX,但本产品中已不再含有转基因成分"。③ 可见,对于转基因食品的标识,我国采取了与欧盟较为相似的做法,尤其是用农业转基因生物或含有农业转基因生物成分的产品加工而成的产品,即使在最终销售时已不再含有或检测不出转基因成分,仍然需要标识。尽管这种标识的内容既不是"转基因食品",也不是"非转基因食品",但相应的标识义务表明,我国把它们视为和转基因食品同类的特殊食品。

1.3 转基因生物安全

1.3.1 "转基因生物安全"的由来

早在1956年,克里克(Crick)和沃森(Watson)就揭示了生物遗传物质的结构,极大地促进了现代生物技术的发展。④ 1968年,美国科学家博格(Berg)成功地将两段没有遗传相关性的脱氧核糖核酸(DNA)片段连接

---

① 《转基因食品卫生管理办法》,载 http://www.china.com.cn,最后访问日期:2009年3月3日。
② 同前注文,第16条。
③ 《农业转基因生物标识管理办法》,载 http://www.agri.gov.cn,最后访问日期:2009年3月3日。
④ 张惠展编著:《基因工程》,华东理工大学出版社2005年版,第17页。

起来,引起了生物学界的轰动。随后,他试图开展将这段重组脱氧核糖核酸(rDNA)导入真核生物细胞核的实验。由于该实验所采用的DNA来源于一种非常危险的病毒,一旦DNA片段在真核细胞内恢复其生物活性,后果将不堪设想。此时,有同行意识到该实验的危险性,向他发出了警告。博格在仔细斟酌后暂时放弃了这项实验。[①] 1972年,生物学家布瓦耶(Boyer)从大肠杆菌中提取了一种限制性内切酶,并将其命名为EcoRi酶。这种酶能够在特定编码区域将DNA链切断,使不同遗传物质间的重组变得更加可行。在这种情况下,科学家们开始高度关注生物实验的安全性问题,并于1975年召开了著名的阿西洛玛(Asilomar)会议,专门讨论生物安全对策。在该会议上,针对生物安全监管原则,尽管存在很大分歧,但科学家们在以下三个重要方面达成了一致意见:(1)新发展的基因工程技术,为解决一些重要的生物学和医学问题,以及一些人们普遍关注的社会问题(如食品和能源问题)提供了乐观的前景;(2)遗传物质被人工改造后的生物体的意外扩散,可能会导致不同程度的潜在危险。因此,在开展这方面的研究时应采取严格的防范措施,并应在严格控制的条件下进行必要的实验来探讨这种潜在危险性的实际程度;(3)目前进行的某些实验,即便采取最严格的控制条件,其潜在的危险性仍然很大。将来的研究和实验也许会表明,许多潜在的危险比当时所设想的要轻,可能性要小。会议极力主张正式制定实验指南,以便统一管理重组DNA研究活动。[②]

在阿西洛玛会议之后不久,根据与会专家所提的意见,美国国立卫生研究院(NIH)制定了世界上第一部有关生物安全管理的规范性文件,即《重组DNA分子研究指南》(Guidelines for Research Involving Recombinant DNA Molecules)。[③] 该指南首次明确提出了生物安全(Biosafety)的概念,认为生物安全是指"为了使病原微生物受到安全控制而在实验室采取的一系列措施"[④]。显然,该指南对生物安全概念的界定,主要是针对转基因

[①] 刘鸿飞:《〈生物技术发展史〉解读》,载《国外科技新书评介》2007年第12期,第57—60页。
[②] 吴乃虎编著:《基因工程原理》,科学出版社1998年版,第45—49页。
[③] 刘谦、朱鑫泉主编:《生物安全》,科学出版社2001年版,第23页。
[④] Guidelines for Research Involving Recombinant DNA Molecules, NIH, USA, 1976.

微生物的实验室控制。而转基因生物安全(GMO Safety)概念的发展和演变也都是以此为基础逐渐展开的。①

综合看来,转基因生物安全问题主要表现为转基因生物及其技术和产品可能导致的对生态系统、人类健康的潜在危害,甚至还可能涉及对传统伦理和宗教的冲击。该问题的出现与现代生物技术密切相关。如果没有分子生物技术,特别是在物种间转移遗传物质的技术,也就不会有转基因生物安全问题。

仅从字面上看,广义的生物安全(Biosafety)②通常涉及与生物物种相关的安全或者保护问题,其中最为重要的两个方面就是外来生物入侵和转基因生物安全。

外来生物入侵,是指通过自然或人为途径引进的非本地物种在生态系统中获得了优势地位,本地物种不具备抵御外来物种的能力而逐渐被外来物种排挤的整个过程。③ 这个问题由来已久,在全球化的背景下更加突出。这是因为跨区域、跨国界的人员和物资流动日益频繁,特别是航运设备的改进,使得生物能够从发源地伴随航运工具转移万里之遥。如果新的生长区域适宜该外来生物而又没有其相应的天敌,这种外来生物在与本地生物进行生态位竞争时,将严重挤占本地生物群体赖以正常生长的各种资源,对原有的生态环境系统造成灾难性的破坏。

显然,构成外来生物入侵需要具备以下两个基本条件:第一,物种必须是外来的,而非本土的;第二,该外来物种能在被引入地的自然或人工生态系统中生存、繁殖和扩散,最终明显影响当地生态环境,损害当地生物多样性和生态平衡,甚至摧毁整个生态系统。而外来物种的肆虐以及生态学研究的深入,使得人们逐渐认识到,任何生物的生长一旦突破了自

---

① 总的趋势是从转基因生物的封闭利用扩展到转基因生物的环境释放以及转基因产品的生产和消费等。

② 在英文中,Biosafety 和 Biosecurity 是一对既有密切联系又有显著差别的概念。例如,针对实验室中的生物学研究,Biosafety 是指采取适当的防护设施、设备、技术和管理措施以减少或消除有潜在危险性的因子暴露及意外释放,从而保证人类和环境的安全;而 Biosecurity 则是指防止病原体或毒素及其相关信息被生物恐怖主义分子或其他极端分子窃取、滥用。参见许钟麟、王清勤编著:《生物安全实验室与生物安全柜》,中国建筑工业出版社 2004 年版,第 1—9 页。

③ 何丹军、严继宁:《外来生物入侵现状及其预防》,载《中国检验检疫》2007 年第 2 期,第 13—14 页。

然规则和人类控制都有可能造成极其严重的生态、经济和社会后果。①

外来生物入侵和转基因生物安全具有许多共同之处,如二者都是由特殊的生物引起的,都与人类活动密切相关,但其区别也是非常鲜明的。

首先,从问题产生的历史阶段来看,转基因生物安全是伴随着转基因技术的发展而出现的一个新问题,发端于20世纪70、80年代,近来日益为人们所关注。而外来生物入侵的发生与现代生物技术的发展没有必然的联系。

其次,转基因生物安全是一个综合性问题,涉及生态环境、人类健康甚至宗教、伦理等多个方面。而外来生物入侵主要是一个生态环境问题,内涵相对简单。

再次,引起转基因生物安全问题的"转基因生物"是人们通过转基因技术获得的新生物品种,在自然界中不可能自发产生。而外来生物入侵主要由来自异地、天然生成的生物物种引起,通过"物竞天择,适者生存"的自然竞争规律对生态系统发挥作用、产生影响。

最后,到目前为止,转基因生物对生态环境和人类健康的风险还停留在检测和讨论的阶段,没有确凿的证据能够证明转基因生物对生态环境和人类健康具有危害性。而外来生物入侵对生态环境产生的破坏作用已经广为人知。

可见,在广义的生物安全概念里,可以把外来生物入侵和转基因生物安全作为两个基本方面加以讨论。②但鉴于二者之间的显著差别,本书集中探讨有关转基因生物安全的法律理论与实践问题,并不涵纳外来生物入侵这类传统的生态破坏现象。

实际上,对生物安全法律概念的探讨也不能脱离相关的科技背景,这对于从法律层面找到合适的切入点非常重要。在环境法研究领域,一些学者已经对生物安全概念的界定作了有益的尝试,如王灿发教授认为"生物安全应当是指生物的正常生存和发展以及人类生命和健康不受人类生

---

① 陈灵芝、马克平主编:《生物多样性科学:原理和实践》,上海科学技术出版社2001年版,第162页。

② 付宝荣等主编:《生态环境安全和管理》,化学工业出版社2005年版,第41页。

物技术活动和其他开发利用活动侵害和损害的状态"①;蔡守秋教授认为"生物安全是指生物种群的生存发展处于不受人类不当活动干扰、侵害、损害、威胁的正常状态,所谓正常状态即该生物种的个体总量处于动态平衡的稳定状态"②;等等。这些学者所讨论的是广义的生物安全,原因行为既包括外来生物入侵等生物转移行为,也包括现代生物技术的不适当发展与应用行为。③ 从逻辑上看,其生物安全定义存在以下几个方面的问题:

首先,从生物安全在法律中的最初表述来看,生物安全问题的提出是与现代生物技术的发展和运用紧密联系的。传统的生态破坏问题如滥捕野生动物、过度砍伐、外来生物入侵等,同样会给生物和环境带来危险,但就问题的性质和特点来说,它们与现代生物技术所导致的危害和风险有很大区别。生物安全法律政策中的一系列重要原则和制度,如风险预防原则(Precautionary Principle)、实质等同性原则(Principle of Substantial Equivalence)、事先知情同意制度(Advanced Informed Agreement)等,都是在专门规范现代生物技术及其产物的过程中得以确立和强化的。如果不明确这一点,很容易就会对生物安全作扩大的、不加以进一步类型化的解释。④

其次,上述观点都认为生物安全概念中的"生物"——包括人类和动植物等——是需要保护的对象,应当使其处于一个不被"侵害、损害"的状态。而笔者认为,与核安全、化学品安全等提法相类似,生物安全概念中的"生物"不是指需要保护的生态环境中的生物,而是指具有安全隐患、需要加以规制的生物,特别是转基因生物;所谓的"安全"是指采取措施尽可能使这类风险型生物被控制在无害的状态,尽量保证其被安全地应用。申言之,某些生物特别是转基因生物具有环境和健康风险,生物安全的着眼点就在于规范、控制针对这些生物的研究、开发、生产、加工、运输、销售

---

① 王灿发:《创建框架性法规体系——生物安全管理立法初探》,载《国际贸易》2000年第7期,第34—40页。
② 蔡守秋:《论生物安全法》,载《河南省政法管理干部学院学报》2002年第2期,第23—27页。
③ 陈灵芝、马克平主编:《生物多样性科学:原理和实践》,上海科学技术出版社2001年版,第168—189页。
④ 龙火生、马毅青等:《生物安全的由来及发展》,载《家畜生态》2003年第24期,第8—11页。

第一章 转基因生物安全问题概述

等活动,从而尽可能地保障生态环境、公众健康等利益免受危害。由此,生物安全主要应是指"对生物技术及其产生的转基因生物的潜在危害的社会防范"①。而我国《农业转基因生物安全管理条例》第3条也明确指出,农业转基因生物安全,是指防范农业转基因生物对人类、动植物、微生物和生态环境构成的危险或者潜在风险。显然,这里的"生物"指的就是可能会引起不安全状态的经过基因改造的生物及其产品。

最后,从功能和效果的角度来看,把生物安全理解为"保障生物和生态环境不受人类活动的威胁",似乎和将其理解为"规制现代生物技术及其产物"两者之间没有差别,但前者却偏离了立法实践所强调的生物安全监管措施的侧重点。因为无论是从国际法还是国内法的层面看,当前生物安全立法所规制的主要对象都是现代生物技术及其产物,而不是需要保护的生物和环境。

基于此,笔者认为生物安全是指人们对动物、植物、微生物等生物体可能给人类及其赖以生存的自然环境带来的危害的防范,而转基因生物安全是指人们为使转基因生物及其产品在研究、开发、生产、进口、加工、运输、销售、消费等过程中受到安全控制,防止其对生态环境和人类健康产生危害,并处理其所造成或可能造成的实际损害而采取的一系列措施的总和。相应地,调整转基因生物安全相关主体之间的社会关系的法律规范共同构成了转基因生物安全法。

1.3.2 生物安全概念的发展和演变

1976年,美国国立卫生研究院(NIH)制定了《重组DNA分子研究指南》,第一次明确地提出了生物安全的概念。如果转基因生物仅仅在实验室中存在而没有产业化的价值和实践,那么所谓的转基因生物安全法只会是一些实验室操作和管理规范而已。但是,随着世界人口日益增长,传统农业种植和育种模式的增产潜力已经被挖掘殆尽,而日益精细的耕作和大量农药、化肥的使用又使原本已经脆弱不堪的生态环境遭到了进一步破坏。② 在此背景下,人们逐渐认识到,在农业中运用现代生物技术能够带来巨大的经济和环境效益,在很大程度上有助于上述问题的缓解。

---

① 柯坚:《我国生物安全立法问题探讨》,载《中国环境管理》2000年第1期,第23—25页。
② 高崇明编:《生物伦理学》,北京大学出版社1999年版,第12页。

事实上,由于农业的独特生产特性,使转基因生物在该领域具有良好的应用前景,尤其是在一些气候恶劣、病虫害频发的地区,转基因农作物表现出了传统农作物难以企及的优势,其应用受到广泛欢迎,市场化推进的速度非常之快。仅在 1996 年至 2004 年的九年间,全世界转基因农作物的累计价值就达到了 240 亿美元。[①] 而自 1984 年以来,包括农作物、药品等在内的全球转基因生物及其产品的总产值以每年 25% 的速度增长,至 2003 年,已经高达 450 亿美元之巨。[②] 相应地,转基因农作物及其产品也就成了现代生物安全研究的重点。

有关转基因技术的利益和风险的冲突必然会促进生物安全概念的发展,使其不再是局限于实验室范围内的一项安全操作规则,而是在科学技术的基础上逐渐演变成为集政治、经济、伦理、法律等诸多因素于一身的综合性问题,在深度和广度上都得到了极大拓展。由此可见,生物安全是一个动态的概念,所涉及的具体内容具有一定的时空范围,并随着自然界的演进、社会和经济活动的变化以及科学技术的进步而不断发展。

从国际法层面来看,第一次提出生物安全问题的是 1993 年 12 月 29 日生效的《生物多样性公约》(Convention on Biological Diversity)。该公约是从保护生物多样性这个角度来理解生物安全的。公约第 2 条"术语"没有对"生物安全"进行专门定义,但第 8 条(g)款、(h)款分别对转基因生物安全和外来生物入侵作了规定,要求缔约国尽可能"制定或采取措施,以酌情管制、管理或控制由生物技术改变的活生物体,防止其在使用和释放时可能产生危险,即可能对环境产生不利影响,从而影响到生物多样性的保护和可持续使用,也要考虑到对人类健康的危险",并"防止引进、控制或消除那些威胁到生态系统、生境或物种的外来物种"。[③] 显然,该公约有关生物安全的规定还比较单薄,而且主要强调防范生态环境和生物多样性可能遭受的危害。

而在根据《生物多样性公约》制定的《卡塔赫纳生物安全议定书》

---

① Clive James, "Preview: Global Status of Commercialized Biotech/GM Crops", *ISAAA*, Dec. 2004.
② 闫新甫主编:《转基因植物》,科学出版社 2003 年版,第 243 页。
③ Articles 2 and 8, Convention on Biological Diversity, 1993.

(Cartagena Protocol on Biosafety)①中,生物安全的含义得到了进一步丰富。虽然该议定书也没有给出生物安全的确切概念,但其第1条就明确宣示,"本议定书的目标是依循《关于环境与发展的里约宣言》原则15所订立的风险预防方法,协助确保在安全转移、处理和使用凭借现代生物技术获得的、可能对生物多样性的保护和可持续使用产生不利影响的改性活生物体领域内采取充分的保护措施,同时顾及对人类健康所构成的风险并特别侧重越境转移问题"②;在第3条"术语解释"中,"现代生物技术"被定义为以下两种技术:其一,试管核酸技术,包括重组脱氧核糖核酸(rDNA)以及把核酸直接注入细胞或细胞器;其二,超出生物分类学的细胞融合,此类技术可以克服自然生理繁殖或重新组合障碍,且并非传统育种和选种中所使用的技术③;而"改性活生物体"则是指"任何具有凭借现代生物技术获得的遗传材料新异组合的活生物体"④。可见,目前国际法上对生物安全的界定,主要是规范和制约与现代生物技术密切相关的转基因生物。此外,该议定书对转基因生物安全问题产生的最深远影响,是将其内容和范围扩展到实验室以外,如就转基因生物越境转移程序、风险评估与风险管理、国家间相关信息资料的交换以及转基因生物所致损害的责任与赔偿⑤等作出规定。在这里,转基因生物安全是一个涉及从实验室研究到产业化应用、从技术研发到经贸活动、从个人安全到社会安全等多个环节和层面的系统概念。

而从国内法的层面看,美国、欧盟、德国、澳大利亚、日本等发达国家和地区普遍建立了各自的转基因生物安全法律体系,部分发展中国家也正在致力于建立和完善其转基因生物安全立法。⑥

---

① 该议定书于2000年1月29日由《生物多样性公约》缔约方大会通过,自2003年9月11日起生效。
② Article 1, Cartagena Protocol on Biosafety, 2000.
③ Article 3(i), Cartagena Protocol on Biosafety, 2000.
④ Article 3(g), Cartagena Protocol on Biosafety, 2000.
⑤ Articles 6—9, and Article 15, Cartagena Protocol on Biosafety, 2000.
⑥ 相关具体内容参见本书第六章。

二、转基因生物安全问题的科技分析

现代生物技术特别是现代农业生物技术正在进入大规模的产业化发展阶段。通过现代生物技术转移或者修改动物、植物和微生物中的遗传材料,包括转移或者修改某些指定的基因,往往可以生产出性状更优良的新型动物、植物和微生物,但是这种技术自身以及相应的产物很可能存在一些目前尚不能确证其存在,而一旦出现就会造成巨大危害的隐患,使生态环境和公众健康面临风险。转基因生物安全立法的重要使命,就是兴利避害,通过对与现代生物技术及其产物密切相关的社会关系的调整,尽可能在确保生态环境和人类健康不受损害的前提下促进现代生物技术和产业的健康、有序发展。①

2.1 转基因生物安全问题的生态学背景

转基因生物从研究、开发到实际应用,最终必然要经过环境释放的过程。而这个环境释放过程也正是转基因生物与生态系统之间产生互动的必要条件。人们普遍关注转基因生物安全问题,其基本的科学依据正是有关转基因生物在生态环境体系内之动态表现的种种发现。从目前的研究结果来看,转基因生物对生态环境安全性的影响主要表现在以下几个方面:

2.1.1 对生物多样性的影响

自然界存在的各种生物及其相互关系,是经过漫长的进化过程逐步发展、演变而来的,而转基因生物则是人们利用现代生物工程和技术手段研制出来的"人造"生物。转基因生物以特殊的生命形式,以超过自然进化千百倍甚至更高的"变化"速度介入到自然界中,二者之间必然会产生复杂的交织互动关系。② 对自然生态系统而言,很多转基因生物是极具竞

---

① 薛达元主编:《转基因生物风险与管理》,中国环境科学出版社 2005 年版,第 112—114 页。

② 薛达元主编:《转基因生物环境影响与安全管理——南京生物安全国际研讨会论文集》,中国环境科学出版社 2006 年版,第 91—94 页。

争优势的外来种,如果这些生物的外源基因向近缘野生种或者其他物种转移,可能会直接影响到生物遗传的多样性。① 在这方面,墨西哥玉米污染问题是引起许多人忧虑的一个典型事例。

众所周知,墨西哥是玉米的原产地,当地人种植玉米已经有几千年的历史。直到现在,墨西哥还有许多种类的野生玉米,因此该国被称为世界玉米多样性的中心。为了保护这一重要的自然资源,墨西哥政府于1998年规定该国暂不种植转基因玉米。然而,2001年11月,美国加利福尼亚大学伯克利分校的两位科学家在《自然》杂志上发表文章,声称转基因玉米已经"入侵"墨西哥,污染了当地的玉米品种。他们把在墨西哥瓦哈卡山区采集的野生玉米样本与美国孟山都公司的转基因玉米以及确信未被污染的天然玉米作了比较,发现一部分野生玉米样本受到了转基因玉米的DNA片段的污染。据称这些DNA已经出现在玉米基因组的不同位置,可能会破坏其他基因的功能。研究者认为,该污染来自美国境内的转基因玉米种植地。② 此事引发了激烈的争论:反对转基因作物者称找到了基因污染的证据,而一些科学家却对此项研究的可靠性提出了质疑,认为实验中用于放大DNA样本的技术有问题,得出的结果是一种假象。两位研究者又提供了一些新的数据,但仍不能服众。2002年4月,《自然》杂志正式承认现有证据"不足以表明发表原始论文是合适的",还把两位作者支持自己结论的新论文和另两篇质疑这项研究的文章同时发表,让读者自行判断。这在该杂志办刊一百多年的历史上极为罕见。但这一争论促使人们进一步意识到,必须高度重视转基因生物对生态系统特别是生物多样性可能产生的巨大的负面影响。③

2.1.2 对非靶标生物的影响

在生态环境方面引起人们广泛关注的另外一个问题是抗虫转基因生

---

① 转基因作物的外源基因通过花粉传播等途径转移到其他的生物体内,就会造成自然界中基因库的污染,这种现象被称为基因污染。导致基因污染的方式很多,如通过风媒或虫媒进行的花粉传播,通过动物进行的种子传播,以及在人为的装卸、运输过程中的无意扩散等。因此,基因污染往往不会局限于最初发生的地区,可能会对生态环境特别是生物多样性造成蔓延性的灾难。参见闫新甫主编:《转基因植物》,科学出版社2003年版,第134页。
② 薛达元主编:《转基因生物环境影响与安全管理——南京生物安全国际研讨会论文集》,中国环境科学出版社2006年版,第96—100页。
③ 曾北危主编:《转基因生物安全》,化学工业出版社2004年版,第78—81页。

物可能对非靶标生物具有危害性。

在传统的农业生产中,通常采取施用农药的方式来杀死害虫或杂草,但由于农药对作物自身也具有毒害作用,为了保护作物,往往只能多次施用小剂量的农药,从而导致杀虫或除草的效果欠佳。为了弥补这种缺陷,人们可以通过转基因技术将抗虫或抗病基因转入作物体内,使得该作物本身能够表达抗虫或抗病蛋白,具有抗虫或抗病特性。然而,这种蛋白不仅会对特定的害虫和杂草产生毒害作用,同时也会对生态环境中的非靶标生物产生毒害作用。更为严重的是,它还可能通过食物链、能量流动以及附近植物交叉授粉等方式影响到其他动物、植物和微生物等,特别是益虫、益鸟和哺乳动物。这方面的事例,又以美国的君王蝶(Monarch Butterfly)事件最为著名。

目前种植的转基因玉米,以瑞士诺华和美国孟山都等公司共同开发的 Bt 转基因玉米为主。该玉米被植入了一种来自细菌的基因,可以产生有效杀死玉米螟这种害虫的蛋白质。1999 年 5 月,英国《自然》杂志发表报告称,Bt 转基因玉米的花粉对君王蝶的幼虫有害,因为研究者发现放养在涂有 Bt 转基因玉米花粉的菜叶上的毛虫发育迟缓、死亡率高。[①] 这被视作转基因生物危害生态环境的有力证据,君王蝶一时成了环保组织反对转基因生物的招牌。[②] 但一些科学家对此结论持有异议,认为该研究中的实验室环境与自然环境相差很大,自然界中转基因花粉的浓度远不像实验条件下那么高,再说自然环境中的君王蝶幼虫也不吃玉米花粉。[③] 还有科学家指出在自然界中君王蝶幼虫并不会受 Bt 玉米花粉的毒害,而在传统农业条件下,农民要大量喷洒杀虫剂来控制玉米螟,殃及其他昆虫的可能性反而更大。[④]

2.1.3　增加靶标害虫的抗药性

如果转基因作物被植入了某种能够表达抗虫蛋白的外源基因,那么

---

① Action Alert: Gene-Altered Corn Pollen Threatens Monarchs, 载 http://www.sare.org, 最后访问日期:2009 年 3 月 7 日。
② 同前注。
③ 陈灵芝、马克平主编:《生物多样性科学:原理和实践》,上海科学技术出版社 2001 年版,第 195 页。
④ 同前注书,第 196 页。

第一章 转基因生物安全问题概述

它对相关害虫或病原体的选择和阻杀效应就会增强,与此同时,该类害虫或病原体也可能会加速变异,从而产生较强的抗性,使得病虫害防治面临很大困难。如果相关害虫变成了对转基因表达蛋白具有很强抗性的超级害虫,就需要喷洒更多的农药,从而会对农田和自然生态环境造成更大的危害。[①]例如,许多基因改良品种含有从杆菌中提取出来的基因,这种基因能产生一种对害虫有毒的蛋白质。如果长期大面积使用这种基因,害虫就有可能会产生抗药性,并使这一特性代代相传,从而导致转基因作物不再抗虫,原有的杀虫剂也可能不再有效。

针对棉铃虫的抗性问题,我国专家开展了多年的科学研究。结果表明,棉铃虫已对转基因抗虫棉产生抗性。一般地,转基因抗虫棉对第一代、第二代棉铃虫有很好的毒杀作用,而第三代、第四代棉铃虫已对转基因抗虫棉产生抗性。一旦转基因抗虫棉导致棉铃虫产生高抗药性,在缺乏有效的预防对策的情况下,可能再次导致虫灾爆发,造成严重损失。[②]

2.1.4 转基因作物杂草化

转基因作物由于植入了抗病、抗虫、抗除草剂、抗寒等特定的抗性基因,经大面积释放种植后,在生态环境中往往会成为优势物种,有可能侵入或改变其他植物栖息地而杂草化。此外,转基因作物也可能会通过基因漂移与近源物种杂交,使抗性基因向近源物种转移,进而使原先不是杂草的近源物种变为杂草,使农业生产蒙受巨大损失。特别是在同一地区推广抗不同除草剂的作物时,若多种除草剂抗性基因都转到同一杂草上,将使所有的除草剂失效,可能导致该抗除草剂品种成为其他作物的严重祸害,威胁其他作物的正常生存和生长。而抗病、抗虫基因也有可能通过类似的途径转移至自然环境,给野生种群带来选择优势而变得无法收拾。通过采取设置缓冲作物带或隔离带等措施可以在一定程度上防止抗性基因转移至临近作物,但若进行大规模生产和推广就难以有效控制基因转移。尽管不是所有的转基因作物都会导致上述现象,但这的确是摆在人们面前的一个难题。[③]

---

① 刘谦、朱鑫泉主编:《生物安全》,科学出版社2001年版,第53页。
② 同前注。
③ 闫新甫主编:《转基因植物》,科学出版社2003年版,第203页。

2.1.5 病毒重组问题

就抗病毒转基因植物而言,整合到植物基因组中的病毒基因有和其他病毒发生重组而产生新病毒的潜在风险,且新病毒的致病性可能更强。此外,抗病毒的转基因微生物具有分布广泛、生命力强、容易扩散等特点,新转入的优势基因能迅速传播,发生病毒基因间重组的概率也不可低估。①

2.2 转基因生物安全问题的卫生学背景

在健康方面,人们担心转基因生物及其产品可能会含有对人体不利的成分。② 1998年秋天,英国科学家普斯陶(Pusztai)关于转基因土豆之毒性的研究报告③发布,使人们对转基因食品更加忧虑。④ 当时任职于苏格兰罗伊特研究所的普斯陶在一部电视纪录片中声称,他的一项尚未发表的研究成果表明,幼鼠在食用转基因土豆10天后,其肾脏、脾和消化道受到损伤,免疫系统也遭到破坏,而破坏免疫系统的正是转基因成分。本来就对转基因问题相当敏感的欧洲公众,感觉预言中的灾难终于来到,一时间舆论大哗。当年欧盟决定限制转基因产品就与此事有关。而普斯陶在披露此研究报告后,即因为"证据不足"而遭到英国皇家学会的批评,并被研究所暂时停职,其后很快又被强迫退休。1999年2月,号称包括基因工程专家、毒物学家和医学家等在内的20名科学家发表联合声明,对普氏表示支持。而社会公众普遍缺乏相关的专业知识,使得此事更加扑朔迷离,政府的转基因政策受到了空前压力。⑤

该事件表明,关于转基因食品安全,人们首先关注的是其中有无毒性物质或过敏性蛋白。基于转基因技术的特性,一般说来,转基因食品在下

---

① 王关林、方宏筠主编:《植物基因工程》,科学出版社2002年版,第343页。
② *Transgenic Pollution by Horizontal Gene Transfer*? 载 http://www.kitchendoctor.com,最后访问日期:2009年3月14日。
③ Arpad Pusztai, *The Verdict GM Food: Safe or Unsafe*? 载 http://www.mindfully.org,最后访问日期:2009年3月14日。
④ 陈乃用:《实质等同性原则和转基因食品的安全性评价》,载《工业微生物》2003年总第33期,第3页。
⑤ 李志亮等:《转基因食品安全性研究进展》,载《生物技术通报》2005年第3期,第1—4页。

第一章 转基因生物安全问题概述

列情况下可能会产生过敏性:(1)含有目的基因编码已知的过敏蛋白;(2)基因源含有过敏蛋白;(3)转入蛋白和已知过敏蛋白的氨基酸序列在免疫学上有明显的同源性;(4)转入的蛋白属于某类蛋白的成员,而这类蛋白中有某些种类是过敏蛋白。①

转基因食品安全的另外一个重要问题是标记基因(Marker Gene)的安全性评价。所谓标记基因,是指在植物基因工程中,常采用另外一类基因来检测转入的目的基因是否在受体植物的细胞组织中得到表达。由于它们能起到报告的作用,因此又被称为报告基因(Reporter Gene)。标记基因主要有两种:一种是通过该基因的产物给予植物细胞一种选择压力,致使未转化细胞在施用选择剂的条件下不能生长、发育和分化,而转化细胞则会对该选择剂产生抗性,不影响其生长,从而将转化细胞及其植株选择出来。这种标记基因,常用的主要是编码抗生素抗性基因;还有一种标记基因,其编码的产物是唯一的,并且对受体植物细胞没有毒性。② 目前,尽管还没有裸露在肠道中的 DNA 转入微生物的证据,也没有人类肠道中细菌转化的报告,但人们还是对此心存忧虑。③

2.3 转基因生物安全问题的科学不确定性

20 世纪以来的现代科学是建立在相对论和量子论两大基石之上的。尤其是后者,不但带来了传统物理学的深刻变革,同时在哲学方面也极大地改变了人们对客观世界的认识图景。而"不确定性原理"(Uncertainty Principle)又是量子论的核心内容。④

毋庸讳言,科学的正确性只能通过科学自身来证明,但从疯牛病事件可以看出,仅仅靠科学自身来证明科学的正确性,有时是如此困难。

疯牛病被称为 21 世纪人类的新瘟疫。自从 20 世纪 90 年代末在英国

---

① 陈君石编:《转基因食品:基础知识及安全》,人民卫生出版社 2003 年版,第 89—92 页;徐海根、王健民等主编:《〈生物多样性公约〉热点研究:外来物种入侵、生物安全、遗传资源》,科学出版社 2004 年版,第 248—254 页。
② 闫新甫主编:《转基因植物》,科学出版社 2003 年版,第 117—119 页。
③ 王关林、方宏筠主编:《植物基因工程》,科学出版社 2002 年版,第 713 页。
④ 〔美〕费恩曼:《物理学讲义》(第三卷),潘笃武、李洪芳译,上海科学技术出版社 2006 年版,第 57 页。

发现首例病患以来,该病迅速席卷欧洲,甚至连中东、北非和印度等地区和国家也难以幸免。①

疯牛病的病原和致病机理是什么？科学家们给出了多种不同的答案。1997年,来自美国的斯坦利·B.普鲁西纳教授提出,疯牛病是由一种全新类型的致病因子——朊病毒(Prion)引起的。此说一出,马上引起了许多科学家的反对甚至嘲讽,因为在此之前发现的传染病与遗传病的病原体都含有核酸成分类遗传物质,其繁殖都是遵循遗传学的中心法则进行的,而朊病毒的"增殖"是通过蛋白质与蛋白质之间大分子相互作用的结果,与核酸毫不相干。更令人诧异的是,正常蛋白质与致病蛋白质在氨基酸序列上是一致的,在患病的脑组织中也没有白细胞出现。如果普鲁西纳的发现成立,那么经典遗传学的中心法则和蛋白质折叠原理就有可能被颠覆,而这些学说是现代分子生物学赖以建立的理论基石。但随着研究的深入,人们终于承认朊病毒是人类发现的继细菌、病毒、真菌和寄生虫之后的又一种传染性因子,普鲁西纳教授也因此获得了诺贝尔生理学与医学奖。②

该事件表明,当人们对新事物进行科学判断时,所依据的是以前的科学经验,其正确性和稳定性也需要进一步加以考虑;在其正确性和稳定性问题没有被解决之前,就以此为标杆对新事物和新现象进行科学评判,本身就存在极大的风险。在这样的背景下,围绕着转基因生物及其产品可能带来的危险,人们就其可控性问题展开了激烈的争论。

以生物技术科学家为主的一方认为,生物安全是个相对的概念,绝对的安全是不存在的。由于对新事物进行科学观察本身就存在不确定性,而且对其进行评判所依赖的科学经验也存在不确定和不稳定的因素,因此,在他们看来,不仅从前和现在没有绝对的生物安全,将来也不可能出现杜绝一切风险的生物技术及其产物;尽管转基因生物及其产品具有潜在的生态和健康风险,但技术的进步完全可以使人类不断获得控制甚至消除这种风险的能力。比如,针对由转基因生物的基因漂移所可能导致的生态危害问题,科学家可以通过采用无融合生殖、雄性不育等风险保障

---

① 陈如明:《疯牛病的研究进展》,载《畜牧与兽医》2004年第2期,第41—44页。
② 赵亚华编著:《分子生物学教程》(第二版),科学出版社2006年版,第459页。

机制来阻断基因漂移①；再比如，针对上文提到的标记基因可能给人类健康带来的影响，科学家通过研究发现，可以在育种过程中将标记基因剔除，也可以不使用抗生素抗性基因作为标记基因，而采用甘露转化基因、荧光蛋白基因等更安全的物质作为选择剂。这样，基因漂移可能导致的生态危害以及标记基因可能导致的转基因食品安全问题是可以解决的。②

然而，以绿色和平组织等为主的环保团体以及相当一部分消费者认为，科学上的不确定性原理以及历史上的风险控制实践表明，只要存在发生危险的可能性，危险就必定会发生。转基因生物及其产品所造成的风险不同于普通的风险，这种危害一旦由于人为原因而发生，其灾难后果是难以想象的。比如携带有致死病毒基因的转基因昆虫，一旦逃脱实验室的控制，将会导致直接的接触者患病，从而对人类的生命健康造成巨大危害。③ 此外，科学上所谓"安全"的结论也是通过人为的实验加以论证的，这种论证自身的科学性在很多场合会受到质疑，比如针对转基因食品的风险评价，有批评者指出，在实践中有很多所谓"安全"的结论实际上是建立在假设之上的。④

科学的发展过程正是对未知世界的无穷解读。人们总是不断地发现问题，探究问题，再解决问题，从来没有一个科学家能够穷尽任何问题的所有答案。环保组织往往会质问科学家们对科学技术的乐观态度：如何保证科学家判断的正确性？如何保证科学家的道德性？！也就是从科学技术的可靠性和科学家自身的可靠性两个方面都提出了质疑。

从对科技发展史的考察来看，尽管科学家承担着比一般公众更为沉重的道德义务，但在整个社会造就科学家的过程中，伦理道德往往并非遴选与考核的关键标准，突破职业道德底线的科学狂人比比皆是。科学家能够很容易地操纵和控制基因材料，但对由此造成的后果可能并不十分

---

① Koltunow AM, Bicknell RA and Chaudhury AM, "Apomixis: Molecular Strategies for the Generation of Genetically Identical Seeds without Fertilization", *Plant Physiology*, 1995(108), pp.1345—1352.
② 汤日圣、吴光南：《转基因作物对生态环境的影响及其控制》，载《转基因生物风险与管理——转基因生物和环境国际研讨会论文集》，中国环境科学出版社2005年版，第177页。
③ 刘谦、朱鑫泉主编：《生物安全》，科学出版社2001年版，第167页。
④ *Risk Assessment of GMO Products in the European Union*，载 http://www.umweltbundesamt.at，最后访问日期：2009年3月15日。

清楚,因此即便保证科学家都恪守科学道德往往也是不够的。此外,许多研究活动与其说是为了科学自身,还不如说是为了相关技术的商业化应用。如果允许转基因技术的常规研发,那么,同样是"有限理性人"的科学家是否会为了追求短浅的利益而忽视一些关键技术的可靠性检验?实际上,生物技术研究的成本巨大,绝大部分研究工作都是在一些拥有充足资金的商业公司的支持下进行的,对于从实验室研究、商业开发到产业化生产的各个环节,这些公司都具有较强的控制能力,可以在业务上进行有效的纵向整合,而政府对此进行监控的能力往往不足。于是,在公司追逐其短期利益的过程中,有关转基因生物安全的考量可能会被牺牲。①

三、转基因生物安全问题的伦理分析

转基因技术在为人类经济与社会发展带来机遇的同时,也为人类伦理带来了许多前所未有的挑战。长期以来,人类一直对生命充满敬畏,但随着转基因技术的迅速发展,生命的奥秘不断被揭示,人类改造生命的能力越来越强,人们对地球上包括人类自身在内的各种生物体的生命的理解愈来愈具有唯物化的倾向。②

从某种意义上说,生命伦理是伴随着生命科技的进步而逐渐发展的,生命科技的发展也离不开生命伦理的规范与保障。因此,在当今法治时代,除了高度重视运用法律手段规范和保障转基因技术和产业发展外,也必须充分重视伦理道德与此类技术和产业之间的互动影响。这主要是由以下两点决定的:

首先,从法理上来说,法律维护和保障最低限度的道德,而这种最低限度的道德也包含了生命伦理的成分。转基因生物安全法作为法律之一种,从伦理学的角度来看,其所维护和保障的其实就是诸如保持生态稳定、不伤害无害的自然生物、保护消费者安全和尊严等基本道德要求。人们不仅不能完全脱离生命伦理,相反,还必须更加重视和强化生命伦理不

---

① 刘大椿:《现代科学技术的价值考量》,载《南京大学学报》(社会科学版)2001年第4期,第78—82页。
② 刘长秋、刘迎霜:《基因技术法研究》,法律出版社2005年版,第120页。

第一章 转基因生物安全问题概述

可替代的功能。①

其次,从法律的适应性与稳定性的角度来说,一方面,作为某种工具性价值的载体,法律必须具有一定的适应性和稳定性,否则便难以体现其权威性;另一方面,法律稳定性的要求又决定了其适应性只能是相对的适应性,而不能是绝对的适应性,即法律不可能完全适应经济社会发展的各种需要。转基因生物安全法显然也具有这样的特点,它不可能单纯地为了适应转基因技术和产业发展的每一个细微、具体的需要而频繁变动,否则便会破坏自身的稳定性并进而影响其权威性。于是,在转基因技术和产业发展迅速而相关法律尤其是其中的转基因生物安全法又不能得到及时修改和补充的情况下,通过伦理对转基因技术和产业发展进行规范、制约就成为保障其健康发展的内在需要。② 因此,在对转基因技术及其产物③进行法律规制的过程中必须充分重视伦理的调节作用。

而从立法和实践的角度来看,很多国家在构建自己的转基因生物安全法律体系时都设立了伦理委员会,对转基因技术及其产物可能带来的伦理问题进行审查。如在英国、德国、澳大利亚等国家,伦理委员会都是较为核心的决策咨询机构,在转基因生物及其产品的研发许可、风险评价、市场准入等多个环节中发挥着举足轻重的作用。④

3.1 转基因生物安全问题与科技伦理

转基因生物安全所带来的伦理难题,还必须在包括生物技术在内的整个科学技术体系对人类社会法律伦理的挑战这一大的框架中加以考察才能得到深入的理解。

有关科技的哲学、历史学、社会学等方面的研究表明,科技及其运用

---

① 张岂之:《论环境伦理、科技伦理与法律伦理》,载《西安交通大学学报》(社会科学版) 2001 年第 2 期,第 5—12 页。
② 刘长秋、刘迎霜:《基因技术法研究》,法律出版社 2005 年版,第 130 页。
③ 一般说来,转基因技术产物可能是指转基因生物,可能是指转基因产品,也可能是指转基因生物和转基因产品。在本书中,转基因技术产物是泛指转基因生物和转基因产品,"转基因技术及其产物"则是泛指转基因技术、转基因生物和转基因产品,而"现代生物技术及其产物"与"转基因技术及其产物"的含义和用法均相似。
④ 毛新志:《美国、欧盟有关转基因食品的管理、法律法规对我国的启示》,载《科技管理研究》2005 年第 2 期,第 38—40 页。

后果之间并不是截然分立的,科技本身负载价值,这种价值是社会因素与科技因素渗透融合的产物。站在一个相对中性的立场,可以认为,科技的核心机制是"发现"、"设计"与"创新"。如果说现代科学把世界带进了实验室,现代技术则反过来又把实验室引入世界之中,最后,整个世界成为总体的实验室,科学之"眼"和技术之"手"将世界建构成一个人工世界。①

从积极的意义上而言,设计是人类最为重要的创造性活动之一,而创新则是产业化的技术体系的主要发展动力。在过去很长的一个历史阶段里,技术设计和创新的主体或者仅关注技术的正面效应,或者仅将技术视为工具,人们只是等到其负面后果显现且变得严峻的时候,才考虑对其加以道德调整和法律制约。许多具有政治、经济和军事目的的技术活动往往只顾及其功利目标,绝少顾及其伦理内容。20世纪中叶以来的核危机、环境危机以及"先污染,后治理"之类的现实对策,都反映了这种思想的局限性。②

应当看到,科技过程与伦理价值选择具有内在的关联性,因此可以把它们视为相关行为主体统一的科技—伦理实践。显然,该实践的理想目标应该是使科学技术造福于人类,而达至这一目标的基本途径是以非暴力的方式解决科技发展所可能遭遇或者带来的社会冲突,包括人类与自然界之间的冲突。为此,必须促成科学技术与社会伦理体系两种因素的良性互动,将技术活动拓展为一种开放性、建设性的科技—伦理实践。③

而在现实世界中,迅猛发展的当代科技与伦理价值体系之间的互动往往陷入一种两难困境:一方面,某些革命性的、可能对人类的生存和发展产生深远影响的技术的出现,常常会对既有的社会伦理与其他秩序造成巨大冲击和挑战;另一方面,如果绝对禁止此类新技术的发展,又可能会丧失许多为人类带来巨大福利的新机遇,甚至会与新的发展趋势失之交臂。

实践早已证明,面对科学技术的发展,盲目的乐观主义和盲目的悲观

---

① 刘鸿飞:《生物技术发展史》,载《国外科技新书评介》2007年第12期,第23—29页。
② 刘大椿:《现代科技的伦理反思》,载《光明日报》2001年1月2日第8版。
③ 苏金乐:《农业转基因研究和应用过程中预防原则及其伦理学解读》,载《道德与文明》2005年第6期,第62—65页。

主义均不可行,而只能采取谨慎乐观的立场。为了克服科技加速变迁与社会伦理价值体系巨大惯性之间的矛盾,将科技活动拓展为开放性、建设性的科技—伦理实践,有必要建立当代科技的伦理"软着陆"机制,即当代科技与社会伦理价值体系之间的缓冲机制。作为一种互动协调机制,它应当包括以下两个方面的基本内容:其一,社会公众对当代科技所涉及的伦理价值问题进行广泛、深入、具体的讨论,使支持方、反对方和持审慎态度者的立场及其前提和理由充分地展现在公众面前,通过磋商,使利益相关者就当代科技在伦理上可接受的条件达成一定共识;其二,科技工作者和管理决策者尽可能客观、公正、负责任地向公众揭示当代科技的潜在风险,并且自觉地坚持和维护伦理的基本原则。①

在现代生物技术领域,人们所面临的伦理困境,首先是转基因技术滥用的威胁。该技术朝着正确的方向发展,可以造福人类,而一旦被滥用,后果将不堪设想。从目前所能预测到的转基因技术滥用的情形来看,主要有以下几种可能性:克隆人,制造非人非兽的怪物,利用转基因技术选择优良人种或者制造基因武器,等等。② 这些行为往往受不正常的或非道德的目的驱使,社会能否容忍这些行为,大众道德能否接受这些行为,值得思考。一方面,转基因技术滥用的后果极其严重,人类社会可能会受到破坏甚至遭受毁灭性打击;另一方面,转基因技术一旦被滥用,人类的伦理和法律就会显得苍白无力甚至不复存在。因此,必须在滥用行为发生之前就认真研究其伦理、法律问题及相应对策,以防患于未然。比如克隆人技术是当今社会关注较多的话题,一些技术拥有者可能会扮演上帝造人的角色。但是克隆人将会从"我的意识"、生死观和命运观等多个方面,对传统的人生价值观、原有的伦理道德体系造成深层次的、根本性的挑战。因此,多数人认为克隆人技术乃是不可思议的,它面临着极大的道德责难,很难被公众接受。此外,通过转基因技术制造怪物将会破坏原有的生态平衡和社会秩序,而克隆动物不仅会对生物多样性造成威胁,还会导

---

① 刘大椿:《现代科学技术的价值考量》,载《南京大学学报》(哲学.人文科学.社会科学版)2001年第4期,第45—48页。
② 秦笃烈:《透视美国生物国防战略与实施——生物医学21世纪将成为国家安全的前沿》,载《科学中国人》2004年第2期,第49页。

致一些动物的天性被人为地改变,整个生物界何去何从将变得不得而知。即便是雄心勃勃的人类基因组计划,也引起了一些专家的忧虑:鉴于科学技术是"双刃剑",在考虑它所带来的好处的同时,也不得不考虑,如果这些信息落在生物恐怖主义者或者其他人类公敌手中怎么办?如果这些信息被错用或滥用又该怎么办?此外,改良基因的权利、基因隐私权和知情权等问题也一直困扰着人们。①

而从宗教的角度来说,有关转基因技术的伦理争议最为集中的方面,便是"人类是否应该扮演上帝的角色"。很多人认为,基因决定了此生物为此生物而非彼生物,这是上帝的精心安排;把基因从一个物种转移到另一个物种,人类往往无法对自己的行为后果作出准确的预测和控制,不仅是非自然的,而且根本地冒犯了上帝的专属领地,因此持有和运用现代生物技术是"从事上帝的工作",基因修饰操作本身是非道德的,根本就不应该出现。②

3.2 转基因生物安全问题与环境伦理

西方传统观点通常认为,伦理是存在于人与人之间的道德关系,人是唯一的道德主体,并否认人与自然环境之间存在直接的道德关系。这是典型的人类中心主义的伦理观。持这种立场的人坚信,仅人类具有内在价值,且其是一切价值的来源;自然万物对人类有价值,只是因为它们能够满足人类的需要和利益。③

然而自产业革命以来,科学技术和经济发展突飞猛进,空气、水和土壤等环境要素普遍受到污染,放射性废物及其他有毒有害物质泛滥,生态系统遭受严重破坏。频繁发生的环境灾难、日益加重的生态危机给地球的前景和人类的命运蒙上了浓重的阴影,促使人类不得不反思和批判传统的伦理立场与观点,逐渐认识到建构环境伦理观和走可持续发展之路的必要性、迫切性。

---

① 吕炳斌:《试论基因技术发展对法律的挑战》,载《华东理工大学学报》(社会科学版)2002年第1期,第23—25页。
② 徐海滨:《转基因食品对健康的影响及其安全评价》,载《转基因生物风险与管理——转基因生物和环境国际研讨会论文集》,中国环境科学出版社2005年版,第67页。
③ 曹明德:《生态法的理论基础》,载《法学研究》2002年第5期,第98—107页。

第一章 转基因生物安全问题概述

  根据联合国以及许多国家、地区的资料,地球环境正在向着不利于人类生存的方向演化。如果把地球存在的历史比作一英里长,那么人类史仅占其中的四分之三英寸,不到三百年的工业文明史只有千分之三英寸!然而,就是在这历史的"瞬间",生态环境问题就把人类置于巨大的困境之中。刚刚兴起的转基因技术时代,又可能会给生态系统的安全和发展带来更加深刻而长远的影响。① 面对这种新型的环境挑战,人类不得不从科技、伦理、法律等方面谨慎以对、敬畏以对,不得不加强对生物技术及其产物的管理和风险防范。

  环境伦理是人与自然环境之间的道德关系,也可以说是人类对自然环境的道德义务。② 目前,环境保护主义者是反对转基因生物及其推广的最强大力量。在世界很多地方,环境保护主义者都对发展转基因生物作出了非常强烈的反应,比如在英国就曾经发生烧毁转基因作物试验田、扮作魔鬼在转基因作物种植地里行走等事件。但是,环境保护主义者在此方面没有获得他们以往所能得到的喝彩与支持。因为人们,特别是农民,对转基因种子和转基因作物的态度远比其对酸雨、气候变化等环境问题的态度更加分化、复杂。

  实际上,转基因作物在很多方面能够给农业生产带来好处。比如转入了抗杀虫剂基因的棉花能够简化施药方式,降低管理和经营成本;再比如转入了延迟软熟基因的西红柿能够便于进行长距离运输或者长时间储存。农民认为转基因作物能够为自己带来利益,就会乐于种植,对其是否具有潜在的环境危害往往考虑甚少。尽管如此,并不是所有的农民都对转基因生物完全满意。比如在印度就曾经发生多起农民焚烧孟山都公司转基因作物的事件。究其原因,是因为该公司种植的这批转基因作物是转入了终止子基因的不育品种,当地农民误以为只要靠近这种作物,男性的生殖能力就会被破坏。③

---

 ① 王志伟:《拯救地球——现代科技—经济框架与环境时代》,载《学术月刊》2001 年第 5 期,第 8—13 页。
 ② 关于人与自然之关系的伦理立场与观点,有人类中心主义和非人类中心主义之分,其中后者又包括动物解放/权利论、生物中心主义以及生态中心主义等流派。尽管存在诸多差异,但在人类对自然环境负有道德义务这一点上,却是各种环境伦理论者所共同接受的。
 ③ 黄艳娥:《转基因产品的生产与安全管理》,载《世界农业》2001 年第 3 期,第 14—17 页。

而在环境保护主义者看来,转基因生物的生态风险问题害莫大焉,至于禁止转基因作物所带来的对农民期待利益的损害,则往往不在其考虑范畴之内。即便仅就排斥转基因生物这一共同点而言,虽然农民和环境保护主义者都可以作出焚烧转基因作物的举动,但他们的价值评判标准却有天壤之别。①

3.3 转基因生物安全问题与消费伦理

对于消费者而言,在面对技术、产品和服务时往往会遇到与之相关的伦理道德等方面的可接受性问题。

社会公众对转基因生物安全问题的忧虑主要还是集中在转基因食品方面。尽管这种忧虑在很大程度上可能是由于对科学的误解或缺乏了解而产生的,但是,公众有权利选择自己的生活方式,而且只要不危害他人利益和社会公共利益,其选择即便与科学精神并不吻合,也必须得到尊重和法律保护。在市场经济模式下,这种权利的基本体现就是"消费者为王"这一朴素道理。无论消费者对新事物、新产品的认识和接受程度如何,都不应在未获得其知情同意的情况下以增进公共利益之名强行推广之。在具有科学上之不确定性的情况下,更应如此。

此外,某些转基因生物及其产品在一定程度上已经演变成为对部分宗教禁忌的挑衅。比如,把猪的某些生长基因转移到牛的遗传物质内,消费如此长成的牛,就会被认为是在侵犯犹太人和穆斯林的饮食禁忌。甚至有人发出疑问,吃过含有部分人类基因之食品的消费者是否可能会被认为是食人者呢?

四、转基因生物安全问题的经济分析

一般说来,新技术会带来一系列利益,但同时也会带来一些潜在的危险。在新技术出现之初,由于社会公众与技术持有者在获取相关信息方面具有极大的不对称性,新技术的风险或者利益往往容易被夸大,从而影

---

① *The Science and Safety of GMOs*,载 http://minnesota.publicradio.org,最后访问日期:2009年3月18日。

响消费者的接受程度和公共政策的制定。

转基因生物安全不仅在科技与伦理层面上带来新的问题,同时也会对传统的经济格局产生深刻而复杂的影响。21世纪被公认为生命科技大发展的时代,而其标志就是以转基因技术为核心的现代生物技术在相关产业的广泛应用。世界各国对生物工程技术研究开发的投入力度大大增强,普遍期望其能够成为提升传统产业、促进经济发展的新增长点。农业、医疗、化工等行业都把生物工程技术作为其降低生产成本、增加产品附加值的灵丹妙药。[①] 由此不难理解,不同国家在制定其转基因生物安全法时,必须考虑对转基因技术及其产物的规制将产生怎样的经济影响。

4.1 转基因生物与外部性

在种植转基因农作物的场合,从转基因农作物中转移出来的外源基因可能会污染附近农民的常规作物。如果含有该外源基因的产品为消费市场所排斥,那么遭受基因污染的常规产品将无法再保持其常规产品的市场地位,经济价值会受到严重损害。

而为了确定常规产品是否遭受了基因污染,需要对其中的外源基因成分进行检测,这不仅会耗费极大的成本,还会打击消费者的信心,从而对该类产品的整个市场产生负面效应。通过建立一个昂贵的生产、运输与储存系统,保持转基因产品和非转基因产品的隔离状态,以及对消费者进行相关信息的普及等,虽然有利于减轻这种消极效应,但成本高昂。

由此可见,如果赋予转基因生物及其产品不恰当的法律和市场地位,负的外部性就可能会直接影响整个生物科技发展的基本走向。只有在效益和风险中找到合适的均衡点,将负的效应减少到最低限度,才能营造出相关产业和谐共存、健康发展的市场环境。

4.2 转基因技术发展对粮食安全的影响

一方面,世界人口不断增加,给粮食安全带来挑战;另一方面,工业化、城市化迅速发展,农业耕地急剧减少,对土地密集型的农业生产部门

---

① 张斌:《转基因农产品争端及各方观点》,载《调研世界》2001年第11期,第36—38页。

造成了极大的压力。在这种背景下,现代农业生物技术的应用就成了必然的选择。

按照技术经济学理论,当其他条件保持不变时,技术革新将导致社会净福利的增加。① 转基因技术在农业、医疗、化工等领域的应用已经或者即将为这些产业的发展带来深刻变革,但是转基因技术所带来的利益往往并不会在技术研发者、应用者和产品消费者之间进行公平分配。通过对利益分配格局进行分析可以发现,转基因技术的发展(尤其是在农业领域的发展)给技术研发者带来的利益要远远大于给技术应用者和产品消费者带来的利益。

此外,转基因技术的发展在世界范围内极不平衡。如果把以上利益格局放大来看,不同的国家和地区将在转基因技术和产业发展中分别扮演"研发者"、"应用者"和"产品消费者"的角色:发达国家大都具有雄厚、完整的转基因技术和产品研发能力,而广大发展中国家在短时间内往往无法建立此类技术和产品的研发体系,因此发展中国家通常只能成为转基因技术的"应用者"和"产品消费者",也就是转基因技术和产品的最终接纳者。这种发展倾向所折射出来的经济安全问题特别是粮食安全问题,已经为人们所关注。即便是长期以来对转基因农业持排斥态度的欧盟,也一直没有放松对转基因技术的研发。欧盟发现,由于其对生物技术采取严格的管理措施,损害了自身生物技术与产业的发展,致使其与美国的差距拉大了。于是近年来,欧盟努力说服公众改变对转基因生物的态度,同时对以往的转基因生物安全监管制度进行了微妙的调整。②

可见,随着土地资源日益紧缺,农业生产面积不断减少,保障粮食安全已经成为发展转基因技术的重要驱动力,而各国在现代生物技术方面的实力也会进一步影响其对自身粮食安全的保障能力。

4.3 转基因作物对农民收益的影响

从生产效率和管理成本的角度看,转基因技术在农业生产中的应用潜力很大,但如果考虑到转基因农业的最终收益,事实可能并非如此

---

① 蒋太才编:《技术经济学基础》,清华大学出版社2006年版,第23页。
② 薛达元主编:《转基因生物风险与管理》,中国环境科学出版社2005年版,第13—16页。

第一章 转基因生物安全问题概述

简单。

由于转基因技术及其产物的安全性问题还没有确定的答案,公众在面对转基因生物及其产品,尤其是转基因食品时往往会表现出非常明显的风险回避意愿。这使得许多农业生产者处于两难境地:一方面,种植转基因作物通常能够获得产量上的增收或者生产成本上的降低,但另一方面,在"消费者为王"的市场上,转基因产品可能面临被排斥甚至淘汰的危险。

以非洲为例,其农业发展在很大程度上受到自然条件的严重制约,种植效率处于较低的水平。就目前的策略选择来看,通过转基因技术提高农业生产水平是最为现实的途径之一,但是大多数非洲国家却明确拒绝转基因作物和转基因食品。如纳米比亚、肯尼亚、津巴布韦等国家,其自身就欠缺科技研发能力,却制定了严格的法律法规来限制转基因作物的实验和商业化。最为根本的原因在于,大部分非洲国家工业体系薄弱,其经济的维持主要靠矿产品和农产品出口,而非洲农产品出口的最大市场是对转基因生物及其产品持抵触和否定立场的欧洲,这使得非洲不敢冒险尝试转基因作物。① 此外,转基因作物的种植可能会污染常规作物,因此即便是其产品仅供给本国粮食市场的转基因农作物,其种植也受到普遍抵制。②

如果某一国家或者地区的转基因生物安全监管制度不完善或者在实施中存在纰漏,将会影响到其农产品的"身份认证"。一旦该产品面对的是对转基因产品持否定评价的市场,那么不仅生产者的利益将遭受直接损害,而且利益损害将扩散到整个产业链,使加工者、出口者、销售者等业者也蒙受损失。此外,由于存在交叉污染的可能性,整个国家相关业者的经济利益也都可能遭受冲击。

---

① 非洲人能够坚持对转基因作物和食品说"不",与欧洲和美国在非洲大陆针对转基因生物进行的较量密切相关。美国认为非洲应该接受转基因食品援助,更要种植转基因作物,因为这将给非洲农民的生存和发展带来转机;而欧盟则认为,非洲大范围种植转基因作物,必然会通过各种途径使与之临近的欧洲在生物多样性方面受到极大威胁。参见张蔚:《试析转基因产品对国际贸易的影响》,载《国际经贸探索》2002年第3期,第41—44页。

② 李正明:《美欧转基因产品之争对农产品国际贸易影响分析》,载《商业研究》2005年第9期,第149—151页。

4.4 转基因作物对农民留种权益的冲击

当今世界的粮食分布很不均衡,局部的饥饿问题仍然存在。在一些不发达国家和地区,受自然条件的影响,干旱、病虫害频发,粮食种植效率低下,仅仅通过传统育种手段来提高农作物的抗逆境性能,其效果并不明显。而现代基因工程技术在农业领域的应用,有助于简化农作物管理,提高种植效率和经济效益,在很大程度上可以使农民从低效和繁重的传统农业生产模式中解放出来。

但是,当育种者为农民带来优良的种子时,面对农民,尤其是发展中国家的贫困农民,其在转基因育种技术上的投入却往往得不到充分回报,因为农民通常认为自己拥有继续留种的权利而无须每年都向育种公司购买种子。在法律无法充分保护育种者权益的时候,育种者采用技术手段对其品种进行自我保护也就成了常见之举。

比如部分育种公司采用"终止子"技术,通过分子水平上的遗传控制来阻止农作物产品发芽,从而使农民留种的希望落空。这不仅直接影响农民的留种权益,还可能会危害国家的经济安全特别是粮食安全。有人认为,"终止子"技术会促使育种公司凭借其种子在市场上形成垄断。这是因为,供种者与农民(特别是发展中国家的农民)在信息和经济实力上严重不对称,供种者往往会采取各种方法——如夸大宣传转基因种子在某些方面的优良特性,给贫穷的农民以种子信贷以吸引其种植转基因种子,等等——"封杀"传统种子,而当消费者已经习惯性地接受了转基因农产品时,以市场为导向的农民将别无选择,只能种植转基因作物。长此以往,全球的种子市场就会被少数几个跨国公司所垄断,农民们将不得不听任供种者的摆布,被迫接受高价的种子。[①]

4.5 转基因产品引起的国际贸易冲突

不同国家生物技术研发水平和转基因生物安全法律政策的差异,往往会导致转基因产品国际贸易冲突。其中最为典型的案例即是美国与欧

---

① 詹映、朱雪忠:《转基因作物新品种知识产权的技术措施保护初探》,载《科研管理》2003年第5期,第138—144页。

盟之间爆发的转基因产品贸易冲突。

美国是目前世界上种植转基因作物最多、最广泛的国家,其转基因作物种植面积占全球总面积的比例也最高。与美国相反,欧盟对转基因技术及其产物的态度就保守许多,其允许种植的转基因作物只有大豆、玉米和油菜等,种植面积占全球转基因作物总面积的比例极低。①

美国也是农产品出口大国。现代生物技术在农业领域的率先研究和应用,消费者对转基因产品的宽容态度,使美国转基因农产品获得了较为有利的市场地位,在品质和价格方面极具综合优势,在国际农产品市场上也具有相当强的竞争力,转基因农产品的出口额占整个国家农业和食品出口额的比例很高。而欧盟作为另外一个农产品出口集团,虽然在生物技术基础研究方面成就斐然,但公众对转基因生物及其产品普遍持消极态度,转基因技术在农业领域的应用进展缓慢。② 无论在欧盟市场还是国际市场,欧盟农产品在与美国转基因农产品的竞争中都处于不利地位。为了保护自身的农产品市场,欧盟对转基因生物及其产品的进口实行非常严格的检测检验制度,还以生物安全之名颁布和实施针对转基因产品的禁令,③实质上是把转基因生物的安全评价作为贸易壁垒,限制美国以及其他国家转基因农产品的进口。欧盟对转基因农产品的排斥,引起了美国、加拿大和阿根廷等转基因农产品生产大国的不满。美国还从世界贸易组织(WTO)的基本运作原则出发,强调生物安全管理应遵循公开、公平、高效、科学的原则,而不应基于政治和贸易之现实需要。2003年5月,针对欧盟的转基因产品禁令,美国当局启动了正式程序,向WTO提起诉

---

① 据国际农业生物技术应用服务组织(ISAAA)第41期年报,2009年,全球转基因作物种植总面积为1.34亿公顷,而种植面积超过100万公顷的8个国家依次是:美国(6400万公顷),巴西(2140万公顷),阿根廷(2130万公顷),印度(840万公顷),加拿大(820万公顷),中国(370万公顷),巴拉圭(220万公顷)和南非(210万公顷)。参见 Clive James, *Executive Summary: Global Status of Commercialized Biotech/GM Crops*, 2009, 载 http://www.isaaa.org, 最后访问日期:2009年3月18日。

② 应瑞瑶、沈亚芳:《美欧转基因产品贸易争端原因分析及对我国的启示》,载《国际贸易问题》2004年第5期,第21—24页。

③ 1998年10月,欧盟以转基因产品的安全性不能得到科学证明为由,冻结了新的转基因产品的上市。以法国为首的6个欧盟国家随即开始实施这项禁令,暂时停止转基因产品的生产和进口。美国等转基因产品生产大国认为,欧盟对转基因产品的排斥"没有科学依据",违反了SPS协定、TBT协定等的相关条款。

讼。尽管欧盟根据 WTO 的相关裁决修正了临时禁令的部分具体措施,但美国认为该禁令仍然不符合 WTO 的基本规则。[1]

实际上,美国所担心的不仅仅是欧盟农产品的市场占有率,关键在于,美国担心其他对转基因产品尚存疑虑的国家会群起仿效欧盟的政策和做法,从而对美国农产品的出路造成灾难性的影响。[2]

---

[1] 谢翀:《论转基因农产品的国际贸易问题》,载《武汉工业学院学报》2006 年第 1 期,第 18—21 页。

[2] 毛新志:《美国、欧盟有关转基因食品的管理、法律法规对我国的启示》,载《科技管理研究》2005 年第 2 期,第 38—40 页。

第二章 转基因生物安全之法律调整

引　言

　　从人类历史上具有革命性力量的新技术之发展轨迹来看，在其出现之初，由于公共决策和管理部门以及普通民众缺乏必要的信息和了解，不仅大都没有相应的法律制度为其发展提供稳定、有效的支持和约束，而且容易导致人们对其效益和风险作出不适当的评价。[①] 而在缺乏适当的规则和制度保障的情况下发展，新技术既可能会因为缺少相应的风险管理和防范措施而对公众健康、生态系统和社会伦理秩序等产生一定冲击和危害，也可能会因为人们对其潜在风险的过度畏惧而面临苛刻的外部条件，致使其发展被极大延迟甚至阻止。因此，建立适当的规则和制度体系是保障包括现代生物技术在内的新技术得以健康发展的重要前提之一。目前，对转基因技术的研发以及转基因生物及其产品的产业化发展进行法律规制，是世界上许多国家特别是发达国家的普遍做法。[②]

一、依法保障转基因生物安全的必要性

　　生物安全首先是一个科学概念。从实验室研究到种植实验地，再到大田、食品加工厂、超级市场、终端消费，转基因生物直接进入了自然生态系统，而转基因食品也大量出现在消费者的餐桌上。相应地，生物安全涉及实验室管理、项目审批、大田种植风险评价、市场准入、运输隔离、产品和食品标识等一系列环节和问题。而在形成这个复杂链条的过程中，转基因生物及其产品对生态环境、人类健康乃至伦理、宗教和经济构成威胁

[①] 林祥明：《美国转基因生物安全法规体系的形成与发展》，载《世界农业》2004年第5期，第14—17页。
[②] 薛达元主编：《转基因生物风险与管理》，中国环境科学出版社2005年版，第12—14页。

的可能程度也在不断增加。这种状况和发展趋势,在客观上要求相应的法律制度对转基因技术、转基因生物、转基因产品以及相关活动进行科学、及时、全面的规范,防止转基因技术被滥用,避免或者尽量减轻转基因生物及其产品对生态系统和人类健康的潜在危害以及其他可能的不利影响。如果不能建立适当的转基因生物安全法律框架和制度体系,一个国家的转基因技术研究、开发和应用将处于极其不稳定、不可预测的状态,不利于现代生物技术和产业的持续、健康发展。

众所周知,现代生物技术是一把利弊兼具的"双刃剑"。自然科学、伦理道德、社会、经济、政治等诸多方面都面临转基因技术定位和发展所带来的挑战,法律和法学也必须对此类技术的快速进步以及由此带来的巨大变化作出及时、充分的回应,这是无法回避的现实和理论命题。

转基因生物安全问题与传统环境问题在很多方面存在本质性的差别。随着现代生物技术和产业的发展,这种差别表现得愈加明显。人们已经意识到传统部门法的许多基本原则和制度不能从根本上应对转基因技术及其产物给生态环境和公众健康带来的风险,客观上往往需要更具针对性和特殊性的转基因生物安全立法。一般说来,可以认为这种转基因生物安全立法是现代生物科技对法律发展所产生的直接、深刻、特别影响的具体表现。①

法律视野中的转基因生物安全主要包含以下两个方面的内容:其一是对生态和健康风险的防范。由于科学不确定性等因素的存在,使得法律在对转基因技术及其产物的生态和健康风险进行规制时,通常只是致力于"防范"隐患,而不是完全"根除"隐患;其二是转基因技术及其产物一旦导致损害,法律是否加以救济,以及提供怎样的制度加以救济。

科学不确定性的存在使人们(包括科学家在内)无法在公众能够接受的水平上推翻其对转基因技术及其产物之安全性的疑问,同时也无法提出有力的证据来证实这种疑问。为了不让现代生物技术和产业发展在这种"两难"情境中停滞不前,法律必须建立一种预设性的制度框架。该制度框架应当着眼于现代生物技术和产业发展可能给人类生命、身体、健

---

① 刘长秋、刘迎霜:《基因技术法研究》,法律出版社2005年版,第9—11页。

康、财产以及生态环境带来的特殊危险,对其进行系统、特别的法律规制,以便尽可能地减小或者除去转基因技术及其产物所带来的人类无法容忍或接受的危险,至少要将相应的危险源置于法律规制和政府及社会的监管之下;同时,还应着眼于通过健全和完善转基因生物安全法制环境推动现代生物技术和产业的有序、健康发展,依法保障其成果尽可能产生应有的效益。概言之,就是要在现代生物技术和产业领域促进安全与发展、公平与效率的有机结合。

二、转基因生物安全法的利益机制分析

影响企业等市场主体决策和行为的最基本的驱动力量是经济利益。市场主体所考虑的经济性的因素范围广泛,小到一般的成本费用和赔偿责任,大到最终生存,都属于其列。除此之外,影响市场主体决策和行为的驱动因素还有法律法规、灾害事故以及其自身的文化和信誉等。[1]

从市场主体外部来看,人与自然界共同构成了"人类—环境"生态系统。其中的自然环境又包括由大气、水、陆地、岩石、阳光等非生命物质组成的物理系统以及由各种动物、植物和微生物组成的生物系统、生物圈;其中的人类社会又可进一步分为经济系统、社会系统和政治系统,所对应的基本组织形式分别是营利组织(企业等市场主体)、非营利组织和政府组织。

上述人类生态系统以及其中的各个子系统,不仅具有各自的内部结构和功能,而且还基于生态规律、经济规律、社会规律相互联系、相互作用、相互制约,形成纷繁复杂的互动体系,从而影响并决定市场主体的私人经济利益以及社会公共利益,共同构成转基因生物安全法制中的利益调整机制。

从现实需要和系统论角度看,经济发展和环境保护、经济学和生态学是密不可分的对立统一体,需要实现经济生态化与法律生态化。[2] 具体到

---

[1] 参见 C. W. M. Van Berkel, *Cleaner Production in Practice*, geborel te Boxtel, 1996, p. 20.
[2] 〔德〕罗尔夫·斯特博:《德国经济行政法》,苏颖霞等译,中国政法大学出版社 1999 年版,第 12—14 页。

现代生物技术和产业发展来看,政府、社会为保护生态环境,保障人类健康,促进可持续发展,有必要依法在相关企业等市场主体外部干预甚至直接控制其技术行为,特别是其中有关公众健康和生态环境的方面。而转基因生物安全法的实施过程,实质上就是协调转基因技术研发和商业化应用等活动与自然环境、公众健康之间关系的过程,也是协调私人利益与公共利益之间关系的过程。

2.1 市场机制与转基因生物安全法

市场自身在理论上就像一架精巧的机器,它通过一系列的价格和市场行为,无意识地协调着人们的经济活动。它也是一具传达信息的机器,把千百万不同个人的知识和行动汇合在一起。虽然不具有统一的智力,它却处理着一种牵涉到千百万未知数和关系、当今最先进的计算机也无能为力的经济问题,使个人逐利的理性经济行为自动导致经济繁荣这一集体理性结果,使私人利益自发符合公共利益。而在市场机制的自发调节下,生产者、消费者等市场主体之所以会对价格这一市场信号作出灵敏的反应,是因为他们都是追求利润或效益最大化的"理性的经济人"。然而,不幸的是,市场机制并不是完美无缺的,更不是万能的,而是存在一定的缺陷和失灵,具有相当的局限性,其主要表现是:(1) 与效率有关的最为典型的问题是缺乏完全竞争和存在外部性。"不完全竞争"必然会使"看不见的手"效能降低,而当经济活动具有外部性(溢出效应)的时候,"看不见的手"还可能引导经济误入歧途;(2) 自发性、盲目性的市场调节会造成周期性的经济危机;(3) 有效率的市场制度也可能带来诸如贫富悬殊等严重的社会不平等现象,等等。[①]

在没有任何拘束的市场机制下,市场主体在进行不同水平的生产、投资等经济决策时,通常只会从自己私人利益的角度考虑所面临的各种选择和收益,而经济活动中所需的空气、水、环境自净能力等自然要素的投入和产出,以及该经济活动所造成的广泛的社会后果(如对他人的健康、财产以及生态环境的安全性、舒适性和美学价值的损害等),却无法通过

---

① 〔美〕保罗·A. 萨缪尔森、威廉·D. 诺德豪斯:《经济学》(第12版),高鸿业等译,中国发展出版社1992年版,第70页、第76—87页。

第二章 转基因生物安全之法律调整

价格机制得到反映,因而不能有效地影响其经济决策。此外,在竞争的压力下,市场主体即使意识到了社会的成本代价,但只要其行为不受严厉制裁,也会基于获得竞争优势和最大利益的考虑,倾向于不自觉主动地将社会成本内部化、不采取任何处理与防范措施,从而在生态环境和公共健康方面导致和加剧哈丁博士所说的"公地的悲剧"。对此,经济学家凯普明确指出:市场机制促使一部分经济行为者把社会成本转嫁给他人,或转嫁给未来,或转嫁给自然界,这是固有倾向。①

经济学强调指出,当市场交易没有直接的外部性时,市场是有效率的,但出现外部性的时候,政府或其他制度安排是有效率的②;市场缺陷和失灵都会导致生产或消费的无效率,从而可以存在着由政府治愈这些疾病的必要性。③ 这些理论都表明,由于市场机制这只"看不见的手"具有把生态环境和公共健康成本转嫁给社会的天然倾向,需要政府这只"看得见的手"基于公共利益对其进行干预、矫正,运用多种手段调控企业等市场主体的行为,以达到社会所期望的公共目标。这就是转基因生物安全法赖以存在的重要经济机理。而在尊重相关企业等市场主体的独立地位和经济自由的前提下,建立针对转基因技术研发、转基因生物及其产品产业化发展等活动的监管制度,则是转基因生物安全法的核心内容。

2.2 政府机制与转基因生物安全法

一般说来,政府以维护公共利益(包括经济性公益和非经济性公益)为其产生和存在的基本内在逻辑。作为代表全体社会成员之共同利益并合法地垄断了强制力的唯一组织,它不仅拥有征税权、禁止权、处罚权,而且具有巨大的规模效益④,是组织集体决策、进行公共选择的基本形式,以

---

① 经济合作与发展组织编:《环境保护的经济手段》,夏光、茅于轼等译,北京大学出版社1993年版,第3页。
② 盛洪:《从经济自由主义的角度看》,载《市场逻辑与国家观念》,生活·读书·新知三联书店1995年版,第7页。
③ 〔美〕保罗·A.萨缪尔森、威廉·D.诺德豪斯:《经济学》(第12版),高鸿业等译,中国发展出版社1992年版,第79页。
④ 〔美〕斯蒂格利茨:《政府为什么干预经济——政府在市场经济中的角色》,郑秉文等译,中国物资出版社1998年版,第74—77页。

组织公共物品的"生产"和"供给"、向社会提供公共服务为其基本职能。[①]而政府通过公共选择"生产"和"供给"公共物品的活动,实质上也就是对市场缺陷和失灵问题进行矫正和克服的活动。

由此不难看出,市场经济在理论上应当是由民间通过市场自由交换实现一般性的"私人物品"的有效率生产和供给,由政府负责所有权以及其他财产权保护、宏观经济稳定、基础设施建设、环境保护、公共卫生、城市规划、社会保障、社会公平、外交、国防等公共物品的"生产"和"供给"的一种特殊的制度安排。[②]而从政府与民间经济之间的关系来看,应当坚持企业等市场主体的经济自由优先而政府干预经济的活动为辅的原则,只有当民间经济没有能力有序高效地完成某一任务时,政府对经济的调控才可以作为最后手段或者备用力量得到考虑。[③]

从人类社会市场经济发展的实践来看,在自由竞争资本主义阶段,基于"看不见的手"理论,人们在观念上认为市场主体在追求私人利益时,会在"看不见的手"的引导下自动实现公共利益,政府对自由竞争的任何主动干预都是有害的,"干涉最少的政府是最好的政府"成了基本信条。而在当时的现实社会生活中,市场缺陷和失灵的不利影响尚不显著。于是除了具有税收、治安、国防、外交等职能之外,政府理所当然应该超然于市民社会之上,仅扮演"守夜人"的角色,而不应主动介入私领域的经济与社会关系,不应影响市场机制的自发调节和运作。近代资本主义国家的"夜警国家"之称遂由此而出。具体到当时经济领域的发展状况来看,政府对经济活动的直接控制越来越少、市场机制这只"看不见的手"发挥的作用越来越重要乃是基本趋势。但远在这种状态达到完全的自由放任(即政府完全不干预企业等市场主体的活动)以前,发展潮流就开始向相反的方向转变了。

[①] 绝大多数学者都承认,现代社会的政府具有双重功能。首先是公共服务职能,即政府通过提供公共物品为社会的全体成员服务。虽然不同的社会成员和群体从政府服务中受益不完全相同,但公共物品还是能够为全体社会成员带来普遍利益。在此意义下,政府是为公共利益服务的社会组织。其次才是阶级压迫职能,即政府是统治阶级压迫被统治阶级的政治工具。

[②] 樊刚:《作为公共机构的政府职能》,载《市场逻辑与国家观念》,生活·读书·新知三联书店1995年版,第11—13页。

[③] 〔德〕罗尔夫·斯特博:《德国经济行政法》,苏颖霞等译,中国政法大学出版社1999年版,第114页。

第二章 转基因生物安全之法律调整

　　根本的原因在于19世纪末以后,市场垄断、经济危机、失业、企业主与劳动者之间的对立、生产者与消费者之间的对立以及工业事故、交通事故、产品瑕疵致害、环境污染与生态破坏等一系列严重的经济与社会问题开始显著化。这些问题在市场机制自发调节下产生,表明市场机制存在着其自身无法克服的严重的局限性,存在着缺陷和失灵,也惊醒了人们"个人逐利行为自动增进公共利益"的迷梦,打破了"看不见的手"万能的神话。在无情的现实面前,人们终于认识到,私人利益与公共利益并非总是完全一致的,而是存在着既对立又统一的辩证关系,在处理私人利益与公共利益之间的关系时,应当从公共利益的角度而不是私人利益的角度出发,对私人利益中不利于公共利益的部分加以矫正、限制。在此情势下,以国家干预经济为核心内容的凯恩斯经济学说取代亚当·斯密的经济放任学说成了当时资本主义各国的官方经济学,而"服务最多的政府是最好的政府"自然也就成了人们普遍的期待和新的信条。

　　于是,为了矫正"看不见的手"这一市场机制中的缺陷和失灵,尽可能为社会提供更多更好的公共物品、公共服务,政府这只"看得见的手"遂基于维护公共利益的立场,逐步开始积极主动地干预市民社会生活,在经济与社会活动中的作用显著增加,政府的活动范围也就由传统的政治领域逐渐扩展及于现代社会生活的各个领域——政治领域、经济领域和社会领域,简直无所不在、无所不为、无所不包,人们在现实生活中也会随时随地感受到政府干预和服务的存在,如公共安全、公共秩序、公共管理等。而这种从近代"夜警国家"到现代"福利国家"、"社会国家"的转变,也给整个法制带来了重大影响,如民法从"个人本位"到"社会本位"的转变以及经济法、社会法、环境法等新兴法律部门的出现等。

　　可见,市场机制的缺陷和失灵使得政府对经济与社会的适当干预成为完全必要的选择。这就决定了由传统的自由放任市场经济体制发展而来的现代市场经济体制是市场与政府的混合体,是一种"混合经济"。没有市场或没有政府的经济都是一个巴掌拍不响的经济。① 无论是美国的"自由市场经济体制",德国的"社会市场经济体制",法国的"有计划市场

---

① 〔美〕保罗·A. 萨缪尔森、威廉·D. 诺德豪斯:《经济学》(第12版),高鸿业等译,中国发展出版社1992年版,第67页、78—87页。

经济体制"还是日本的"政府主导型市场经济体制",皆然。

仅就市场经济中的"看得见的手"来看,理论上可以把政府对民间经济与社会活动的干预区分为社会控制(或称保护性控制)和经济调控。前者通常是指以矫正经济活动的副作用或外部性为目的的控制,包括有关健康、劳工安全、生态环境等的控制,系针对某一特定问题进行跨行业的直接控制,且作用领域总体上属于市场失灵的部分,完全不具备市场运作的前提,必须依赖政府介入;后者是指政府对企业进出特定种类的市场、定价、服务质量等所作的调控,通常系对某一个别行业的调控,其作用领域以市场运作为基础,政府介入仅是对以市场为基础的经济运行缺陷的一定程度的干预,相对于市场而言具有从属性、补充性。

一般说来,社会控制或保护性控制是通过行政监管乃至刑事制裁等强制性手段直接进行的。针对转基因技术及其产物所导致的生态和健康风险而采取的安全监管措施即属于此类社会控制、保护性控制。而在宏观经济调控下,不论是进行宏观经济管理还是实施产业政策,也不论是推行行政管理措施还是运用经济调节杠杆,国家都不控制个别市场主体内部的生产经营活动,而是通过对市场的干预、调控,从企业等市场主体外部引导或控制其发展方向,以便在充分保障其经济自由和活力的基础上实现公共目标和利益。而宏观经济调控的手段主要包括计划和政策、经济杠杆、行政管理、法律调整等部分,它们相互联系、相互作用、相互影响、相互协调,共同产生宏观调控效应。①

从经济学的观点看,矫正外部不经济性、实现社会成本内部化的可能途径包括建立产权、私人谈判、承担损害赔偿责任、进行直接法规控制、信息披露以及征税等。② 而这些理论上的许多对策,特别是直接行政控制和信息披露,已经在现有的转基因生物安全法律制度和管理实践中得到了肯定和运用,成为保护生态环境和人类健康的重要工具。

问题是,虽然没有哪一位经济学家会否认政府这只"看得见的手"在

---

① 参见王俊岩、王保树主编:《市场经济法律导论》,中国民主法制出版社1996年版,第421页。

② 〔美〕斯蒂格利茨:《政府为什么干预经济——政府在市场经济中的角色》,郑秉文等译,中国物资出版社1998年版,第72页;〔美〕保罗·A.萨缪尔森、威廉·D.诺德豪斯:《经济学》(第12版),高鸿业等译,中国发展出版社1992年版,第1203—1208页。

现代经济生活中的重要积极作用,但他们往往在认识方面采用两套完全不同的衡量标准:一方面是活跃于经济市场上的理性经济人,只受狭隘的私人利益驱使,需要以体现着普遍利益的集体规则匡正之;另一方面则是维护着集体利益、公共利益的代表——国家的公务员,只遵循公共利益行事,别无他求。显然,这两种截然对立的理论前提的同时存在是不合乎逻辑的。

自 20 世纪 50 年代末、60 年代初以来,坚信政府行为大公无私的传统观念开始受到公共选择理论的挑战:同样的人怎么可能仅仅因为从经济市场转入政治市场之后就从利己者变成利他者呢?这是绝对不可能的!于是,基于这种判断,该理论自从诞生之时就紧紧扣住"自利的经济人"这个最基本的行为假定,认为除了参与私人经济部门活动的人之外,公共活动的参与者也受制于此,都有使自己行为的效益最大化的倾向,没有行为主体的所谓集体利益或公共利益是不存在的。详言之,公共选择学派经济学家研究发现,部分由于公共选择制度本身的内在逻辑,部分由于选民对投票过程保持"理性的无知"和"冷漠的态度",现实生活中存在的任何一种公共选择方式,其最终的决策都很难真正体现公共利益。特别地,不论以何种方式作出公共选择,最终实施社会决策的,是官僚和官僚机构。特殊利益集团、官僚和立法官员追求私利的行为,不仅会导致某种公共物品的供给过多或过少,而且还会导致公共物品的实际成本过高。这种结果,就是政府缺陷和失灵的体现。[①]

从经济自由主义的角度看,理想的状态应当是市场与政府这两种资源配置机制之间的均衡或和谐,即二者都在自己最能有效发挥作用的领域"各司其职",而不逾越相应的界线:在尽量不破坏私领域正常秩序的前提下,充分发挥公权力的调控作用,既使"看不见的手"充分作用,又使"看得见的手"有效调节。然而不幸的是,在人类历史上,达到这种理想状态的时候是很少的。其根本原因就在于市场和政府这两种制度安排在特性和强度上是不同的:私人权利通常是边界清楚、内向和保守的,政府权

[①] 〔美〕丹尼斯·缪勒:《公共选择理论》,杨春学等译,中国社会科学出版社 1999 年版,"中译版前言"部分;〔美〕曼瑟尔·奥尔森:《集体行动的逻辑》,陈郁等译,上海三联书店·上海人民出版社 1995 年版,"译者的话"部分。

力一般界线不清楚且具有自我扩张的性质和特点;市场制度就是私人权利的自由交易,它无力也无法有效地保护自己,容易受到来自外界的侵害,因此既需要政府的保护,又害怕来自政府的侵害;而政府是保护市场制度、私人权利的最有效工具,同时也是市场制度的最大、最危险的侵害者。由此不难理解,如果市场越界,政府很容易加以纠正、抵制;如果政府越界,市场就往往无力自保,除非带来了明显和持久的经济效率的损失。而政府权力的自我膨胀是不可避免的客观趋势,权力制约的不足必然会助长政府干预的任意性。因此,如何约束政府权力,使其不过度扩张,或者当其侵害他人权利、公共利益时能够有一种力量与之抗衡,就成为一个非常必要而重要的问题。①

总之,如同市场不是万能的,存在缺陷和失灵一样,政府也不是万能的,也存在缺陷和失灵。但为了经济社会的发展,人类并不能因此而不依赖它们,而只能在利用之的同时尽量克服其弊端:市场调节的缺陷和失灵通常只能由政府站在公共利益的立场上以社会的名义加以弥补或矫正;而政府干预的缺陷和失灵,特别是其扩张性、任意性以及由此带来的"政府的个体理性选择行为导致集体非理性结果"的现象,则往往需要通过政府内部的分权制衡以及政府外部的社会制约来加以克服。② 具体到转基因生物安全管理方面的政府缺陷和失灵来看,以非政府组织和相关领域专家为代表的社会公众同样应当发挥必要而关键的制约与矫正作用。

2.3 三元模式下的市民社会与转基因生物安全法

三元模式下的市民社会不再包括以营利组织为基本单位的经济领域,而是由非营利组织、非经营性的家庭和个人共同构成的,其基本功能有两类:一是"填补"政府功能的"空白",二是通过与政府竞争提高公共物品的供给效率。

市民社会"填补"政府功能的"空白"主要表现在以下四个方面:

---

① 盛洪:《从经济自由主义的角度看》,载《市场逻辑与国家观念》,生活·读书·新知三联书店 1995 年版,第 7—9 页;张曙光:《个人权利和国家权力》,载《市场逻辑与国家观念》,生活·读书·新知三联书店 1995 年版,第 45 页。

② 关于权力的社会制衡,参见顾昕:《以社会制约权力》,载《市场逻辑与国家观念》,生活·读书·新知三联书店 1995 年版,第 148 页。

(1) 赋予政府合法性。哈贝马斯指出,政府的合法性不能由它自己单方面宣布,而只能由市民社会赋予;(2) 制约政府权力。任何公共权力都需要制约,不受制约的权力必然导致腐败。政府内部的分权制衡是必要的,但最重要的制约来自政府之外的市民社会。制约政府的最终动力和真正力量只能来源于政府之外。分散孤立的个人是没有能力对政府进行制衡的,只有组织起来,他们才会有力量,而只有市民社会,才能为公民提供自我组织的空间。除了市场以外,市民社会是政府外部最重要的权力制约力量。因此,市民社会中的非营利组织是确保政府不违背其宗旨的必要条件;(3) 满足社会多元化需求。现代社会是多元社会,人们的兴趣、价值观念、经济利益都高度多样化,社会分化为众多的阶级、阶层以及各种各样的利益集团。在市民社会的各类非营利组织里,具有共同志趣、利益和要求的人们自愿组织起来,维护自己的利益。可以说,市民社会是多元社会的基础;(4) 通过各种非营利组织培养公民民主的生活方式。而市民社会通过与政府竞争提高公共物品的供给效率也主要表现在四个方面:(1) 政府因受制于一系列法律、各种社会势力以及官僚主义的积习,往往对社会需求和发展机会反应迟钝,显得非常保守。而非营利组织则可以灵活、迅速地作出反应。因此,在思想、文化、科学技术、环境保护等各个领域,非营利组织都承担了创新职能,积极领导社会发展的潮流;(2) 政府因要对全体社会成员负责,其行为必须具有"普遍性"。这就使得它很难对地区性的和少数群体的利益、需求作出及时而又适当的反应,而非营利组织的服务恰好具有多样化的特点,可以充分弥补政府在这方面的不足;(3) 政府独家提供某种公共物品往往会导致资源浪费和无效率,而由政府和非营利组织基于竞争关系共同提供,必然会促进它们改进效率,扩大消费者的选择机会,增进效用;(4) 政府可能出现严重的缺陷和失灵,可能违背自己的建制宗旨而损害公共利益。因为政府官员实际上并不是什么"大公无私的人民公仆",而是"理性的经济人",同样会为自己的私利所左右,在制约不到位的情况下会滥用职权、假公济私。而现代史上一个引人注目的普遍现象就是政府的自主性日益增强,政府逐步演变成为具有独立利益的行为主体,摆脱社会的控制而肆无忌惮地谋求自己的利益,把公共利益抛在脑后。有鉴于此,越来越多的人主张,社会能够做好的事,政府就不要插手;社会做不好或者根本就无法做的事,政府才应当介入。①

具体到生态环境和公共健康保护而言,社会公众特别是民间组织的广泛参与不仅是监督、促进企业遵守相关法律法规、克服"市场缺陷和失灵"的重要力量,在减轻或消除政府决策失误所造成的严重生态和健康后果、克服"政府缺陷和失灵"现象方面更是发挥着不可替代的作用。而社会公众对转基因生物及其产品的知情权以及相关的消费选择权和事务参与权是调和各方利益冲突、提高政府决策质量、防止生态环境和公共健康损害于未然的重要途径,有助于环境价值、社会价值与经济价值在既有的政治体系中得到有效协调,从而决定社会资源的最优配置模式。

总之,在不妨碍经济领域和政治国家的自主运行逻辑的前提下,社会公众依法对企业、政府有关转基因生物及其产品的活动施加影响,是确保转基因生物安全法律法规得到有效实施的重要因素。人们注重购买绿色产品、非转基因产品的消费潮流也是引导相关产业和管理活动的一个重要因素。这就决定了公众对转基因生物及其产品的知情权、消费选择权和相关公共事务参与权应当成为转基因生物安全法的基本内容之一。

三、转基因生物安全法的基本内容和调整手段

3.1 转基因生物安全法的基本内容

一般说来,除了目标、原则和概念界定之外,从调整对象的角度看,转基因生物安全法主要应当包含以下内容:

第一,法律关系主体及其权利(力)、义务。这又包括两个基本方面:一是明确转基因技术及其产物的安全管理主体及其职责,主要涉及哪些政府部门和机构具有安全管理职责以及相应职责的范围、相关职能部门和机构之间的职权配置关系等;二是从事转基因技术研发以及转基因生物及其产品生产、加工、运输、贸易等活动的市场主体的资格限定以及相

---

① 康晓光:《权力的转移——转型时期中国权力格局的变迁》,浙江人民出版社1999年版,第39—44页。

应的权利和义务,也就是规定何种资格的人能够以自己的名义从事上述活动,以及在此过程中应当独立承担的义务和享有的权利。

第二,法律关系客体,也就是权利(力)、义务所指向的对象,主要是转基因生物安全法所规制的转基因技术及其产物以及相应的研究、开发、生产、加工、运输、销售、政府监管等行为。

第三,相关程序。这既包括规范相关管理主体行使职权的具体程序,从事转基因技术研发以及转基因生物及其产品生产、加工、运输、贸易等活动的市场主体在从事此类活动时所要遵循的管理程序和标准,也包括职能部门和机构之间存在权限冲突时的解决程序等。以取得转基因技术研发许可证为例,除了要明确研发者资格、该项转基因技术的风险评价实施机构和复审机构、许可证的审查标准和最后核发机构等实体性内容之外,也要明确研发者提出申请的程序、时限、需要提交的资料、公众参与的方式和程序、进行审批的期限、提起救济的方法等程序性内容。

而从转基因生物安全法律体系历史沿革的角度来看,从仅仅规范实验室操作方法开始,到调整转基因生物及其产品在整个产业链中的每个环节所涉及的社会关系,表明转基因生物安全法在不断发展。随着转基因技术及其产物与人类的关系日益密切,也随着人们的认识逐步深入,转基因生物安全必然会涉及更多、更广、更复杂的社会关系,相关法律的内容和体系也会随之不断丰富。

3.2 转基因生物安全法的基本调整手段

3.2.1 行政法律调整手段

在对转基因生物安全问题进行调整的各个国内部门法中,行政法具有基础性的重要地位与作用。无论是在对转基因技术及其产物持开放态度的国家和地区,还是在对其持保守甚至抵制态度的国家和地区,行政控制性法律规范都构成了转基因生物安全法的主体。

这是因为,转基因技术及其产物可能具有一定的风险性和潜在的公共危害性,使得政府必须基于生态环境和人类健康等公共利益的考虑对其进行适当的干预和控制,以维护其合理利用与有序发展。随着法治的进步以及人们对转基因技术及其产物的认识不断深入和成熟,政府管理的方式也必然会从以政策调整为主转向以法律规制为主,并且逐渐形成以保障生物安全为中心任务的行政法分支。

3.2.2 民事法律调整手段

经过转基因技术基础研究和产业化发展阶段,转基因生物及其产品进入市场,最终被消费者购买和利用。在对上述不同环节的社会关系进行法律调整和规制时,行政性法律规范具有基础性地位,但民事法律规范也是不可或缺的重要方面。

众所周知,民事法律主要调整平等主体之间的财产关系和人身关系。在涉及转基因生物安全的领域,民事法律规范一般在以下两个方面发挥作用:

第一,与转基因技术及其产物相关的合同,如转基因技术研发合同、转基因生物及其产品销售合同等。通过对合同参与者权利、义务和责任关系的规范、调整,有利于保障相关的技术研发和市场活动有序进行。在这一方面,还间接涉及转基因技术及其产物的知识产权问题。一般说来,农户在种植作物后,可以保留收获物作为来年的种子,这在很多国家是"天经地义"的传统做法,也是国际法中专门对抗品种专利的"农民权"这一概念得以形成的历史基础。而在传统的专利法律制度下,对生命有机体不能授以专利,因此,通过基因工程技术培育出来的转基因动植物无法获得专利权。但是,在20世纪80年代初期,美国最高法院的一个判决支持了印度裔科学家对其所培育的转基因微生物的专利诉讼请求。其后,动植物新品种、表达特定蛋白的基因甚至基因片段在美国都可以获得专利保护,这就大大促进了生物技术的发展,同时也容易引发农民留种与种子公司专利权保护之间的冲突。但在除美国以外的绝大部分国家,目前都不对动植物新品种提供专利保护,而是采取确立专门制度的方式,对动植物新品种提供特殊的法律保护。① 与专利保护相比,依据后者获得的权利不能对抗农民的留种权。

第二,侵权救济。由转基因技术及其产物所导致的侵权,如基因污染以及由此造成的相关损害,总体上属于新的科技和法律现象,其发生途

---

① 如我国制定了《植物新品种保护条例》,在第1条明确规定"为了保护植物新品种权,鼓励培育和使用植物新品种,促进农业、林业的发展,制定本条例"。

径、损害后果和救济机制等可能与传统的侵权行为有较大差异。因此,对转基因生物及其产品在科技研发、生产、加工、运输、贸易、消费等过程中导致或者可能导致的公共和私人利益的损害,如何加以认定和提供法律救济,是转基因生物安全法中非常必要和重要的内容。从国际和国内两个层面的现有立法实践来看,这一部分内容是较为薄弱甚至欠缺的。而在生物遗传物质污染、转基因产品标识违法等情形下,基于传统民事立法对侵权主体、侵权行为构成要件以及法律救济方式等的规定,也可以确立加害人与利益受害人之间的侵权关系以及相应的侵害救济模式。这一点在英美法中体现得较为明显。如在转基因作物花粉污染案件中,非法侵入(Trespass)、过失(Negligence)、妨害(Nuisance)等往往是最主要的判决依据。① 我国《民法通则》和《侵权责任法》对环境侵权的认定和救济也作出了原则性的规定。②

3.2.3 刑事法律调整手段

在转基因生物安全问题方面,刑法同样是最后一道法律屏障。许多国家的转基因生物安全立法,如《德国基因工程法》(German Genetic Engineering Act of 1993)③、巴西有关生物安全的第11105号法律(Law No. 11105 of 24 March 2005)④以及《瑞士转基因生物环境释放法令》(Switzerland Ordinance on the Release of Transgenic Organisms into the Environment)⑤等都明确规定,违反法律要求从事与转基因技术及其产物相关的活动并造成重大损害后果的,将被判处罚金或其他刑罚。在我国,对于违反有关转基因技术及其产物的各种法律规范,造成或可能造成严重后果的行为,相关立法也应当规定予以刑事制裁。

---

① Christopher P. Rogers, "Liability for the Release of GMOs into the Environment: Exploring the Boundaries of Nuisance", *Cambridge Law Journal*, 62(2), July 2003, pp.371—402.
② 《民法通则》第123条、第124条;《侵权责任法》第65—68条。
③ *German Genetic Engineering Act of 1993*,载http://web.uni-frankfurt.de,最后访问日期:2009年8月14日。
④ *Law No. 11105 of 24 March 2005*,载http://www.ctnbio.gov.br,最后访问日期:2009年8月18日。
⑤ Switzerland Ordinance on the Release of Transgenic Organisms into the Environment,载http://www.biosafety.gov.cn,最后访问日期:2009年8月18日。

四、转基因生物安全法的历史沿革

早在20世纪70年代,重组DNA技术刚刚应用于植物细胞不久,美国等发达国家就发布指南,对生物技术的安全应用和管理进行界定。1976年,美国国立卫生研究院(NIH)公布了《重组DNA分子研究指南》,这是世界上第一部有关转基因生物安全的规范性文件。20世纪80年代后期以来,伴随着现代生物技术和产业的迅速发展,某些转基因作物已经开始商业化,大多数发达国家纷纷建立自己的生物安全立法和管理体制,对转基因技术及其产物进行规范和调整。例如,英国早在1978年就开始制定有关基因工程安全性控制的条例,1990年修改《环境保护法》时又将转基因生物安全管理纳入到整个环境管理的框架之中;法国在20世纪80年代先后成立了基因工程委员会和生物分子工程委员会两个专门机构,分别评价和监督实验室的重组DNA研究和转基因生物田间试验、释放和商业化生产;德国在80年代初就颁布了一些规章和政策,开始对基因工程活动进行管理。90年代初,德国专门组织有关方面的专家将这些单行规章编纂成《基因工程法》,以便为基因工程技术的研究、开发、应用、促进和管理建立综合、协调的法律框架,在发展相关技术和产业的同时保护生态环境和人类健康,使其免受基因工程活动可能带来的危害。一般说来,发达国家总是希望通过这种立法和管理保护本国转基因技术和产业的发展以及本国产品的市场地位,同时对国外转基因产品进入本国市场设立一定的限制条件。[①]

发展中国家的转基因生物安全立法和管理实践相对滞后。直到20世纪90年代初,部分发展中国家才开始建立专门的转基因生物立法和管理机构。例如,印度科学技术部于1990年颁布了《重组DNA安全指南》;阿根廷于1991年成立了农业生物安全国家观察委员会;玻利维亚、智利、巴西、乌拉圭等国也制定和颁布了相关法律,并于1993至1995年间相继成立了负责风险分析的国家生物安全技术委员会;等等。[②]

---

① 付宝荣等主编:《生态环境安全和管理》,化学工业出版社2005年版,第71页。
② 刘谦、朱鑫泉主编:《生物安全》,科学出版社2001年版,第23页。

第二章　转基因生物安全之法律调整

世界各国在转基因技术、产业、立法及管理实践方面的不平衡,可能导致某一转基因生物或产品在一个国家被认为是可以接受的而在另外一个国家则被禁止进行环境释放和商业化生产的现象,这是目前转基因生物安全管理中存在的突出问题,与现代生物技术和产业迅速发展,特别是转基因农作物及其产品已经走向国际化的形势不相适应。有鉴于此,有必要在全球范围内加强有关转基因生物安全立法、评价及管理的信息交流与合作,建立地区性和国际性的统一规则和标准。

由于各国在自然环境、生物科技、经济社会发展水平以及对生物安全管理的重视程度等方面存在很大差异,其对构建地区性或国际性规则与标准的出发点和关注点也往往不同,因而很难建立为所有国家普遍接受的统一的转基因生物安全管理制度和评价标准。仅以较为发达的美国和欧盟为例,二者对转基因生物安全问题的态度和做法就相去甚远:前者在转基因技术的研究、应用和转基因生物安全管理方面起步较早,在长期的实践中坚持认为转基因生物的安全性是有保障的,因而在制度设计和行政管理上采取较为宽松的立场;而大多数欧盟国家,由于受宗教和公众舆论等的影响较深,在转基因生物及其产品的研究、应用、推广方面非常谨慎,相关立法和管理措施比较严格。①

但是,面对种种分歧和重重困难,许多国际组织作出了很大努力,并围绕着共同关心的问题召开了大量会议,由此催生了一些有关生物安全的国际指南和立法②,进而推动了各国开展各自的生物安全立法与管理工作。

1990年,欧共体颁布了《关于转基因微生物封闭利用的指令》(90/219/EEC)③和《关于有意向环境释放转基因生物的指令》(90/220/EEC)④,从而开启了欧盟的转基因生物安全立法进程。而欧盟生物安全立法的主要目的,在于鼓励低风险的转基因技术研发与应用,限制高风险

---

① 有关美国和欧盟转基因生物安全立法和管理实践详细情况,请参见本书第六章。
② 张献龙等编:《植物生物技术》,科学出版社2004年版,第343页。
③ Council Directive 90/219/EEC of 23 April 1990 on the Contained Use of Genetically Modified Micro-organisms,载 http://ec.europa.eu,最后访问日期:2009年8月18日。
④ Council Directive 90/220/EEC of 23 April 1990 on the Deliberate Release into the Environment of Genetically Modified Organisms,载 http://eur-lex.europa.eu,最后访问日期:2009年8月18日。

的转基因生物及其产品,并寻求建立一个能够适当涵纳所有转基因生物及其产品的单一市场体系,以便在共同体范围内取得协调一致性。

1992年,世界上许多国家的政府代表签署了《21世纪议程》(Agenda 21),该议程的重要内容之一就是考虑建立有关转基因生物安全管理的统一国际规则。1995年底,欧盟召开了有关生物技术安全问题的会议,决定采用联合国环境规划署制定的《国际生物技术安全指南》。与此同时,《生物多样性公约》缔约方大会第二次会议决定发展侧重于调整转基因生物跨国界转移的生物安全方案。该决定导致的最终成果,就是《卡塔赫纳生物安全议定书》。①

对生物安全的协调性管理作出尝试的还有部分南美国家。1994年,南美南部地区生物安全协调会议建议就转基因生物制定特别管理条例并成立联合管理委员会。1995年,巴西、阿根廷、巴拉圭、乌拉圭等国又召开了转基因生物安全和商业化生产问题会议,讨论建立协调的生物安全立法并监督其在该地区的实施。②

从1994年起,联合国环境规划署和《生物多样性公约》秘书处就开始组织制定生物安全议定书。经过10轮工作组会议和紧张、激烈的谈判,2000年1月,在加拿大蒙特利尔召开的《生物多样性公约》缔约方大会特别会议通过了《卡塔赫纳生物安全议定书》。2003年9月11日,该议定书生效。它是处理转基因生物安全这一新型环境与健康问题、协调转基因生物及其产品贸易与安全之间关系的基础性国际法律框架,力求各缔约国在最大限度地降低生物技术对生态环境和人类健康可能造成的危害的同时,尽可能从生物技术开发和应用中获得惠益。目前,已有约150个国家批准加入该议定书,由此进一步促进了各国转基因生物安全法制与实践的协调发展。

显然,转基因生物安全法所规范和调整的范围不再局限于各国之内,而是具有国际化、全球化的特征。这是该法在生态环境和公共健康效应

---

① 宋锡祥:《欧盟转基因食品立法规制及其对我国的借鉴意义》,载《上海大学学报》(社会科学版)2008年第1期,第35—38页。

② 陈超:《国外转基因生物安全管理分析及其启示》,载《中国科技论坛》2007年第9期,第76—81页。

第二章 转基因生物安全之法律调整

越来越一体化的大背景下所呈现出来的必然趋势之一,同时也有利于促进转基因技术和产业在世界范围内的健康发展。

五、转基因生物安全法的主要特点

和其他法律相比,转基因生物安全法具有以下几个方面的显著特点:

第一,立法模式的多样性。由于转基因技术及其产物所涉及的活动与社会关系比较广泛,差异性大,技术性和专业性强,再加上其中的政府管理活动和行政关系变动频繁,各国往往不是像德国那样制定较为系统、完整、单一的转基因生物安全法典——《德国基因工程法》(German Genetic Engineering Act)与之对应,而是根据自己的国情,特别是立法传统和实际需要,采取灵活多样的模式制定其转基因生物安全法。某些国家甚至没有针对转基因技术及其产物的专门法律,而是通过扩展部分原有法律的适用范围,把对转基因技术及其产物的规制纳入到原有的法律体系之中。如美国就是根据转基因生物及其产品自身的特点,分别适用《联邦杀虫剂、杀菌剂和杀鼠剂法》(Federal Insecticide, Fungicide, and Rodenticide Act)[1]、《有毒物质控制法》(Toxic Substances Control Act)[2]、《联邦食品、药品和化妆品法》(Federal Food, Drug, and Cosmetic Act)[3]、《联邦植物病虫害法》(Federal Plant Pest Act)、《植物检疫法》(Plant Quarantine Act)、《联邦有害杂草法》(Federal Noxious Weed Act)[4]等法律,而没有制定专门的转基因生物安全法律。更多国家则是针对转基因技术及其产物制定和颁布多部专门或相关立法,由这些立法共同构成其转基因生物安全法体系。

---

[1] Federal Insecticide, Fungicide, and Rodenticide Act,载 http://www.epa.gov,最后访问日期:2009 年 8 月 18 日。

[2] Toxic Substances Control Act,载 http://www.epa.gov,最后访问日期:2009 年 8 月 18 日。

[3] Federal Food, Drug, and Cosmetic Act,载 http://www.fda.gov,最后访问日期:2009 年 8 月 18 日。

[4] 2002 年,美国将农业部负责执行的 10 部植物健康法整合为一部综合性的《植物保护法》(Plant Protection Act)。已有的《联邦植物病虫害法》、《植物检疫法》和《联邦有害杂草法》均被该法取代。在整合了相关法律的基础上,《植物保护法》(2002 年 6 月 20 日生效)对植物、植物产品、某些生物控制有机植物、有害杂草以及植物病虫害进行了规制。参见 Plant Protection Act,载 http://www.aphis.usda.gov,最后访问日期:2009 年 7 月 13 日。

如英国颁布了《转基因生物(封闭利用)条例》(2000)[①]、《转基因生物(有意释放)条例》(2002)[②]以及《食品与环境保护法》(1985)[③]、《环境保护法》(1990)[④]、《卫生法》(2006)[⑤]等法律法规,并直接适用《新食品和新食品成分条例》((EC)NO.258/97)[⑥]、《转基因食品和饲料条例》((EC)NO.1829/2003)[⑦]、《转基因生物可追溯性和标识以及转基因食品和饲料可追溯性条例》((EC)NO.1830/2003)[⑧]、《转基因生物越境转移条例》((EC)NO.1946/2003)[⑨]等欧盟立法;等等。

第二,科学技术性。转基因技术及其产物立法的现实依据主要是分子生物学、遗传学等自然科学以及相关技术和产业的发展。从转基因生物安全立法的角度看,除了尊重和体现经济社会发展规律外,它还必须尊重和体现生物学、生态学等自然客观规律,并将某些技术规范、标准、操作规程等纳入相关立法之中;从转基因生物安全政府管理的角度看,它同样也离不开生物科技手段,离不开通过监测、化验等方法所获得的数据和资料。因此,转基因生物安全法中的一系列基本原则、管理制度和法律规范都是植根于基因工程学的研究成果以及相关产业发展和政府管理的基本

[①] The Genetically Modified Organisms(Contained Use) Regulations 2000,载 http://www.opsi.gov.uk,最后访问日期:2009年7月13日。

[②] Genetically Modified Organisms (Deliberate Release) Regulations 2002,载 http://www.england-legislation.hmso.gov.uk,最后访问日期:2009年7月13日。

[③] Food and Environment Protection Act 1985 (c. 48),载 http://www.opsi.gov.uk,最后访问日期:2009年7月9日。

[④] 《环境保护法》(1990)第六部分对转基因生物监管作了规定。参见 Environmental Protection Act 1990 (c. 43),载 http://www.opsi.gov.uk,最后访问日期:2009年7月13日。

[⑤] Health Act 2006,载 http://www.opsi.gov.uk,最后访问日期:2009年7月23日。

[⑥] Regulation (EC) No.258/97 of the European Parliament and of the Council of 27 January 1997 concerning Novel Foods and Novel Food Ingredients,载 http://eur-lex.europa.eu,最后访问日期:2009年7月23日。

[⑦] Regulation (EC) No.1829/2003 of the European Parliament and of the Council of 22 September 2003 on Genetically Modified Food and Feed,载 http://ec.europa.eu,最后访问日期:2009年7月21日。

[⑧] Regulation 1830/2003/EC concerning Traceability and Labelling of Genetically Modified Organisms and Traceability of Food and Feed Products Produced from Genetically Modified Organisms and Amending Directive 2001/18/EC,载 http://eur-lex.europa.eu,最后访问日期:2009年4月10日。

[⑨] Regulation (EC) No.1946/2003 of the European Parliament and of the Council of 15 July 2003 on Transboundary Movements of Genetically Modified Organisms,载 http://eur-lex.europa.eu,最后访问日期:2009年7月28日。

规律,具有明显的科学技术性。

第三,综合性。转基因技术及其产物涉及科技研发、技术应用、产业发展、政府管理、社会生活等多个领域,在生态环境和人类健康等方面都会产生广泛的影响,需要综合利用行政、民事、刑事等多种性质的法律手段,对相关主体之间复杂的社会关系进行界定和调整。相应地,转基因生物安全法包含转基因技术研发项目许可、转基因生物环境释放审核、转基因生物和转基因食品安全评价、转基因技术及其产物侵权救济等诸多层面的内容,具有明显的综合性。①

第四,国际性。转基因技术及其产物所可能引发的生态和健康风险,总体上属于国内法的调整范畴。但随着国际货物贸易和人员交流日益频繁,生态变化和公众健康影响往往会突破国界以及其他行政边界的限制,一国对转基因技术及其产物的规制,如转基因生物的越境转移管理、进口食品的转基因成分标识等,都可能会对其他国家产生深远影响。因此,转基因生物安全法的很多内容,是在国际社会的共同关注和一致要求下得以形成的国际性规则。如《卡塔赫纳生物安全议定书》就要求缔约国在规定的年限内完成各自国内法的制定工作,以落实该议定书所确立的转基因生物安全管理基本目标、原则和制度。②

第五,社会性。转基因生物安全法应当体现人类社会经济技术发展规律和生态环境保护规律的客观要求。而以体现这些客观要求的法律制度去规范和调整人们在社会化大生产中与转基因技术及其产物相关的活动,可以起到维护生态环境安全、保障人类健康、促进转基因技术和产业健康、持续发展的作用。这是不同社会形态的国家在发展转基因技术和产业过程中都需要面对的共同问题。该问题的适当解决,显然有利于社会公共利益乃至全人类的共同利益。从这一角度来说,转基因生物安全法兼有产业发展法和社会公益法的色彩和职能,体现了突出的社会性。

---

① 刘长秋、刘迎霜:《基因技术法研究》,法律出版社2005年版,第67—74页。
② 王艳青:《国际履约与中国转基因生物安全管理》,载《世界农业》2007年第1期,第4—6页。

第三章 转基因生物安全监管分析

引 言

自 18 世纪以来,科学技术对人类社会的进步发挥了关键性的推动作用。在较早时期,人们为科技所具有的深刻认识与改造自然、创造良好生活条件等神奇功效感到鼓舞甚至陶醉。在这种乐观主义的影响下,社会和政府对科技发展采取了自由放任的立场,只是在造成危害结果时再进行被动响应性的事后补救。随着科技的不断发展,其潜在的负面效应,特别是对生态环境和人类健康的不利影响开始显现出来,人们的立场也随之调整。20 世纪中后期以来,公众和立法者已经普遍认识到,对科技发展应当采取谨慎乐观的态度和积极干预的做法,而不应再顺其自然。①

对于现代生物技术,许多国家的政府自其发展之初就采取了主动干预和依法管理的立场,而以往的许多重大技术在刚产生的时候基本上都是处于自由放任的发展模式之下。② 在近现代科技发展史上,这种变化具有划时代的意义。但在不同地区和国家的科技立法和管理原则发生变化的过程中,其本位和路径往往并不一样。仅以转基因生物安全管理的立场变化为例,欧盟总体上是从保守主义开始逐渐转向偏保守的谨慎乐观主义,而美国则恰好与之相反,总体上是从较宽松的自由主义开始趋向偏自由的谨慎乐观主义。申言之,二者在转基因生物安全管理的立场方面已经开始表现出一定的趋同性变化趋势。

一般说来,政府对民间经济与社会活动的干预可以区分为社会控制和经济调控。前者又称保护性控制,往往包括有关安全、健康、生态环境

---

① 这方面的典型事例之一,是 DDT 等农药对昆虫、自然生态系统以及人类健康的损害。参见 Rachel Carson, *Silent Spring*, Boston: Houghton Mifflin Company, 2002。

② 某些特殊的重大技术,如用于核武器制造的原子能技术,最初是在政府的直接控制和操作下得以秘密发展的,而不是处于公开、竞争的市场体系之中。

等的控制,其作用领域总体上属于市场失灵的部分,完全不具备市场运作的前提;后者的作用领域则以市场运作为基础,政府介入仅是对以市场为基础的经济运行缺陷的一定程度的干预。针对转基因生物安全问题的政府管理总体上应当属于社会控制或者保护性控制措施,其主要手段为直接行政控制,即转基因生物安全监管。

监管是政府行政管理体系的重要组成部分,是有关政府机构依据法律授权,按照法定程序,运用行政力量,采取制定规章、条例和标准、建立许可制度等一系列手段,对特定领域内市场主体行为的合法及合规性进行客观、独立、直接、程序化控制的重要活动过程。它体现了对成本和效益的不同分配方式的选择和调整,本质上是在某种政治经济基础之上进行的私人利益与公共利益的平衡。[①] 相应地,转基因生物安全监管则是指有关政府机构依照法律法规的授权,对从事转基因生物及其产品的技术研发、商业化生产和经营等活动的主体之行为进行直接控制,以保护生态环境,保障公众健康与安全,维护相关技术和产业有序发展的行政管理活动。

一、转基因生物安全监管的主要环节

从国际和国内相关立法与管理实践来看,根据产业化发展的不同阶段,转基因生物安全监管主要包括产前监管、产中监管和产后监管三个部分。

我国针对转基因植物的产前监管,包括实验研究、中间试验、环境释放、生产性试验和申请安全证书等五个阶段,其后,经过批准即可进入商业化生产阶段。其中,中间试验是指在控制系统内或者控制条件下进行的小规模的试验,其控制系统是指由物理设施构成的封闭系统或借助化学和生物措施构成的半封闭操作体系;环境释放是指在自然条件下采取相应的安全控制措施所进行的中等规模的试验,必须通过物理、化学和生物学措施限制转基因生物及其产品在试验区外生存和扩散;生产性试验

---

① 史晓岩:《美国政府的管道监管体系》,载《中国石油企业》2004 年第 10 期,第 94 页。

是指在生产和应用前进行的较大规模的试验①;在美国,转基因作物的试验管理分为三个阶段,即设施内封闭试验(Contained Experiment)、受监控环境释放(田间试验)(Regulated Field Trial)和解除监控环境释放(Deregulated Environmental Release);而在加拿大,转基因植物的研究分为设施内封闭利用(Contained Use)、受控田间试验(Confined Field Trial)和无限制环境释放(Unconfined Environmental Release)三个阶段。其中,设施内封闭利用是指在与外界环境相隔离的物理结构内进行的实验,如在实验室或温室内进行的实验;受控田间试验是指具有隔离条件的小规模田间试验;无限制环境释放是指在农场规模的农田环境下进行的田间试验。

只有以上各个环节都符合相关的法律规定,经过相应的管理程序,才能进行下一步的产业化生产过程。基于此,对转基因生物的产前监管,主要包括研发主体资格的认定、研发项目的审核、封闭利用和环境释放的风险评价及管理等。产前监管最为核心的内容是风险评价和管理,而风险评价主要涉及生态环境影响和公众健康影响两个方面。风险评价的结果既是相关主管部门对转基因技术及其产物之发展作出知情决定或其他决策时的重要参考,也是相关业者作出业务决策、社会公众参与公共管理活动的重要科学依据。这方面调控的主要目的,在于确认转基因技术及其产物的研发者具有相应的科技能力和足够的风险控制能力,保障项目研究和产业发展的目的与社会普遍承认的价值观以及法律保护的其他利益之间不存在冲突。②

而针对转基因生物的产中和产后监管,主要涉及转基因产品生产和加工标准的设定,市场准入的调控,进出口和越境转移的管理,转基因成分的标识和信息披露,转基因技术及其产物安全风险责任的保险等内容,并且与相关损害赔偿等法律救济密切相关。

---

① 汪其怀:《中国农业转基因生物安全管理回顾与展望》,载《世界农业》2006年第6期,第18—20页。

② Reynolds M. Salerno, *Balancing Security and Research at Biomedical and Bioscience Laboratories*, Presented at BTR 2003: *Unified Science and Technology for Reducing Biological Threats and Countering Terrorism*, New York Planting Technology Press, 2003, pp.40—45.

二、转基因生物安全监管的基本目标

现代生物技术在给人类带来保障和希望的同时,也会带来伦理和经济安全等方面的巨大冲击,带来生态和健康等方面的潜在威胁。而这种生态和健康风险一旦成为现实,往往将是巨大的、不可逆转的灾难。由此也可以说,转基因生物安全问题主要是伴随着现代生物技术的发展而出现的新型环境问题,转基因生物安全法与环境法(特别是有关生物多样性的法律)密切相关。实际上,有关生物安全的法律规制之研究,大多数是从环境法的视角展开的。

环境法产生和发展的根本原因在于环境问题的严重化以及强化国家环境管理职能的需要,其规定往往兼顾生态效益、经济效益和社会效益等多个目标,强调在保护和改善自然环境的基础上,保护人类健康和保障经济社会的持续发展。在此意义上,可以说转基因生物安全法的重要使命是通过规范和调整现代生物技术的研发和应用,预防可能出现的生态环境危害以及公众健康损害,保障相关产业的有序发展。

但现代生物技术所导致的生物安全问题,与以污染为主要形态和内容的传统环境问题存在显著差别。这主要表现在以下几个方面:(1)传统环境问题对自然生态系统和公众健康的危害效应等负面影响往往是确定的。比如,空气污染对人类和动物健康、植被、材料和建筑物等的损害,有的可以量化,有的尽管不能量化,但其危害性质是明确的。而转基因技术及其产物对生态环境和人类健康的安全性至今仍是科学上不确定的问题(Scientific Uncertainty)[1];(2)一般说来,传统环境污染的形成和污染物的扩散具有相对确定的范围,而且大部分污染的危害会随着时间的推移而逐渐消退。但转基因生物及其产品对生态环境和人类健康产生的影响,可能会伴随着生物体的自我繁殖而一直持续下去[2];(3)从公众意识的角度看,人们对传统环境问题的认知和否定性反应往往是一致的,但对

---

[1] 曾北危主编:《转基因生物安全》,化学工业出版社2004年版,第56—59页。
[2] 薛达元主编:《转基因生物风险与管理》,中国环境科学出版社2005年版,第112—114页。

转基因技术及其产物的看法却存在很大分歧①;(4)针对传统环境问题,监控对象主要是产生和排放废水、废气、废渣等污染物的活动,而针对转基因生物安全问题,监控对象则是存在潜在危害的转基因生物及其产品以及相应的技术研发和应用活动。②

转基因技术及其产物的风险不确定性给依法监管和调控带来了很大挑战。从某种意义而言,转基因生物安全法律制度的建立和完善,就是围绕着如何应对转基因技术和产业发展所带来的风险而展开的。人们既要认识到以转基因技术为代表的现代生物技术为人类的生产、生活带来了巨大的现实和潜在利益,同时也要充分重视其所带来的潜在危害,并通过法律来规范、引导、保障现代生物技术和产业的健康发展。概言之,通过相关法律的制定和实施,寻求利益和风险之间的平衡点,保护生态环境和公众健康,促进现代生物技术和产业的顺利发展,是转基因生物安全立法和政府监管的基本目标。

如欧盟在20世纪90年代制定有关转基因生物及其产品的法律和管理政策时,为了保护生态环境和公众健康,应对来自美国的低价转基因产品,维护本地非转基因产品的优势地位,对转基因生物的实验研究、环境释放以及转基因产品的市场准入等都采取了非常严格的标准和程序。但这种严格的标准和程序也会成为欧盟自身生物技术和产业发展的障碍,进一步拉大其与美国的差距。基于对这一矛盾的考量,欧盟委员会于2000年1月12日颁布了《食品安全白皮书》(White Paper on Food Safety),强调必须重建公众对食品供应、食品科学、食品法律以及食品监管的信心,并为此提出了构建食品安全政策的三个基本原则,即风险预防(Precaution)、可追溯性(Traceability)及透明性(Transparency),而不再坚持以完全绝对的科学证据决定一切的态度。③ 这表明欧盟在转基因生物安全监管方面开始积极寻求安全性和现代生物技术及产业发展之间的有机结合点。

而澳大利亚于2000年制定的《基因技术法》(Gene Technology Act

---

① 曾北危主编:《转基因生物安全》,化学工业出版社2004年版,第34—36页。
② 王永飞编著:《转基因植物及其应用》,华中理工大学出版社2007年版,第23—36页。
③ *White Paper on Food Safety*, Chapter I(Introduction), p.7.

2000)为该国全面有效地监管生物技术及其产业化活动提供了坚实的法律依据。① 该法在前言部分明确规定其目标是通过对转基因技术所致风险的鉴别和确认,规范转基因生物相关活动,强化风险管理,保护人类健康和安全,保护生态环境;并明确规定其功能在于为基因技术的应用申请提供高效的审查批准体系,加强该法和联邦、地方其他有关转基因生物及其产品调控的法律法规之间的整合性。②

三、转基因生物安全监管体制

公众对转基因技术及其产物产生忧虑的原因非常复杂,但总体上可以概括为以下几个方面:对相关科学技术缺乏基本了解;对管理当局和科学的保证缺乏信任;食品安全事件数量激增引起恐慌;技术和产品研发的激励机制以生产者而非消费者为核心;利益集团和媒体的影响;等等。③ 尤其是各种重大的食品安全事件,如发生在英国和其他某些欧洲国家的疯牛病事件,发生在欧洲、美国和日本的大马哈鱼和虾中毒事件以及发生在比利时的二恶英污染事件等,不仅导致人们特别是消费者对未知事物的担忧和对新技术及管理当局的不信任感,而且还直接挑战各国食品安全管理体制和制度的科学性、合理性。以疯牛病为例,在英国,当时负责食品安全事务的主要是农业、渔业和食品部,但该部同时又是相关产业的直接管理机构,侧重于保护农牧业者的利益。当疯牛病出现时,在没有得到充分的科学证据的情况下,农业、渔业和食品部反复向公众承诺牛肉的安全性,这不仅误导了消费者,还造成疯牛病的进一步蔓延。该事件直接促使英国改革其食品安全管理体制。2000年4月,英国议会批准成立新的、独立的食品监管机构。④

---

① 林风:《澳大利亚生物安全研究与法制化管理》,载《海峡科技》2003年第4期,第36—36页。
② Part 1, Gene Technology Act 2000, 载 http://www.frli.gov.au, 最后访问日期:2009年3月12日。
③ 〔美〕詹姆斯·D.盖斯福德等:《生物技术经济学》,黄祖辉等译,上海三联书店·上海人民出版社2003年版,第101页。
④ 边永民:《欧盟转基因生物安全法评析》,载《河北法学》2007年第5期,第34—36页。

由于转基因生物安全问题涉及生态环境和公众健康等重大利益,转基因生物安全监管特别是监管体制的安排自然也就成了人们关注的一个焦点。一般说来,这种监管体制主要包括以下两个方面的内容:一是确定具有监管权限的政府机构;二是确定此类机构之间的权限划分以及相关权限发生积极或消极冲突时的协调和应对机制。①

不同国家和地区在转基因技术研发和产业化发展方面的差异,以及在政治经济制度、政府管理架构、历史文化传统等方面的差异,致使其转基因生物安全监管体制也存在很大差别。从理论上看,转基因生物安全监管体制大致可以概括为松散型、集中型和中间型三种模式。而从各个国家和地区的具体实践来看,其转基因生物安全监管体制也有相互渗透与融合的趋势,严格说来,多数国家在转基因生物安全监管中都采取中间型模式。

以下重点讨论松散型和中间型两种转基因生物安全监管模式。

3.1 松散型与集中型监管体制

在松散型监管体制下,没有专门的转基因生物安全监管机构,转基因生物安全监管事务被分解,并根据不同部分的具体特性,分别纳入有关科技、农业、环境保护、食品安全等事务的既有监管体制之中。一般说来,这种松散型的转基因生物安全监管体制既可以提供必要的监管框架,从而在相当程度上保护生态环境和保障人类健康,同时也有利于保持适当的监管弹性,避免对转基因技术和产业发展的过度抑制。

从具体措施来看,松散型监管体制还可进一步细分为以下两种模式:一种是以美国为代表,通过颁布框架性法律文件,将有关农业、环境保护、食品安全等的现行法律法规延伸适用到转基因生物安全监管领域,并实现相关监管机构在转基因生物安全监管方面的协作;另外一种是以日本为代表,由某一协调机构来统筹相关政府机构的转基因生物安全监管活动。

与上述松散型监管体制相对应,集中型监管体制的显著特点是针对

---

① 郭安凤:《生物技术的两用性及其监控措施》,载《生物技术通讯》2006年第6期,第653—655页。

转基因生物安全问题设定专门的政府监管机构,并由该机构对转基因生物安全事务进行集中监管。而在实践中,采用这种模式的国家几乎不存在。

美国是当今世界上生物技术最发达的国家,其转基因生物研究的历史较长,相关法律与政策也比较健全。就转基因生物安全监管而言,美国是最早采取相关行动的国家,但该国并没有一个专门的机构。在它看来,转基因技术及其产物所存在的安全隐患,其表现和传统的安全问题没有本质区别,因此转基因生物安全监管可以纳入原有的相关监管体制之中。仅在联邦一级,就有多个执法机构和十余部法律被用于对转基因生物及其产品的监管。其中,环境风险评价由农业部(USDA)、环境保护局(EPA)以及食品与药品管理局(FDA)负责,它们像对待植物害虫、农药、食品与药品那样分别对转基因生物进行监管。不同部门的权限及相互协作关系,是基于联邦政府于1986年颁布的《生物技术监管协调框架》(Coordinated Framework for Regulation of Biotechnology)[1]来确定的。该协调框架明确规定,农业部(USDA)、环境保护局(EPA)和食品与药品管理局(FDA)是生物技术的主要监管机构,它们根据各自的职责对转基因生物及其产品实施安全性监管。协调框架还将对基因工程相关工作的监管纳入已有的法律制度和秩序之中,即已有的《联邦植物病虫害法》、《植物检疫法》、《联邦杀虫剂、杀菌剂和杀鼠剂法》、《有毒物质控制法》、《联邦食品、药品和化妆品法》等法律同样适用于对转基因生物或其产品的监管。[2]

在转基因食品安全方面,环境保护局负责监管转基因生物的环境影响,而食品与药品管理局则根据实质等同性原则,依据基于科学(Science-based)和基于产品(Product-based)的监测结果,负责监管转基因食品的安全性,要求转基因食品必须达到与其他食品同样的安全标准。需要强调的是,食品与药品管理局只控制转基因食品自身的质量,而不控制其生产过程。如果转基因食品和传统食品完全相同,则认为其是安全的;如果转

---

[1] *Coordinated Framework for Regulation of Biotechnology*,载 http://usbiotechreg.nbii.gov,最后访问日期:2009年3月24日。
[2] 2002年6月,《植物检疫法》(Plant Quarantine Act)、《联邦植物病虫害法》(Federal Plant Pest Act)和《联邦有害杂草法》(Federal Noxious Weed Act)均被整合到了综合性的《植物保护法》(Plant Protection Act)之中。

基因食品和传统食品除引入的新性状外具有实质等同性,则需进行严格的安全性评价;如果转基因食品不符合实质等同性原则,则需对营养性和安全性进行全新的评价。由于绝大多数采用生物技术培育的粮食作物新品种并不包含与已有食品显著不同的成分,因此其在市场化之前也就没有必要获得食品与药品管理局的批准;而对于通过遗传工程方法生产的用于食品添加的成分,如果其与常规食品成分在结构、功能或数量方面存在显著差别,则应与食品添加剂一样,由开发者咨询食品与药品管理局并对其安全性进行评价。① 此外,符合安全性要求的产品在进入市场时通常无须加贴转基因标签。②

环境保护局还负责化学和生物型农药的安全监管。《生物技术监管协调框架》规定,环保局可以依据《联邦杀虫剂、杀菌剂和杀鼠剂法》,对植物和微生物型农药的实验、扩散、销售及应用进行监管,包括制定粮食作物之农药施用及残留标准。1997 年,《有毒物质控制法》项下的《生物技术微生物产品规则》发布,该规章要求从事新微生物生产或进口的任何人都要向联邦环保局提出申请。③

农业部所属的动植物检疫局具体负责转基因生物在农业领域的监管,所依据的法律主要是《联邦植物病虫害法》、《植物检疫法》和《联邦有害杂草法》等法律。2000 年 6 月,美国颁布了《植物保护法》,对原来的植物保护法律体系进行调整,将涉及植物健康的已有法律制度都纳入该法之中。该法同时也指出,农业部在原有法律项下提出的一系列法规、制度继续有效,除非该部依据《植物保护法》提出了新的相应措施。④

在日本,生物技术环境计划和污染控制的统筹机构是环境省,而在具体的转基因技术、转基因生物与转基因产品监管中,以下四个机构分工明

---

① 陈俊红:《美国转基因食品安全管理体系》,载《中国食物与营养》2004 年第 8 期,第 16—18 页。
② 秦笃烈:《透视美国生物国防战略与实施:生物医学 21 世纪将成为国家安全的前沿》,载《科学中国人》2004 年第 2 期,第 49 页。
③ 林祥明:《美国转基因生物安全法规体系的形成与发展》,载《世界农业》2004 年第 5 期,第 14—17 页。
④ Pew Initiative on Food and Biotechnology: Issue in the Regulation of Genetically Engineered Plants and Animals, 2004, pp. 28—35, 载 http://www.pewtrusts.org, 最后访问日期:2009 年 3 月 29 日。

确，各司其职：文部科学省负责监管实验室阶段的工作；经济产业省负责推动生物技术在药品、化学产品和化肥生产方面的应用；农林水产省负责审批转基因生物的环境释放；厚生劳动省负责审批食品和药品。[①]

3.2 中间型监管体制

顾名思义，中间型监管体制介于松散型和集中型两种监管体制之间，其显著特征是既有专门的转基因生物安全监管机构，同时又有相关的传统监管机构的参与。实际上，随着转基因生物安全监管工作的不断深入和发展，越来越多的国家采用中间型监管模式。

根据专门设立的转基因生物安全监管机构在整个监管体制中所处的地位和所起的作用，现有的中间型模式又可以进一步细分为以下三种主要类型：其一，专门的转基因生物安全监管机构承担某一部分的具体监管职责，与其他相关监管机构是平等的合作者；其二，专门的转基因生物安全监管机构负责监督相关政策与规则的实施情况，并参与某些具体的监管活动；其三，专门的转基因生物安全监管机构系主要的监管机构，并从总体上主导或者统筹转基因生物安全监管工作。

在作为欧盟成员国的荷兰，生物安全监管机构包括环境部、转基因生物执法办公室、遗传修饰委员会和一个秘书处，而专门监管机构要和其他相关机构进行合作。其中，环境部负责制定转基因方面的政策和为所有涉及转基因生物的活动颁发许可证；转基因生物执法办公室负责相关法律政策的具体操作和执行；遗传修饰委员会提出建议，由秘书处汇总。[②]

在菲律宾，政府于1990年成立了国家生物安全委员会（NCBP），其成员包括来自农业部、环境与自然资源部、卫生部、科技部等机构的代表、来自社会组织的代表以及部分科学家，并由总统任命。该委员会设有秘书处，由其具体负责科技评价工作以及对全国的单位生物安全委员会（IBC）进行管理。

[①] 陈文炳：《日本转基因技术研究与管理最新动态》，载《检验检疫科学》2002年第3期，第4—10页；陈俊红：《日本转基因食品安全管理体系》，载《中国食物与营养》2004年第1期，第20—22页。

[②] 毛新志：《美国、欧盟有关转基因食品的管理、法律法规对我国的启示》，载《科技管理研究》2005年第2期，第38—40页。

国家生物安全委员会负责监督全国的生物安全工作,并与种植业管理局(BPI)等具有行政执法权的相关监管机构配合,参与对转基因生物进口和环境释放等活动的具体监管。① 其主要职能包括:评价和确认基因工程实验的潜在危害;评价和确认向环境中引入转基因生物和有害物种的风险;推荐风险最小化的措施;提出和修订国家生物安全政策、指南并监督其实施;对涉及生物安全政策、指南和计划的各项评价、监测和检查活动作出具体安排;帮助制定、修改有关法律、规章和规定;审查并任命单位生物安全委员会成员;等等。②

而在澳大利亚,根据于 2001 年 6 月 21 日开始生效的《基因技术法》,负责对全国转基因技术的研发和应用进行统筹、协调的专门监管机构是设在卫生和老年工作部的基因技术监管专员办公室(Office of the Gene Technology Regulator)。③

从事转基因生物研究、开发、生产、加工、进口、销售等活动,必须向基因技术监管专员办公室提出申请。监管专员审核申请材料后,对欲从事的活动进行风险评价,在评价的过程中必须征求基因工程技术咨询委员会、基因技术伦理与社会咨询委员会以及其他有关部门的意见。在此基础上,基因技术监管专员决定是否颁发许可证,同时确定具体的风险监管措施,要求被许可人在项目执行过程中予以落实。④

在获得许可后,被许可人应根据所从事的转基因活动所属领域,分别向澳大利亚—新西兰食品管理局、治疗用品管理局、国家工业化学品通报与评价局、检疫检验局等具体职能部门提交基因技术监管专员办公室颁发的许可证,申请启动项目。相关主管部门审查同意后,将督促被许可人

---

① Philippine Biosafety Guidelines, Rules and Regulations for the Importation and Release into the Environment of Plants and Plant Products Derived from the Use of Modern Biotechnology, 载 http://www.biosafety.gov.cn,最后访问日期:2009 年 4 月 1 日。
② 汪其怀、付仲文:《菲律宾转基因生物安全管理》,载《世界农业》2002 年第 6 期,第 30—31 页。
③ 林风:《澳大利亚生物安全研究与法制化管理》,载《海峡科技》2003 年第 4 期,第 36 页;Gene Technology Act 2000,载 http://www.frli.gov.au,最后访问日期:2009 年 4 月 3 日。
④ 薛达元主编:《转基因生物环境影响与安全管理——南京生物安全国际研讨会论文集》,中国环境科学出版社 2006 年版,第 46—49 页。

第三章　转基因生物安全监管分析

在项目执行过程中落实风险防范措施。①

3.3　比较分析

美国的松散型监管体制,主要是就监管架构的形式而言的,在具体的监管实践中,各相关机构的整体协作并不"松散",而是既有分工,又有配合,推动基因工程研究和应用步入了健康发展的轨道,促进了生物技术和产业的进步。

而在日本的松散型监管体制下,不是通过制定框架性法律文件将传统的相关监管机构组织、整合起来,而是通过某一协调机构来进行统筹。

松散型监管模式的不足,主要体现在以下几个方面:第一,转基因生物安全问题的许多方面具有突出的复杂性和尖锐性,可能无法完全包容于传统的监管体制之中。专门监管机构的缺乏,使得一些新出现的、无法纳入传统监管体制的问题往往得不到及时、充分、有效的监控;第二,转基因生物安全问题往往涉及多个层次和领域,各有关监管机构按照协调框架或者统筹机构的要求行使各自的监管职责,难免会出现交叉、重叠或者管理上的"真空地带",协调的难度和成本较大,而且管理相对人也可能会因为涉及众多监管机构而难以识别不同事项的相应主管机构。如果存在相互推诿的情况,更会导致相对人无所适从;第三,转基因生物安全问题是涉及科技、经济、社会、伦理、生态、健康等多个层面的富有挑战性的新问题,相对于专门的监管机构,相关的传统监管机构往往缺乏对转基因生物安全事务的专业性了解,在行使监管职责的过程中可能会存在专业能力不足等局限性。

在采取集中型监管体制的情况下,上述缺陷可以部分地得到解决。这是因为,专门监管机构对转基因生物安全问题的理解和认识往往较为深入、系统、专业,其解决转基因生物安全问题的效率也会比较高。但是,转基因生物安全问题涉及面广,客观上需要多层次、多角度、多机构的协同监管,因此与松散型监管体制相比,集中型监管体制在灵活性和适应性方面受到严重制约,因而在实践中鲜有实例。

---

① 冯楚建:《澳大利亚生物安全研究与法制化管理考察总结》,载《科技与法律》2003 年第 3 期,第 49—53 页。

相对于松散型和集中型监管体制,中间型监管体制可以采二者之长,避二者之短。实际上,大部分国家选择了中间型监管体制,这是应对转基因生物安全问题的基本监管模式。①

四、转基因生物安全监管原则

一般说来,人们已经认识到,对于转基因技术及其产物的安全监管,并不能仅仅从技术可靠性这一角度出发——当然,这是需要考虑的最优先、最重要的方面——同时还要考虑遵循国际贸易之公平透明原则、保护终端消费者的知情权和选择权以及尊重宗教和伦理道德等。②

前已论及,转基因生物安全问题和传统环境问题既有关联又有差别,因此,在通过法律调整有关转基因生物安全的社会关系时,既要符合解决传统环境问题的一般规律,同时又要突出转基因生物安全监管自身的特色,对传统环境法的理念、原则和制度进行相应的继承、发展和创新。

转基因生物安全监管原则就是这种继承、发展和创新的具体表现之一。这些原则,有的体现了相互冲突的理念,如风险预防原则和实质等同性原则,基于产品原则和基于技术(工艺)原则;有的则具有显著的兼容性,彼此密切联系,相互支撑,如在风险预防原则下,基于技术原则往往是必然的选择,而采纳实质等同性原则的国家一般也会接受基于产品的末端控制原则。③

4.1 预防原则

环境法中的"预防原则"(Principle of Prevention),是指国家在环境管理中,通过计划、规划、行政、经济、工程技术、宣传教育、公众参与等多种手段,采取预防性措施,防止环境损害的发生。④

---

① 宋锡祥:《欧盟转基因食品立法规制及其对我国的借鉴意义》,载《上海大学学报》(社会科学版)2008年第1期,第35—38页。
② 刘长秋、刘迎霜:《基因技术法研究》,法律出版社2005年版,第120—124页。
③ 王艳青:《国际履约与中国转基因生物安全管理》,载《世界农业》2007年第1期,第4—6页。
④ 陈维春:《国际法上的风险预防原则》,载《现代法学》2007年第5期,第113—121页。

该原则是相对于"先污染,后治理"这种传统的环境保护模式而言的。它的确立,在主观上主要是基于对20世纪60年代集中爆发于发达国家的环境危机的反思,在客观上则是由环境灾害的技术和经济特性所决定的:环境污染和破坏,特别是物种灭绝、水土流失、土壤沙化等,一旦发生,往往就难以消除,而许多由其造成的生命、健康和生态等损害也具有不可逆转性;此外,生态环境被污染或破坏以后再进行被动治理和修复,经济代价很高,事后补救费用可能是预防成本的数十倍。

相对于可持续发展原则和风险预防原则来说,预防原则的历史较长,可操作性较强,因此其在国内和国际立法中都有较为丰富的体现。如我国《环境保护法》、《海洋环境保护法》、《大气污染防治法》、《环境影响评价法》等法律都强调污染预防原则,致力于确保"防患于未然";1982年《联合国海洋法公约》第194条也明确要求缔约方采取必要措施,预防、减少和控制海洋污染;等等。

无论是预防原则,还是与之相匹配的环境监督与管理措施,通常都是建立在具有科学确定性的基础之上的。也正是由于存在着这种科学确定性,人们才知道如何"对症下药",采取必要而适当的手段,从根源上阻止或减少人类活动或其他事件对生态环境的污染、破坏和对人类的危害。但这种科学确定性并非总是存在的。在面对科学上的不确定性时应如何处理?风险预防原则就是应对这一问题的重要策略。

4.2 风险预防原则

风险预防原则(Precautionary Principle),又称审慎预防原则、预先防范原则,是一项重要的环境法基本原则。[①]

该原则出现的基本背景是国际社会认识到人类活动可能对生态系统特别是全球性生态系统造成许多重大或者不可逆转的损害。为了避免再走"先污染,后治理"的老路,实现经济社会的可持续发展,各国应及时采取成本有效的防范措施,尽量避免重大或者不可逆转的生态环境危机。

在一系列有关环境的国际软法和硬法中,风险预防原则都得到了体

---

① 金慧华:《预防原则在国际法中的演进和地位》,载《华东政法学院学报》2005年第3期,第48—53页。

现,其中较具代表性的明确表述是 1992 年联合国环境与发展大会所通过的《里约宣言》的原则 15,即"为了保护环境,各国应按照本国的能力,广泛采取风险预防方法。遇有可能造成严重或者不可逆转之损害的威胁时,不得以缺乏充分的科学确定性为理由,延迟采取防止环境退化的成本有效之措施"。①

相对于预防原则而言,风险预防原则的历史要短一些,但是它对国际环境法的发展具有非常深刻的影响。例如,有关生物安全、气候变化以及臭氧层保护的一系列国际法律文件和活动,特别是《卡塔赫纳生物安全议定书》、《京都议定书》、《关于消耗臭氧层物质的蒙特利尔议定书》等国际环境立法及相应的法律实践,都是贯彻落实该原则的重要典范。

一般认为,风险预防原则是预防原则的进一步发展:后者只要求采取措施,避免或者减轻经过科学证实的环境危害;而前者则要求,在遇到可能导致严重或者不可逆转之损害的威胁时,即便缺乏充分、确定的科学证据,也要及时采取成本有效的措施,防止环境污染或者破坏。可以说,风险预防原则是在预防原则的基础上对处理环境问题提出的更高层次和更加严格的要求。

从国内法和政府监管的角度看,风险预防原则与预防原则的关键区别在于举证责任的承担者不同。根据风险预防原则,某种对生态环境和人类健康具有潜在危害的活动是否会造成实际危害,其举证责任应由行为人来承担,而不是由主管机构来承担。而在预防原则下,行为人不需要承担这样的证明义务。② 因此,在实行风险预防原则的情况下,当政府在决定是否许可某个项目的时候,主管机构会要求项目申请人提供相应的证据来证明该项目安全可靠;如果主管机构提出对该项目的不信任,那么申请人必须作出令其信服的相应解答,否则就无法获得批准。③ 该原则赋予了主管机构极其主动的地位,无论是否具有合理证据,只要其提出怀疑,申请人就必须承担证明其项目安全可靠的义务。由于主管机构可能

---

① Rio Declaration on Environment and Development,载 http://www.unep.org,最后访问日期:2009 年 4 月 2 日。
② 那力:《国际环境损害责任的两个重大变化》,载《法商研究》2006 年第 6 期,第 105—111 页。
③ 胡斌:《试论国际环境法中的风险预防原则》,载《环境保护》2002 年第 6 期,第 17—20 页。

会提出足够多的问题,该原则大大提高了项目申请的难度。尤其是在针对外国申请人的项目时,这一原则的应用往往会引起诸多争议。

在转基因生物安全监管方面,风险预防原则在国际立法以及欧盟等地区和国家的立法中都获得了较为广泛的应用。①《卡塔赫纳生物安全议定书》第1条强调,"本议定书的目标是依循《关于环境与发展的里约宣言》原则15所订立的风险预防方法,协助确保在安全转移、处理和使用凭借现代生物技术获得的、可能对生物多样性的保护和可持续利用产生不利影响的改性活生物体领域内采取充分的保护措施,同时顾及对人类健康所构成的风险并特别侧重越境转移问题。"目前,有近二百个国家签署了该议定书,从而使风险预防原则成了世界上绝大部分国家制定其本国转基因生物安全法的基本原则之一。②

而在国内法方面,澳大利亚的《基因技术法》是采用该原则的典型立法。该法明确规定,如果存在可能导致严重或者不可逆转之环境损害的威胁,就不得以缺乏足够的科学确定性为由延迟采取防止环境退化的成本有效之措施。③

该原则之所以会受到广泛的认可和接受,主要是基于以下理由:

(一)暂时没有科学证据不等于没有风险

风险预防原则适用于仍然未有科学确定性且可能造成严重或者不可逆转之损害的环境问题等。一般说来,基于商业动机的强力推动,新技术和新产品的研发进展往往会超前于对其所进行的环境和健康影响评价,再加上人类对生态系统及个别生物(包括人类自身)的科学认知和了解仍然相当有限,限制了全面、及时、充分的风险评价。此外,证明一项新技术、新产品确实对环境或健康具有负面影响,需要确定、清晰的科学证据和因果关系,而自然生态系统具有高度的复杂性,令因果关系的认定工作举步维艰。

---

① 朱星华:《预防原则与科学依据在多边协定下的协调——以〈生物安全议定书〉与〈实施卫生与植物卫生措施协定〉为例》,载《科技与法律》2006年第4期,第29—32页。
② 边永民:《论预先防范原则在国际环境法中的地位》,载《河北法学》2006年第7期,第60—64页;王灿发:《生物安全的国际法原则》,载《现代法学》2003年第4期,第128—139页。
③ Part 1, Gene Technology Act 2000,载 http://www.frli.gov.au,最后访问日期:2009年4月5日。

科技发展史已经表明,由于人类认知能力的局限,暂时缺乏科学证据并不等于某项新技术、新产品不存在风险。在这方面,DDT 就是一个曾经被世人热烈欢呼和拥抱,但是后来发现其对生态环境和公众健康具有严重危害的著名例证。① 因此,即便是科技乐观主义者,也不得不承认包括转基因技术在内的现代高新技术是"双刃剑",即便暂时没有科学证据表明其有害,也需要加强风险评价和管理,尽可能做到兴利除弊。②

(二) 转基因技术及其产物对生态环境和公众健康有未知但不能完全否认的危险

目前,转基因技术及其产物对生态环境和公众健康的风险既不能完全肯定,又不能完全否定。在进行转基因技术研发、转基因生物环境释放和将转基因产品推向市场的时候,往往要先进行严格的风险评价,了解和把握其可能产生的影响,获得批准后方可进行。但风险评价大都关注即时和短期的效应,并且评价范围有限,可能无法对转基因技术及其产物的长期影响作出客观反映。而分子生物学的最新发展表明,生物的基因调控系统十分复杂,远超出科学家原来的想象。在通过转基因技术移植外来基因的过程中,受体生物原来的基因信息及活动被改变,细胞的调控机制也可能被侵害,这种风险通常是难以被充分估计的。

有鉴于此,部分科学家不无忧虑地指出:尽管基因漂移的发生概率很小,其对野生植物造成的灾害性影响十分罕见,但由于众多的转基因生物及其产品不断地被释放到环境中,可能不需十年的时间,我们将会面临中型乃至大型的生态或经济灾难③;而经济合作与发展组织的新食品及饲料安全工作小组(OECD Task Force for the Safety of Novel Foods and Feed)表示:在大部分植物改造的个案中,DNA 只是被随意地植入到不可预测的位置上。这种随意式的植入可能会导致基因表达出现非预期的后果④;联合

---

① Rachel Carson, *Silent Spring*, Boston: Houghton Mifflin Company, 2002.
② 苏金乐:《农业转基因研究和应用过程中预防原则及其伦理学解读》,载《道德与文明》2005 年第 6 期,第 62—65 页。
③ 徐海根、王健民等主编:《〈生物多样性公约〉热点研究:外来物种入侵、生物安全、遗传资源》,科学出版社 2004 年版,第 248—254 页。
④ 绿色和平:《〈卡塔赫纳生物安全议定书〉背景资料》,载 http://www.greenpeace.org,最后访问日期:2009 年 4 月 7 日。

国粮农组织及世界卫生组织的国际食品法典委员会（FAO/WHO Codex Alimentarius Commission）亦警告：向基因中随机植入 DNA 可以导致非预期性后果。这些可能的后果包括本来的基因被扰乱，失去原来的基因表达，或基因表达被改变。①

由于目前人类仍然没有足够的科学手段和能力及时、全面、准确地评价各种转基因技术及其产物可能造成的损害以及该损害可能达到的程度，未能找到并使用最有效的方法来控制和消除相应损害，采用风险预防原则就成了把重大或者不可逆转的生态和健康损害之风险减小到最低程度的理性选择和必要方法。如果以存在科学上的不确定性为由拒绝采取任何适当的防范性措施，一旦重大或者不可逆转的危害后果出现，则往往为时已晚，使生态系统和人类社会遭受严重打击。

4.3 禁止转基因技术滥用原则

自 20 世纪中叶以来，DNA 双螺旋结构、中心法则、遗传密码等一系列重大科学发现有力地促进了生物技术的快速发展和应用，嵌合鼠、克隆羊、转基因牛等科技成果一次次让人们欣喜不已。因为这一切都预示着生物技术在现代农业、医疗、化工等领域的应用前景非常广阔，给人们带来了战胜饥饿和疾病的无限希望。但是，随后出现的克隆人、炭疽病毒、基因污染等又把人类从美好的憧憬中惊醒过来。② 人们终于认识到，尽管转基因技术及其产物具有改善人类生产和生活的巨大潜力，但也具有各种现实和潜在的负面效应，一旦该技术被滥用，势必会给伦理秩序、公众健康、生态环境甚至整个人类社会带来巨大的危害。这就使得生物安全立法必须遵循禁止转基因技术滥用的原则，严格规范转基因技术及产物的发展，禁止任何组织和个人将该技术用于非正当的目的，如通过转基因技术制造危害公众的生物武器，通过转基因技术生产违反伦理道德的异类食品等，确保生态环境、公众健康和伦理道德等正常秩序不受冲击和威胁。

---

① 绿色和平：《〈卡塔赫纳生物安全议定书〉背景资料》，载 http://www.greenpeace.org，最后访问日期：2009 年 4 月 7 日。
② 曾北危主编：《转基因生物安全》，化学工业出版社 2004 年版，第 11—15 页。

4.4 个案处理原则和逐步进行原则

这两个原则主要适用于转基因技术及其产物的风险评价过程。

个案处理原则(Case by Case)又被称为"一把钥匙开一扇门"(One Door, One Key)原则。由于转基因生物及其产品中所导入的基因在来源、功能等方面各不相同,受体生物及基因操作也可能不一样,因此应当有针对性地逐个进行评价。在了解和把握个案的具体情况前,不应作出相关的结论和决定,更不能简单地予以全盘通过或者全盘否定。

转基因技术的核心在于对生物遗传物质的修饰。而从遗传学的角度来看,生物遗传物质的任何改动都可能会对整个基因组的功能产生消极影响。这种影响既可以表现为即期可以观察到的生物生理紊乱、性状缺失、畸形等现象,也可以表现为隐性的非正常状态。[①] 由于生物物种之间遗传物质的差异性,同一种外源基因或者相似的外源基因转入不同物种的遗传物质之中时,其产生的影响也不相同。因此,凭借"某一种外源基因被转入一个物种时是安全的"这一事实,并不可以得出"该外源基因转入其他物种时也安全"之结论。个案处理原则要求,不但要对同一种外源基因转入不同物种分别进行风险评价,而且也要对同一物种接受不同的外源基因之转入分别进行风险评价。

除了风险评价外,个案处理原则在转基因生物安全监管的其他方面也得到了体现。例如,在对转入了抗病虫基因的大豆和转入了抗除草剂基因的大豆等转基因生物及其产品进行市场准入审核时,即便是同一物种的转基因生物及其产品,甚至是转入了表达相同性状之基因的转基因生物及其产品,也都应当作为不同的个案来处理。[②]

可以说,个案处理原则顾及转基因技术应用过程中的个体差异,通过对转基因技术及其产物进行严格评价和监管,力图最大限度地减少甚至杜绝可能的危害,体现了转基因生物安全法律调控的谨慎态度。但该原则及相应实践也被一些人斥为态度保守、程序僵化、效率低下、成本高昂、

---

① 朱守一:《生物安全与防止污染》,化学工业出版社 1999 年版,第 31—45 页。
② 薛达元编:《生物安全管理与实践——南京生物安全国际研讨会论文集》,中国环境科学出版社 1999 年版,第 37—40 页。

工作重复。这是因为,从目前转基因技术应用较为广泛的育种领域来看,一方面,很多相同物种的转基因品种,其所采用的分子生物育种技术和外源基因都很接近,在一定条件下,如果其中一个品种是安全的,那么就可以用该品种的风险评价数据来验证另外一个转基因品种的安全性;另一方面,由于转基因技术及其产物的风险评价往往需要持续很长时间,少则2年,多则5年甚至更长,如果不考虑此类风险评价数据的同源性,坚持对每一个转基因品种从头进行风险评价,不仅会使风险评价机构把时间和金钱耗费在重复性的工作上,而且也会给开发商造成很大的负担,延缓转基因生物及其产品的产业化进程。①

逐步进行原则(Step by Step)的含义是,转基因技术及其产物的研发和应用过程需经过实验室研究、环境释放以及商业化生产等一系列环节,相应的风险评价应采用逐步进行的方式,即在每个阶段上都对转基因技术及其产物进行风险评价,前步评价所获得的相关数据和经验可作为后步风险评价的基础,并且需要根据每一步的评价结论确定是否进入下一个发展阶段。

在该原则之下,不同阶段的风险评价所关注的主要问题往往各不相同。例如,在实验室研究阶段,风险评价的重点在于考察转基因技术和转基因生物是否有害、有毒或致人过敏,该项目的实施是否会对实验操作人员造成损害,实验室是否具有足够的安全保障设施和措施来防止转基因物质逃逸②;当转基因生物从封闭利用状态进入到开放的环境中时,风险评价关注的重点在于环境中是否存在其近缘野生种,之间因发生杂交而导致外源基因漂移的概率有多大,是否会对自然生态系统造成直接或间接的损害,如果是抗虫转基因品种,还要考虑其对非靶标(Non-targetted)昆虫的危害问题;而当转基因产品到达市场准入的审核阶段时,风险评价的重点则是其所含转基因成分与已知的有毒或致人过敏之物质是否具有同源性,人群个体差异对其敏感度如何。

逐步进行原则的应用可以确保在不同阶段及时终止不适当的转基因

---

① 韩梅:《农业转基因生物安全管理现状及对策》,载《江苏农业科学》2007年第6期,第282—284页。

② 朱守一:《生物安全与防止污染》,化学工业出版社1999年版,第31—45页。

技术及其产物的研发和商业性生产、进口、销售等活动,有效阻止可能由此导致的损失或者损失扩大。

根据我国《农业转基因生物安全管理条例》第4条的规定,转基因生物安全评价的是农业转基因生物对人类、动植物、微生物和生态环境构成的危险或者潜在的风险;安全评价工作按照植物、动物、微生物三个类别,以科学为依据,以个案审查为原则,实行分级分阶段管理。此即表明我国对农业转基因生物安全的评价和监管亦采取个案处理原则和逐步进行原则。

4.5 实质等同性原则

实质等同性原则(Principle of Substantial Equivalence)是经济合作与发展组织以及世界卫生组织于1993年提出的适用于转基因食品安全评价的一项重要原则。此概念起源自美国有关医疗器材的规范[1],当应用于转基因食品的安全评价时,则是指将转基因食品和相应的传统食品进行比较,如果两者具有实质等同性,即两者之间没有什么显著差别,就可以认为其安全;反之,则应对其进行严格的安全性评价。[2]

一般说来,人们认为传统食品是安全的。但随着新技术在食品生产中的不断应用,食品的风险也越来越大。实际上,相当多的食品风险是技术应用的风险,这类风险只能通过科技手段加以识别和控制。而转基因食品安全性评价的基本目的,在于力求证明此类新食品和与之对应的传统食品同样安全,且其营养价值也不低于该传统食品。如果有人基于新的科学信息对安全性评价提出质疑,则应根据该信息对原来的安全性评价进行适当审查。[3]

从理论上言,任何基因转入的方法都可能导致转基因生物及其产品产生不可预知的或者意外的变化,其中包括多种复杂效应。对于转基因食品,首先应该分析和比较关键营养素等成分,判断该食品与相应的传统

---

[1] 陈君石编:《转基因食品:基础知识及安全》,人民卫生出版社2003年版,第67—69页。
[2] 殷丽君编:《转基因食品》,化学工业出版社2002年版,第61—67页。
[3] 陈乃用:《实质等同性原则和转基因食品的安全性评价》,载《工业微生物》2003年第3期,第44—51页。

食品有无实质等同性。如果受体生物有潜在的毒性,还应该检测其毒素成分有无变化,转入的基因是否导致了毒素含量的变化或者产生了新的毒素。[①]

自从其诞生以来,实质等同性原则就一直为许多人所诟病。批评者认为,实质等同性是非科学、反科学的概念,常常会造成消费者的误解。在他们看来,转基因食品的安全性是一个尚无定论的问题,转基因生物可能带来的健康和生态危害也是潜在性的安全问题,这些问题在目前既无法证实也无法证伪,有待在将来作出解答。而实质等同性概念却给出非精确的信息,误导消费者。1999年,著名科学杂志《自然》(Nature)发表了一篇评论,认为实质等同性概念在本质上是为了不对转基因食品作生化和毒理学检验而创造出来的一个理由,"具有天生的反科学性"[②]。而欧洲消费者联盟(BEUC)则认为,对于消费者而言,实质等同性是一个有争议和易于造成误导的概念,它掩盖矛盾,侵害消费者权益,不应该在法律和决策中使用。该组织强调要系统地检测转基因食品之组分的意外改变,因为这些改变可能与毒理学、免疫学和营养学有关,是转基因生物安全的核心问题,也是对消费者权益保护至关重要的焦点。[③]

事实上,实质等同性概念是转基因食品安全评价过程中的关键性工具。它自身并不是对食品安全性的评价,而是构建转基因食品安全评价制度的起点和重要基础;它所回答的并不是转基因食品本身是否安全,而是与相应的传统食品相比,该转基因食品的安全性如何。因此,即便转基因食品和相应传统食品的安全性完全一致,也不能必然肯定该转基因食品是绝对安全的,因为传统食品自身的绝对安全性也无法得到证实。[④]

在确定转基因食品的实质等同性时,需要考虑有关转基因生物的遗传特性和表型特征,并考虑食品的主要营养成分、毒性成分和过敏物质等。只要分析数据来源可靠,并在自然分布范围内与传统食品相同,"实

[①] 李志亮等:《转基因食品安全性研究进展》,载《生物技术通报》2005年第3期,第1—4页。
[②] 陈乃用:《转基因食品安全性评价和实质等同性》,载《中国食物与营养》2004年第4期,第14—16页。
[③] 曾北危主编:《转基因生物安全》,化学工业出版社2005年版,第56页。
[④] 王林山:《转基因食品的安全性评价与管理》,载《粮食问题研究》2004年第3期,第47—50页。

质等同性"就可以成立。① 一般说来,实质等同性原则是进行转基因食品安全评价的可行且适当的策略。

4.6 基于产品原则和基于技术(工艺)原则

如果把转基因生物研发和产业化发展作为一个完整的链条加以考察,则转基因技术和转基因产品正好分别处于这一链条的前后两端。

基于产品原则(Product-based Principle)强调末端控制,认为监管对象应是利用生物技术生产的产品,而不是生物技术本身。根据该原则,即便某种转基因生物或其产品因为具有现实的危险而被禁止,制造该生物或产品的技术也不应当被禁止。一般地,在坚持基于产品原则的国家,如美国,有关转基因生物安全的立法和管理措施较为宽松,尤其是对转基因产品上市,往往实行自愿咨询制度,而不是政府审批制度。②

相对于基于产品原则仅仅要求规制转基因生物的最终产品之理念,基于技术(工艺)原则(Process-based Principle)表现出了全程控制的倾向。根据该原则,要防范转基因生物及其产品的潜在危害,不能仅仅着眼于最终产品这一环节,而要关注技术研发和商业化应用的整个过程,因为即便最终产品被阻止在市场之外,研究、生产这一产品的过程也可能会对生态环境和人类健康造成危害。如欧盟就认为,重组 DNA 技术等现代生物技术有潜在危险,只要是通过此类技术获得的转基因生物,都应接受安全性评价和监管。③ 因此,欧盟坚持基于技术(工艺)原则,实行从实验室到餐桌的全程控制,力图使转基因生物及其产品在整个生命周期中的各个环节,包括实验室研究、环境释放和市场准入等,都处于法律规制和政府监管之下。为此,欧盟及其前身欧共体先后制定了一系列有关转基因生物安全的指令、条例和技术标准。这些规定不仅针对转基因生物及其产品,

---

① 李志亮等:《转基因食品安全性研究进展》,载《生物技术通报》2005 年第 3 期,第 1—4 页。
② 洪健飞:《美国政府对生物技术产品的管制》,载《生物技术通报》2004 年第 5 期,第 54—55 页。
③ 宋锡祥:《欧盟转基因食品立法规制及其对我国的借鉴意义》,载《上海大学学报》(社会科学版)2008 年第 1 期,第 35—38 页。

而且针对其研制技术与过程。① 显然,在遵循该原则的国家和地区,针对转基因技术及其产物的管理措施和审批过程比较复杂、严格。

4.7 软法和硬法相结合原则

软法是第二次世界大战以后首先出现在国际法领域的一种新现象。它之所以会产生,是因为国际关系中出现了许多新的领域,需要建立相应的调整规则,但由于缺乏经验,或缺乏科学确定性,或缺乏足够的政治意愿,往往难以制定出为多数国家所接受的明确而具体的国际法律规范,而不得不制定一些能够体现国际社会的普遍意志和需求、灵活性较大、容易为各国接受、具有事实上的影响力却没有法律约束力的柔性法。国际环境法中的《联合国人类环境宣言》和《关于环境与发展的里约宣言》等便是典型的软法。通过各国实践以及国际立法活动,软法也可能会转变为具有法律约束力的国际习惯法或者条约,即硬法。

在国内法领域,也出现了行政指导、行政劝告等没有法律约束力的软法。这是因为,随着经济与社会生活的不断发展,现代公共行政的目标日趋多元化。在此情势下,如果政府机构在公共管理中仅仅采用单一的法律强制手段,显然无法充分满足客观需要。在保留并不断完善必要的法律强制手段的前提下,尽可能灵活地采用一些不具有政府机构单方意志性的行政调控手段,更有利于在市场经济条件下及时有效地进行公共管理活动,实现多样化的行政管理目标,提高公共行政管理的综合效益。②

就转基因生物安全问题而言,由于其关涉科技发展与风险控制的有机平衡,许多潜在危害又具有科学上的不确定性,因此需要一些具有法律约束力的规范,以便在必要的范围内和程度上控制、降低转基因技术及其产物给生态系统和公众健康带来的风险;与此同时,也需要建立某些具有弹性的软法,如主要基于当事人自律的转基因生物研发指南等,以便为相关的科学研究和商业化活动提供必要的自由空间,避免过度管理限制生物技术和产业的发展,损害本国或者本地区在该领域的竞争力。概言之,

---

① 毛新志:《美国、欧盟有关转基因食品的管理、法律法规对我国的启示》,载《科技管理研究》2005年第2期,第38—40页。
② 罗豪才主编:《行政法学》,北京大学出版社1996年版,第287—288页。

实行软法与硬法相结合的原则,有利于在保护生态环境与公众健康等非经济性公共利益的同时适当促进转基因技术和产业的发展。而在国际法层面上,遵循软法和硬法相结合的原则还有利于协调不同国家和地区间的转基因生物安全监管制度和实践,促进其相互交流与合作。

五、转基因生物安全监管制度

转基因生物安全监管涉及复杂的科学技术问题和利益冲突,所需要的政策工具和制度措施多种多样,其中比较重要的是许可证制度、生态和健康风险评价制度等。

5.1 许可证制度

为了防范转基因技术及其产物对生态环境和公众健康产生负面效应,各国普遍实行直接的行政控制,建立针对转基因技术研发、转基因生物及其产品产业化发展的审批制度,要求从事相关活动的主体事先依法获得主管机构的批准,持有并遵守相应的许可证。该制度是转基因生物安全监管各项制度中最为基础和关键的一项,是主管机构对转基因技术及其产物进行有效干预的基本工具。[1]

如在欧盟地区,为了应对转基因技术及其产物所具有的未被确证和排除的潜在危害,风险预防原则成了转基因生物安全法的主要原则之一,《关于有意向环境释放转基因生物的指令》(2001/18/EC)、《转基因食品和饲料条例》(1829/2003/EC)等立法分别确立了转基因生物环境释放和转基因食品上市许可证制度[2];在澳大利亚,《基因技术法》明确要求从事转基因生物相关活动须取得许可证,并对许可证的颁发条件、申请、审批、中止、变更、撤销等作了规定[3];而在美国,农业部动植物检疫局(APHIS)在管理转基因植物田间试验时,原则上也采用许可证制度:对于受控植物

---

[1] 刘泽海:《我国转基因食品市场准入制度研究》,载《科技咨询导报》2007年第21期,第35—37页。

[2] 参见本书第六章相关内容。

[3] Part 4 & part 5, Gene Technology Act 2000, 载 http://www.frli.gov.au, 最后访问日期:2009年4月7日。

第三章 转基因生物安全监管分析

的引入,申请人需要向该局的植物保护与检疫管理专员提交书面的许可申请①,而该局的审查员也可以按照许可证的规定,就转基因植物的环境释放、州际运输和进口等活动,检查受控植物的操作地点和设备。②

5.2 报告制度

在符合一定条件的情况下,某些转基因生物的研发者只需要向主管机构报告情况,就可以实施相关的科学研究和产业开发活动,而不必申请许可证。

例如,在管理转基因植物田间试验时,美国农业部动植物检疫局(APHIS)就对部分作物采用报告(Notification)制度。适用于该制度的转基因作物需要符合一系列条件,如生物体未被列入《联邦有害杂草目录》,在释放环境中不会杂草化;引入的遗传物质已稳定地整合到整个基因组中,其表达产物不会引起植物病害;作物及其材料在运输和保存时不会扩散到环境中去,在进行环境释放时不会与未计划释放的非控制生物体混杂种植,也不会产生能持续存留在环境中的子代;等等。③

该制度的实施要求对相关的转基因技术及其产物有丰富的实践和资料积累,因此在很多国家和地区,尤其是在生物技术和产业不发达的国家和地区,没有制定和实施该制度的适宜条件。

5.3 事先知情同意制度

在贸易全球化的今天,一方面,转基因技术及其产物的跨国转移,特别是从发达国家向发展中国家的转移无法避免;另一方面,为了确保生物多样性的安全和可持续利用,同时顾及人类健康面临的风险,对转基因生物及其产品越境转移进行管理和控制是非常重要的。在此情形下,大多数国家尤其是发展中国家认为,出口国应事先通知进口国的主管当局,获得其知情同意。这种事先知情同意(Advanced Informed Agreement)制度旨

---

① 洪健飞:《美国政府对生物技术产品的管制》,载《生物技术通报》2004 年第 5 期,第 54—55 页。
② 林祥明:《美国转基因生物安全法规体系的形成与发展》,载《世界农业》2004 年第 5 期,第 14—17 页。
③ 同前注。

在保障转基因生物及其产品的进口国能够对转基因生物及其产品的入境进行提前审核,以便保护其国内的生态环境和人类健康。

在该制度下,出口转基因生物及其产品必须首先获得进口方国家主管当局的确认和批准,而审批将从农业、环境保护和人类健康与安全等多个方面加以考虑,这就大大增加了转基因生物及其产品出口的难度。①

《卡塔赫纳生物安全议定书》的第6条及其以下相关条款确立了事先知情同意制度:对于拟有意向进口缔约方的环境中引入改性活生物体的,适用"事先知情同意程序",出口缔约方应要求出口者在其首次有意进行改性活生物体的越境转移之前,确保以书面形式通知进口缔约方的国家主管当局并获得其书面同意。②

5.4 生态和健康风险评价制度

进行生态和健康风险评价(Assessment of Ecological and Health Risk)的目的是评估和确定转基因生物在接收环境中可能对生物多样性保护和可持续利用以及人类健康产生的不利影响,其结果主要用于主管机构对转基因生物的相关活动作出知情决定。

生态和健康风险评价制度也是转基因生物安全监管的重要基础性制度之一。《卡塔赫纳生物安全议定书》第15条就确立了该制度,规定进口缔约方应当为是否作出进口决定而进行风险评价,并明确进口缔约方也可以要求出口者进行此种风险评价;欧盟《关于有意向环境释放转基因生物的指令》(2001/18/EC)要求转基因生物在释放前,必须进行生态环境和人类健康风险评价;而日本则基于该评价对受体进行安全性分类,包括GILSP类(Good Industrial Large-scale Practice,已经工业生产类)、类别Ⅰ、类别Ⅱ、类别Ⅲ和特别处理类等五种类型。③

---

① 谢翀:《论转基因农产品的国际贸易问题》,载《武汉工业学院学报》2006年第1期,第18—21页。
② 《卡塔赫纳生物安全议定书》,载 http://www.un.org,最后访问日期:2009年4月8日。
③ 陈俊红:《日本转基因食品安全管理体系》,载《中国食物与营养》2004年第1期,第20—22页。

5.5 转基因食品安全评价制度

食品安全是一个相对和动态的概念,因为没有一种食品是百分之百安全的。随着科技发展和社会进步,人们对食品安全提出了更高的要求,但随着新技术在食品生产中的不断应用,与食品相关的风险也越来越大。①

就转基因食品安全管理而言,其基础与核心是安全性评价,其目标则是确保转基因食品和相应的传统食品同样安全且其营养价值也不低于该传统食品。

目前,国际上对转基因食品的安全评价大都遵循以科学为基础、个案分析、逐步进行和实质等同性等原则,评价的主要内容包括毒性、过敏性、营养成分、标记基因转移和非期望效应等。②

5.6 转基因食品标识制度

经营者和消费者是市场主体中的两个基本群体。在进行市场交易时,消费者大都以单个社会成员的身份出现,相对于较强大的经营者而言,往往处于不利的地位。为了保护弱者的合法权益不受侵犯,维护社会经济秩序,各国普遍通过立法加强对消费者的保护。而知情权则是消费者权利体系中最为基础、最为核心的权利之一。③

消费者知情权是指消费者依法享有的获取、知悉其所购买商品或者服务之信息的权利。作为市场交易的一方当事人和重要主体,消费者享有意思自治的权利,可以自主决定是否购买某种商品或服务,以及购买何种商品或服务。因此,了解商品或服务的真实状况,既是消费者据以作出自由选择并实现公平交易的前提条件,又是其购买商品后加以正确和安全使用,或者购买服务后加以适当利用的必要保证。而对于商品、服务的具体情况,消费者和经营者呈现明显的信息不对称性,经营者往往会基于

---

① 王林山:《转基因食品的安全性评价与管理》,载《粮食问题研究》2004 年第 3 期,第 47—50 页。

② 李志亮等:《转基因食品安全性研究进展》,载《生物技术通报》2005 年第 3 期,第 1—4 页。

③ 王保树:《经济法原理》,社会科学文献出版社 2003 年版,第 196—199 页。

自身经济利益的考虑而提供虚假信息或者拒绝提供真实信息,从而可能使消费者作出违背其真实意志的选择,甚至可能进一步影响其人身和财产权益。[1]

由于转基因生物和转基因食品的安全性尚无定论,从维护消费者知情权和选择权的角度出发,人们普遍持谨慎对待的立场。如欧盟自1997年就开始对转基因食品实施强制性的标识(Labelling)制度,是最早建立该制度的地区[2];澳大利亚、新西兰、日本等国家也都先后建立了各自的转基因食品标识制度[3];美国对通过"实质等同性"评价的新食品(包括转基因食品在内)实行自愿标识制度,但对以下三种食品则实行强制性的标识制度:(1)食品中含有导致消费者过敏反应的成分;(2)食品中含有以前未在食品供应链中出现过的成分;(3)食品中导入或者消除了某种成分,并且由此导致该食品的营养价值有明显改变。[4]

毋庸置疑,在一个对转基因生物及其产品持消极看法的市场中,转基因食品标识是一种有效的辨识和防范措施,也是对非转基因食品的一种保护措施。因为在不加标识的情况下,消费者没有足够的信息和能力来确定某种产品是不是经过基因工程修饰的,这会导致消费者对转基因食品和非转基因食品无差别的市场反应,而转基因食品生产的低成本优势可能会导致非转基因食品被挤出市场。因此,即便在美国,人们也对是否进行转基因食品标识存在很大争议。目前,已有多个州通过了转基因食品标识立法,表明其有关转基因食品标识管理的呼声也很高。[5]

5.7 转基因生物可追溯性制度

可追溯性是指在从生产到流通的整个过程追踪产品的能力。相应

---

[1] 朱俊林:《标识转基因食品的伦理动因》,载《湖南师范大学社会科学学报》2007年第3期,第45—48页。
[2] 向文:《欧盟转基因食品法律管制之法律传统背景分析》,载《法制与社会》2007年第3期,第56—58页。
[3] 宋金田:《欧澳转基因食品安全管制》,载《江苏农村经济》2006年第7期,第78—81页。
[4] Brenda A. Trolin, *Mapping Public Policy for Genetic Technologies: A Legislator's Resource Guide*, 1998, National Conference of State Legislatures (Denver, Colorado), p.56.
[5] 中华人民共和国科技部编:《2002中国生物技术发展报告》,中国农业出版社2003年版,第312页。

地,转基因生物可追溯性(Traceability of GMOs)制度要求从事转基因生物研发、生产、进口、销售等所有活动的主体在其各自的环节上都依法承担提供相应资料和信息的义务,以便对最终产品进行识别并加以监督和控制。据此,从一个公司研究开发某种转基因生物,如转基因种子开始,该公司就应告知购买者该种子为转基因种子,并提供更加有针对性的详细资料,从而使这种转基因生物能够被准确辨别。生产者也有义务登记购买该种子的经销者的信息并依法保留之。

2003年,欧盟颁布《转基因生物可追溯性和标识以及转基因食品和饲料可追溯性条例》[①],首次正式创设了可追溯性制度。该条例要求追踪转基因生物和用转基因生物生产的食品、饲料在投放市场的各个阶段,包括从生产到流通的全过程的情况,要求经营者必须在产品投放市场的每个阶段都依法传递和保留有关转基因生物以及转基因食品、转基因饲料的资料和信息,从而有助于控制其质量并保证在必要时可以撤回相关的生物及其产品。[②]

5.8 专家咨询制度

转基因生物安全问题涉及科技、经济、环境、健康、管理、法律、伦理等多个方面的专业知识。为了科学、合理、有效地应对和处理该问题,需要针对转基因技术和产业发展在不同阶段的特点,由相关领域的专家提出应对措施的建议,供主管机构决策时参考。因此,在转基因生物安全监管中,专家咨询制度普遍得到了高度重视。如澳大利亚根据《基因技术法》(Gene Technology Act)设立了基因工程技术咨询委员会(The Gene Technology Technical Advisory Committee)、基因技术社会咨询委员会(The Gene Technology Community Consultative Committee)和基因技术伦理委员会(The Gene Technology Ethics Committee)三个非专职的专家委员会,后来又将基

---

① Regulation 1830/2003/EC concerning Traceability and Labelling of Genetically Modified Organisms and Traceability of Food and Feed Products Produced from Genetically Modified Organisms and amending Directive 2001/18/EC,载 http://eur-lex.europa.eu,最后访问日期:2009年4月10日。

② M. Miraglia, K. G. Berdalb, "Detection and Traceability of Genetically Modified Organisms in the Food Production Chain", *Food and Chemical Toxicology*, Volume 42, Issue 7, July 2004, pp. 1157—1180.

因技术社会咨询委员会和基因技术伦理委员会合并为基因技术伦理与社会咨询委员会(The Gene Technology Ethics and Community Consultative Committee)[1];而在欧盟,从转基因技术的研发许可证申请到转基因产品的最终上市,在不同的水平和阶段上,每一主管机构都设立了相应的专家咨询委员会或小组,如生物技术伦理专家小组、环境风险评价专家委员会、食品安全评价专家委员会以及食品链和动物健康专家委员会等。[2]

---

[1] 冯楚建:《澳大利亚生物安全研究与法制化管理考察总结》,载《科技与法律》2003年第3期,第49—53页;Gene Technology Act 2000,载http://www.frli.gov.au,最后访问日期:2009年4月7日。

[2] 陈超:《国外转基因生物安全管理分析及其启示》,载《中国科技论坛》2007年第9期,第76—81页。

第四章 转基因生物侵权责任探讨

引　言

　　当人们面对转基因技术及其产物时,往往不禁会问其对人类和自然界是否安全,万一不安全又该怎么办。尽管科学家们可以从分子生物学、遗传学、毒理学、生态学以及工程技术等多个方面来论证其安全性,但仅靠科学证据和技术方案还是不能完全平息社会公众内心的疑惑和忧虑。有鉴于此,法律应当为人们提供一种制度意义上的安全保障。

　　综合观之,不同国家对转基因技术及其产物所采取的政策大都各具特色,但有一点是共同的,即未经主管机构的许可,或者违反其他强制性规定,私自进行相关活动的,均需承担相应的法律责任,在后果严重的情形下甚至可能会承担刑事责任。无论是在采取宽松政策的美国、加拿大等国家,还是在态度和做法均相对保守的瑞士、德国、挪威、韩国等国家,其法律都有此类规定。关于这一点,无论从立法、行政执法还是司法的角度看,都没有很大的分歧。[①]

　　而对于由相关活动所导致的权益侵害现象,特别是由符合有关行政许可之实体要求和程序规定的转基因生物研发、生产、加工、销售等活动所造成的损害,其是否构成侵权行为,在法律上应如何规制和调整,不仅存在理论上的争议,而且相关的专门立法较为薄弱,司法案例也非常有限。[②]

　　一般说来,侵权是指行为人由于过错侵害了国家、集体和个人的财产权利、人身权利需要承担民事责任的行为,或者没有过错,但法律规定应

[①] 刘长秋、刘迎霜:《基因技术法研究》,法律出版社2005年版,第20—24页。
[②] 吕炳斌:《试论基因技术发展对法律的挑战》,载《华东理工大学学报》(社会科学版)2002年第1期,第45—47页。

当承担民事责任的行为。① 就转基因生物安全法而言,尽管其首要目的是尽可能防范转基因技术及其产物对生态环境和公众健康造成损害,但相关活动所导致的权益侵害仍可能无法避免,因此,很有必要探讨如何认定和解决转基因技术研发以及转基因生物及其产品的生产、运输、进口、销售等活动所引发或者可能引发的公共和私人权益的损害问题。而转基因生物侵权责任研究的根本目的,在于综合考虑科技、经济、环境、健康、伦理等诸多因素,探讨如何提供有效的责任认定和救济模式,既减轻或消除人们对转基因生物及其产品的疑虑,同时又不损害现代生物技术和产业发展的动力。②

在从实验室研究到大田实验、商业化种植、产品加工与销售的整个过程中,农民权受害、消费者权益特别是知情权受害以及普通公众的人身权、财产权及环境权受害是转基因技术及其产物所致权益损害的三种基本形态③,以下分别讨论之。

一、转基因技术和农民权④

转基因农作物的商业化种植,大都简化了生产管理,提高了效率和效益,使农民从繁重而低效的传统农业中解脱出来。可以说,现代基因工程技术在育种方面的应用是增加粮食生产和供应的有效途径。

但由此产生的问题之一是,当育种者为农民带来优良的种子时,面对

---

① 杨立新:《侵权法论》,人民法院出版社2004年版,第7页。
② 对我国来说,这种观念尤其重要,因为人口数量的庞大和耕地面积的有限之间的矛盾一直是我国粮食问题的症结所在。尽管新中国成立至今,我们已经解决了温饱问题,但粮食问题依然严峻。传统农业的生产潜力在前两次农业革命(这两次农业革命的标志分别是杂交育种技术的应用和化学合成肥料的使用)的进程中已经挖掘殆尽,现代生物技术在农业上的应用是解决中国粮食问题的优先选择。中国土壤不仅现有面积已退化较大,而且水土流失、土壤沙化、酸化和盐渍化等现象在继续扩展。进一步的资料参见游宏炳:《我国粮食安全展望》,载《中国粮食经济》1994年第3期;范小玉:《值得注意的人口、耕地、粮食产量变化趋势》,载《中国粮食经济》1995年第6期;范小玉:《人口、耕地、粮食变迁启示录》,载《人口与经济》1996年第2期;王群:《粮食安全的耕地保障分析》,载《国土经济》2001年第2期;傅泽强、蔡运龙等:《中国粮食安全与耕地资源变化的相关分析》,载《自然资源学报》2001年第4期。
③ 金峰:《转基因生物侵权法律问题研究》,清华大学法律硕士专业学位论文(2005),第13—16页。
④ 同前注文,第17—24页。

作为弱质产业从业者的农民,尤其是发展中国家的农民,其在转基因育种技术上的投入往往得不到充分回报,因为农民通常认为自己有权留种而无须每年都向种子公司购买种子或者其他相关产品。在法律疏于保护育种者权益或者保护不力的时候,育种者可能会采用技术手段对其品种进行保护。例如,有的育种者通过终止子技术①或者其他生物技术对农作物进行基因修饰,从而使其种子成为不育种,或者使其性状表达受到控制。于是,农民在客观上就没有办法再以传统方式继续留种,而是必须向种子公司购买新种子或者购买保持该农作物优良性状的处理药剂。显然,育种者所运用的这些转基因技术已经抵消了农民的留种权,在实践中会引起经济、法律、伦理道德等方面的诸多争议。

1.1 终止子技术(Terminator Technology)

终止子技术是由美国DPL(Delta and Pine Land)种子公司和农业部联合申请、美国专利局于1998年3月批准的一项专利,完整名称是"品种水平上的基因利用限制技术"(Variety-level Genetic Use Restriction Technology, V-GURT)。

实施该项技术的大致程序是:把终止子基因植入到农作物中,得到转基因农作物种子;种子公司在出售这些转基因种子前,在其中加入一种诱导剂;农民把这些种子播下去后,可以长出正常的植株,并能收获成熟的种子,这些种子在油脂、蛋白质等各个方面都是完全正常的,但其胚胎已被杀死,因此农民不能把这样的种子作留种之用。DPL种子公司称这项专利为"技术保护系统"(Technology Protection System),而国际农业促进

---

① 此处的"终止子"只是一种形象的表述。与终止子技术相似的另外一类技术被称为T-GURT(Trait-level Genetic Use Restriction Technology),即"性状水平上的基因利用限制技术"。T-GURT的基本原理是:在转基因农作物中,插入某种基因,对某些特定性状(如营养含量、味道、花期、特定用途的蛋白质、防病虫害等)的表达进行外部控制——这些插入的基因就像加装的基因开关,而特定性状的表达与否(激励或抑制)可以由外部诱导剂来控制。种植者若要使其种植的农作物具有这些特定性状,就必须向种子公司购买化学诱导剂并将其喷洒到农作物上,以激活特定的基因。与"终止子"种子不同的是,这些T-GURT种子是可以再繁殖的,但是需要种植者不断地向种子公司购买化学诱导剂才能利用农作物的优化转基因性状。T-GURT和"终止子"技术(V-GURT)也被统称为GURTs(Genetic Use Restriction Technologies),即"基因利用限制技术"。

基金会(RAFI)称之为"终止子技术"。一般地,人们把通过这项技术获得的种子称为"终止子种子"。①

1.2 农民权(Farmer's Right)

在西方发达国家,大多数科技创新活动都发生在私人部门,由专利法等知识产权法律给予保护。仅从专利的角度看,其本质和功能在于为科技创新活动提供激励和保障,对愿意承担新技术、新产品研发成本和风险者,依法确认和保护其在专利技术及产品市场化的过程中对相关经济利益享有一定期限的垄断权。但是,许多生物技术,尤其是育种方面的应用技术,长期以来并没有被充分地纳入到专利保护的框架之中。其根本原因在于,一方面,基于大多数生物体所具有的后续繁殖能力,当育种产品被推向市场之后,购买者能够非常容易地对其进行复制,因而实施专利保护的难度较大②;另一方面,对育种技术和产品提供专利保护与农民权存在一定冲突。

所谓农民权,通常是指农民对动植物品种所享有的权利,特别是留种自用的权利。这种权利源于过去、现在和将来的农民在保存、改良和提供动植物遗传资源(尤其是那些集中体现物种起源与多样性的遗传资源)过程中所作的贡献。

实际上,早在1979年,联合国粮农组织就开始讨论遗传材料提供者与现代生物技术提供者在利益分配中的不平衡性问题,初步涉及了农民权的内容。1993年,该组织在其制定的《联合国粮农组织有关植物遗传资源的国际承诺》中明确肯定了农民对"保护、改善和提供植物遗传资源"所作的贡献,主张农民应该有权获得一部分"资源保护效益",并首次正式提出了农民权的概念。③

尽管其历史并不长,在理论上也存在争议,但在实践中,农民权却对动植物新品种的专利保护或者其他知识产权保护有着深刻的影响。这是

---

① 钱迎倩:《终止子技术与生物安全》,载《生物多样性》1999年第6期,第67页。
② 比如农民购买了种子后,只要留出部分收成就可以作为未来自用的种子,同时也可以将其出售给其他农民作种子。
③ 詹映、朱雪忠:《国际法视野下的农民权问题初探》,载《法学》2003年第8期,第24—26页。

第四章 转基因生物侵权责任探讨

因为，无论采用传统方法还是现代生物技术进行育种，其重要前提之一就是必须有丰富的种质资源。现在的主要农作物品种，都是在长期的实践中，经过对野生种的反复选育得到的，而这项任务的主要完成者就是农民。也就是说，现代农作物新品种的育出，是建立在先人几百年甚至数千年的经验和探索之上的，没有这些实践，所有的育种工作就要从头做起，这是难以想象的。既然育种者所利用的农民经验是公共物品，无须支付任何费用，那么其对所育新品种的权利也就不应是绝对排他性的，至少，不应排除农民免费留种的权利。基于这种认识，许多人认为，对动植物新品种授予专利或者提供类似的法律保护，显然是对农民传统上就享有的育种、留种等权益的剥夺，是不合情理的。①

在我国，依照《专利法》，对动植物新品种不授予专利权，而仅对其非生物学培育方法授予专利权。1997 年 3 月 20 日，国务院颁布了《植物新品种保护条例》，规定在国家公布的保护目录内②，完成育种的单位或者个人对其授权品种享有排他的独占权，任何单位或者个人未经品种权人许可，不得为商业目的生产或者销售该授权品种的繁殖材料。但该条例第 10 条又通过列举的方式明确了例外情形，规定"在下列情况下使用授权品种的，可以不经品种权人许可，不向其支付使用费，但是不得侵犯品种权人依照本条例享有的其他权利：（一）利用授权品种进行育种及其他科研活动；（二）农民自繁自用授权品种的繁殖材料。"可以说，这是我国现行立法中明确承认农民权的唯一条款。

1.3 农作物新品种的技术保护及其与农民权的冲突

对于育种者而言，终止子技术以及其他基因利用限制技术成了保障

---

① William W. Fisher, *The Impact of Terminator Gene Technologies on Developing Countries: A Legal Analysis*, in Galun Esra and Breiman Adina, eds. *Transgenic Plants: With an Appendix on Intellectual Properties & Commercialization of Transgenic Plants by John Barton*, London, River Edge, NJ World Scientific Publishing Co., 1997, pp.137—140.

② 植物品种的保护分为农业和林业两部分，分别由农业部和国家林业局负责具体实施。到 2004 年为止，农业部分受保护的植物属种已达 34 种，涉及粮食、棉花、油料、麻类、糖料、蔬菜（含西甜瓜）、烟草、桑树、茶树、果树（干果除外）、观赏植物（木本除外）、草类、绿肥、草本药材等植物以及橡胶等热带作物的新品种；林业部分受保护的植物属种已达 78 种，包括林木、竹、木质藤本、木本观赏植物（包括木本花卉）、果树（干果部分）及木本油料、饮料、调料、木本药材等植物品种。

其品种权益的"灵丹妙药"。因为通过分子水平上的遗传控制能够以较低的成本有效阻止农民收获的农作物种子发芽,既排除了种植者之间相互供应种子的可能性,又使种植者不得不每年都购买新的种子,从而极大地提高了育种者收回其品种研发成本的可能性。①

在采用终止子技术等措施之前,育种者为了保护自己的权益,普遍通过民事合同来约束种植者,要求其仅把所购买的种子作为种植材料使用,而不应再将收获的农作物留作种子,即不得把所购买的种子作为繁殖材料使用。但是,多数农民一直坚信收获后留种是其维持生产的必要选择,还有部分种子购买者在作物收获后将其作为种子向其他农户出售,再加上合同规模小、数量大,使得育种者常常处于无法充分、有效地监督合同履行状况的境地,相关约定落实起来比较困难。正因为如此,育种者往往认为已有的法律制度无法有效地阻止农民留种自用和将收获的农作物作为种子销售,难以保证其新品种权益不受侵害。无论是在美国这样知识产权保护力度较大的国家,还是在知识产权制度尚不健全的发展中国家,皆然。而依靠技术措施可以轻而易举地达到育种者所期望的品种保护效果,并且不必像专利权和植物育种者权(我国也称植物新品种权)那样受法律保护期限的限制,有助于育种者特别是跨国种子公司长期获取高额垄断利润。

此外,申请专利或者植物新品种保护的程序往往复杂而漫长,申请费用通常也不是小数目,如果出现相关的违约或者侵权诉讼,还要付出高昂的诉讼成本。相比之下,通过技术措施保护新品种可以做到一劳永逸,不仅省时省力,成本低廉,而且还可以排除知识产权法律制度中的权利限制,如《国际植物新品种保护公约》(UPOV 公约)规定的农民自繁自用种子的权利和育种者豁免权等。②

由此不难理解,育种者特别是跨国种子公司更愿意借助技术措施而

---

① C. S. Srinivasan and Colin Tnirtle, *Impact of Terminator Technologies in Developing Countries: A Framework for Economic Analysis*, in Galun Esra and Breiman Adina, eds. *Transgenic Plants: With an Appendix on Intellectual Properties & Commercialization of Transgenic Plants by John Barton*, London, River Edge, NJ World Scientific Publishing Co., 1997, pp.150—153.

② 詹映、朱雪忠:《转基因作物新品种知识产权的技术措施保护初探》,载《科研管理》2003年第5期,第15—19页。

不是现行的法律制度来保护其转基因农作物新品种。但由此导致的后果之一是使农民彻底丧失了实现其留种权的可能性。

赞成终止子技术的人认为,只有育种者的权益得到充分保护,才能为其提供足够的激励,从而促进品质更优良的新品种的研发,并使农民从中获得更多利益,而采用终止子技术可以杜绝购买者的留种行为以及种植者之间的种子流通,有效保护投资者利益,因此是可以接受的。①

但是更多的人反对终止子技术。1998年10月,在国际农业研究磋商小组会议上,乌干达、印度、英国、德国、荷兰等多个国家的代表明确提出该技术的应用会产生十分严重的后果,如威胁全球粮食的安全保障,危害遗传多样化,引起新的生物安全问题,影响农民的育种和留种权利,损害农民的经济利益等,因此应予禁止。国际农业促进基金会也于1998年11月要求美国政府禁止终止子技术。在种种压力之下,该技术的推广者孟山都公司宣布将不再继续发展终止子技术或使之商业化,但是并不排除会利用其他不会使种子不育的技术手段,以确保其生物技术投资可以得到充分回报。②

人们诟病终止子技术的原因主要有以下两点:该技术绕开了对知识产权的权利限制,而且容易导致少数公司对种子市场的垄断。基于此,针对农作物新品种的任何技术措施保护都必须被纳入到法律的调整范围之中,否则便可能导致权利滥用,侵害社会公共利益。③

总之,使用终止子技术的直接后果是产生无法发育的种子,使农民留种的可能化为乌有,而留种权是农民权的核心内容,因此主流观点认为运用终止子技术会构成对农民权的直接侵害。

1.4 讨论和建议

一般说来,农民有留种权,但是种子公司是否有义务提供具有繁殖能力的种子呢?为了回答这个问题,需要先澄清一个更基本的问题,即此处

---

① Science behind Monsanto's Products,载 http://www.monsanto.com,最后访问日期:2009年4月7日。
② 刘全义:《终止子技术不进行商业化应用》,载《棉花学报》2000年第4期,第35页。
③ 詹映、朱雪忠:《转基因作物新品种知识产权的技术措施保护初探》,载《科研管理》2003年第5期,第15—19页。

所说的种子或者品种在法律上到底是什么含义。

根据我国《植物新品种保护条例》第 2 条的规定,植物新品种"是指经过人工培育的或者对发现的野生植物加以开发,具备新颖性、特异性、一致性和稳定性并有适当命名的植物品种"。当一个农作物新品种因使用终止子技术而丧失了繁殖能力时,也就不再具备"一致性"和"稳定性"。从这个意义上说,使用了终止子技术的新品种并不符合我国植物新品种专门保护的要求。

而我国《种子法》第 2 条第 2 款规定:"本法所称种子,是指农作物和林木的种植材料或者繁殖材料,包括籽粒、果实和根、茎、苗、芽、叶等。"该定义把营养生长能力和繁殖能力分开考虑,只要具备其中的一种能力就可以成为符合《种子法》之要求的种子。因此,按照《种子法》的立法精神,只要终止子种子具有正常的营养生长能力,就完全可以作为合格的商业种子出售。

可见,在我国现有的法律框架下,终止子种子没有受《植物新品种保护条例》规范和约束的机会,但是符合《种子法》对种子的定义和基本要求。如果农户和种子公司之间没有繁殖特性方面的特别约定,终止子种子并不会构成对农民权的侵害。

面对终止子种子可能对我国农民、种子市场以及粮食安全的不利影响,固然可以要求对种子交易进行审核,以损害公序良俗为由否认此类交易的合法性,但实施成本巨大,规模效益较差。最为直接而且有效的做法,就是修改《种子法》中种子的定义,把营养生长能力和繁殖能力同时作为"种子"的必备要件,从而在法律上杜绝终止子种子以及其他使用类似技术的种子进入我国市场。

当然,从根本上来说,加强对育种者新品种权益的保护才是最重要的应对之道。当法律及其实践在育种者与种植农户之间、私人利益与公共利益之间形成了适当的平衡格局时,育种者通过终止子技术等措施来保护其品种独占权的做法也就丧失了存在的必要性。

二、转基因食品和消费者知情权①

在世界上很多国家和地区,转基因生物及其产品已被大规模地开发利用,其市场潜力巨大,商业化才仅仅是个开始。②

仅就转基因食品而言,目前科技界普遍持较为积极的态度,但社会公众特别是消费者对其安全性疑虑重重。多数消费者的怀疑和抵制不是建立在科学的证据之上的,其知情诉求与转基因食品信息披露之间的矛盾往往难以避免。

转基因食品可能会导致他人生命、健康或财产损害,但这和普通食品引起的侵权没有本质区别。转基因食品侵权的特殊性,主要体现在对消费者知情权的侵害上。

消费者知情权,即消费者依法享有获取、知悉所购买产品和服务的信息的权利,是消费者权利体系中最为核心的内容之一。③ 对此,我国《消费者权益保护法》第19条规定:"经营者应当向消费者提供有关商品或者服务的真实信息,不得作引人误解的虚假宣传。经营者对消费者就其提供的商品或者服务的质量和使用方法等问题提出的询问,应当作出真实、明确的答复。"

由于转基因食品的安全性尚无定论,从维护消费者知情权和选择权出发,各国立法普遍采取了标识制度。如果经营者不依法履行转基因食品标识义务,即对转基因食品不标识或者不正确标识,其行为构成对消费者知情权的侵害;如果经营者违反转基因食品标识义务的行为造成了消费者人身、财产损害,则还应进一步承担相应的法律责任。

问题在于,转基因食品的安全性目前仍未有定论,即使其对人类健康有害,这种危害也可能具有长期的潜伏性,因此对侵害知情权的认定和处理不能完全依靠一般的侵权行为理论。

---

① 金峰:《转基因生物侵权法律问题研究》,清华大学法律硕士专业学位论文(2005),第36—42页。
② Christopher P. Rogers, "Liability for the Release of GMOs into the Environment: Exploring the Boundaries of Nuisance", *Cambridge Law Journal*, 62(2), July 2003, pp.371—402.
③ 王保树:《经济法原理》,社会科学文献出版社2003版,第196—199页。

知情是消费者作出选择的前提。如果因经营者不履行转基因食品标识义务而使消费者作出了违背其真实意志的选择,那么这个选择及相应支出就是损害结果之一。换言之,只要因为经营者不标识或不正确标识而导致消费者购买了其在知情的条件下不愿意购买的转基因食品,即可认为造成了侵权损害,消费者有权要求经营者赔偿相应损失。而英美法则把欺诈作为侵权行为之一并确立了"交易损失规则"和"实际支出规则"两大赔偿规则,美国许多法院还允许惩罚性赔偿金。实际上,经营者不依法进行转基因食品标识或者进行虚假标识已构成欺诈行为。[1]

一个具体的问题是,如果出售的食品中含有转基因成分,但该食品不属于强制标识的范围,经营者没有标识,这是否构成对消费者知情权的侵害?在此方面,朱燕翎诉雀巢公司转基因食品标识案具有相当的代表性。

该案的基本情况是:2003年3月,朱燕翎在上海家乐福为3岁的儿子购买了一袋"雀巢巧伴伴"。不久,她得知该产品含有转基因成分,但在外包装上没有任何标识,于是便向法院状告雀巢公司以及上海家乐福侵权,要求雀巢公司在其产品上标注含转基因成分,并要求退一赔一,价值共计13.6元。为此,朱燕翎委托上海市农科院生物技术中心对她购买的这袋"雀巢巧伴伴"进行了检测。案件审理时,出庭作证的上海农科院生物技术中心转基因检测实验室工作人员表示:根据农业部标准,"雀巢巧伴伴"不含转基因成分;但根据上海农科院自己的巢式PCR方法,其中含有转基因成分。最后复检也是根据农业部标准进行的,结果表明"雀巢巧伴伴"不含转基因成分。基于此,作为一审法院的上海市第二中级人民法院认定该雀巢产品不含有转基因成分,所以无须标注,遂判决对原告朱燕翎的诉讼请求不予支持,并由其负担3050元受理费、鉴定费。朱燕翎不服判决,向上海市高级人民法院提起上诉。其代理律师认为,"雀巢巧伴伴"是采用了含转基因成分的原料生产的,即使最终检测不出来转基因成分,雀巢公司也应根据农业部制定的《农业转基因生物标识管理办法》第6条进行标识。2004年10月,上海市高级人民法院对该案作出终审判决,消费者朱燕翎依然败诉。该院认定,上海农科院的巢式PCR方法在检测手段

---

[1] 戴忠喜:《转基因食品标识与消费者知情权保护研究》,载《中国工商管理研究》2004年第1期,第40—43页。

和技术上是否具有领先性以及检测结论是否具有确定性,均未得到国家有关主管部门的审核认可,因此不能采用。①

两审法院的判决结果是正确的,但所依据的基本理由都是检测表明该雀巢产品不含转基因成分之事实,这一点似乎欠妥。实际上,《农业转基因生物标识管理办法》第6条要求"凡是列入标识管理目录并用于销售的农业转基因生物,应当进行标识;未标识和不按规定标识的,不得进口或销售",而第一批列入标识目录的转基因农产品共有5类17种,"雀巢巧伴伴"不在其中,因此无须对其进行转基因食品标识。概言之,由于没有法律的强制规定,也没有与消费者约定在先,雀巢公司不对该产品进行转基因食品标识并不构成对消费者知情权的侵害。

综上,经营者在没有法定标识义务的情况下,即使其产品中含有转基因成分,也可以不加贴转基因生物标签,这并不构成对消费者知情权的侵害。但经营者有披露有关产品或服务之信息的义务,如果消费者在购买产品时提出相关信息的咨询,经营者应如实告知该产品是否含有转基因成分。

三、转基因生物和环境、财产及人身权益

自然界中生物遗传资源的丰富性是保持整个地球生物圈之活力的关键。同时,生物遗传资源有其自身的发展规律,其性状的优劣不应以人类自己的标准来衡量和取舍。某些基因从短期看对人类是有利的,但从长远来看则可能会带来灾难性的影响,因此,不能由于某些遗传资源的性状能够满足人类当前的某些利益就任意地改变或者破坏其自然进化的秩序。

综合看来,转基因生物的不当环境释放,其外源基因外逸可能会导致多种生态反应,如近缘植物之间的基因漂移(Gene Drift),不同物种之间的基因流(Gene Flow),以及超级杂草(Super Weed)的产生等。② 而转基因

---

① 《中国消费者挑战雀巢——为什么不告诉我是转基因》,载《检察日报》2004年2月14日第5版。
② 朱守一主编:《生物安全与防止污染》,化学工业出版社1999版,第20—56页。

生物所导致的基因污染(Genetic Contamination)[①],除了可能对自然生态系统产生不利的影响、对生态系统安全和社会公共利益造成损害外,也可能对他人的环境、财产及人身权益造成损害。实际上,转基因生物对遗传资源、物种、生态系统以及人类健康等的不利影响已经引起了世人的广泛关注。[②]

面对由转基因生物以及相关技术和产品引发或者可能引发的种种生态、财产和健康等损害,迫切需要明确相应的处理规则,特别是明确相关活动所造成的侵权损害的赔偿责任、补救方法及其实现方式等。[③]

一般说来,环境侵权是指因产业活动或者其他人为原因导致自然生态环境的污染或破坏,并因而对他人人身权、财产权、环境权益或者公共财产造成损害或有造成损害之虞的事实。[④] 既然转基因生物特别是转基因农作物的开发利用等活动与风险并存,具有破坏生态环境、损害私人和公共利益的可能,那么环境侵权自然也应成为考察转基因生物所导致的侵权问题的重要方面之一。

[①] 对于转基因生物在大田释放后发生的外源基因外移现象,英语中分别用 Gene Drift 和 Gene Flow 两个词来表述。前者译为基因漂移或者基因漂流,是指有亲缘关系的植物之间的基因转移,比如墨西哥野生玉米被转基因玉米的外源基因污染就是此例。后者译为基因流,是指在分类学上没有关系的物种之间的遗传物质转移,比如土壤微生物中含有所种植的转基因作物的外源基因。严格说来,"基因污染"(Genetic Contamination)是环保主义的概念,但已为大家普遍接受。此处采用"污染"一词仅表示转基因生物外源基因的扩散情形。

[②] 曾北危主编:《转基因生物安全》,化学工业出版社2004年版,第20—56页;1997年,人们在玉米的原产地——墨西哥山区的野生玉米内检测到转基因成分,而转基因玉米的种植地是在离该山区几百公里之遥的美国境内,人们由此觉得转基因生物的负面影响必须得到重视。GMO Corn—Contamination of Native Corn in Mexico, 载 http://www.kitchendoctor.com, 最后访问日期:2009年4月8日。

[③] 仅就越界转移改性活生物体所致损害的赔偿责任和补救问题而言,主要涉及以下内容:哪些类型的损害应该得到赔偿;谁应该承担损害赔偿责任;损害赔偿责任的归责原则是什么,即过失责任、无过失责任或绝对责任;在什么情形下可以豁免赔偿责任;在什么程度上确定改性活生物体与损害之间的因果关系;赔偿责任是否应该有时间限制,如果应该有,这个时间应该有多长;赔偿责任是否应该有金额限制,如果应该有,这个金额应该为多少;是否应该确立财务安全机制,如果应该,那么,应该建立什么样的适当机制;哪些法院和/或法庭应该具有审判越界转移改性活生物体所致损害索赔的管辖权;谁有权利提出越界转移改性活生物体所致损害的赔偿要求;等等。

[④] 王明远:《环境侵权救济法律制度》,中国法制出版社2001年版,第13页。

3.1 与转基因生物侵权相关的法律规定

3.1.1 国际法相关规定

转基因生物在跨越国境过程中的生物安全问题是国际法所关注的焦点之一,相关的法律制度主要规定在《卡塔赫纳生物安全议定书》之中。该议定书以改性活生物体(Living Modified Organism)的国际贸易和越境转移之规制为基本内容,在转基因生物的国际法调控中占有重要地位。

《卡塔赫纳生物安全议定书》共包括一个序言、40条正文和3个附件。它基于风险预防方法,致力于协助确保在安全转移、处理和使用可能对生物多样性的保护和持续使用产生不利影响的改性活生物体领域内采取充分的保护措施,同时顾及对人类健康所构成的风险,并特别侧重越境转移问题。为达此目的,议定书规定了事先知情同意程序、通知和决定程序、风险评价和管理、包装和标识、信息交流与生物安全资料交换所、能力建设、公众参与、财务机制与财政资源等重要制度和措施。[①]

针对转基因生物所造成侵权的赔偿机制,不同国家和地区间存在很大分歧。以美国为首的迈阿密集团(The Miami Group)[②]认为,为了处理转基因农产品的风险,各国的产品责任法就足够了,没有必要在国际法层面上再制定额外的特殊规制。而绝大多数发展中国家则认为,如果没有一个能够据以追究转基因农产品生产商、中间商和出口商之赔偿责任的明确、公正的国际法律制度,就不可能有真正有效的规则。由于在基本立场、主要原则和具体措施上都存在巨大争议,《卡塔赫纳生物安全议定书》没有在转基因生物损害赔偿的制度和机制上达成一致,而只是在第27条有关"赔偿责任和补救"的规定中提出,"作为本议定书缔约方会议的缔约方大会应在其第一次会议上发起一个旨在详细拟定适用于因改性活生物体的越境转移而造成损害的赔偿责任和补救方法的国际规则和程序的进程,同时分析和参照目前在国际法领域内就此类事项开展的工作,并争取在四年时间内完成这一进程。"

---

① 《卡塔赫纳生物安全议定书》,载 http://www.un.org,最后访问日期:2009年4月8日。
② 该集团的成员国包括美国、加拿大、智利、阿根廷、乌拉圭和澳大利亚。这些国家都是主要的转基因农作物种植国与转基因农产品出口国。

3.1.2 外国法相关规定

3.1.2.1 概况

对于大多数国家尤其是发展中国家而言,与转基因生物相关的侵权赔偿责任是一个崭新的问题,需要建立和完善相应的国内法律制度和机制。

除了依据已有的民事侵权法律制度、环境损害赔偿法律制度以及产品责任法律制度外,部分发达国家和经济转型国家还制定了专门性的基因工程与技术立法,如澳大利亚的《基因技术法》(2000)、奥地利的《基因工程法》(1995)、芬兰的《基因技术法》(1995)、挪威的《基因技术法》(1993)以及德国的《基因工程法》(1990)等。这些基因工程与技术立法,有的包含有关转基因生物及其产品损害赔偿责任的专门规则。①

3.1.2.2 法律调整范围

对于转基因生物相关活动,各国法律的调整范围往往各不相同。芬兰的《基因技术法》适用于使用、生产、进口、出售或以其他形式销售转基因生物和含有转基因成分的产品,也适用于建设和经营处理转基因生物的设施和场地;丹麦的《环境和基因技术法》规定,企业从事生产转基因生物的活动,有义务事先向政府主管机构申请核准,而与转基因生物相关的活动也属于应适用环境损害赔偿法律的公共和商业活动的范畴;挪威的《基因技术法》涉及所有与转基因生物有关的活动以及含转基因成分的物质和产品。如果转基因生物被合法地释放到环境中,但是其对生态环境或人类健康造成的威胁超过了核准使用时的预期,造成侵害的责任人仍需承担相应的赔偿责任;澳大利亚的《基因技术法》管理与转基因生物相关的研究、制造、生产、运输、进口、交易、宣传、损害赔偿等活动,有意识地向环境释放转基因生物必须依法获得许可证。②

3.1.2.3 赔偿责任和补救的立法模式

对于转基因生物侵权损害的赔偿责任和补救问题,各国采取了不同

---

① 卡塔赫纳生物安全议定书政府间委员会第三次会议执行秘书:《越界转移改性活生物体所致损害的赔偿责任和补救》(2002年4月22日至26日,海牙),载 http://www.cbd.in,最后访问日期:2009年7月5日。

② 同前注文,第3—4页。

第四章　转基因生物侵权责任探讨

的立法模式。如有的国家考虑转基因生物的具体特点，采取行业性对策，在其基因工程或生物技术行业立法中加入有关转基因生物损害赔偿的特殊规定，对原来的侵权责任制度进行补充和调整；有的国家采取横向办法，在实施赔偿责任法时，不区分转基因生物相关活动和其他产业活动；有的国家则明确地将基因技术立法中的损害赔偿责任规则与国内现有的民事侵权责任制度，特别是环境损害赔偿法、产品责任赔偿法等联系起来。但多数国家特别是发达国家认为，为了做到协调一致，不应该区别对待转基因生物赔偿责任与其他领域赔偿责任，也没有必要为处理转基因生物所造成的损害而更改现有的法律制度。[1]

　　从总体上看，各国多以环境保护规定作为追究转基因生物侵权损害和赔偿责任的基本法律依据。如澳大利亚的多数州都已经制定环境保护法，规定了不从事污染环境或可能污染环境之活动的一般义务，并特别允许个人向有关法院提起损害赔偿诉讼；挪威的《基因技术法》设定了"防止和限制损害的义务"，基于这种义务，在违反该法或依据该法作出的决定而使转基因生物进入环境时，应对这种行为负责的人必须采取合理措施，防止或限制损害和不便。[2] 一些国家还制定了专门、具体的环境侵权责任制度，如丹麦的《环境损害法》和芬兰的《环境损害赔偿法》等，为包括转基因生物相关活动在内的各种活动所造成的环境损害提供救济基础。在英美法系国家，受害人也可以基于不成文法采取行动，以挽回因转基因生物的非法侵入、妨害等而遭受的损失。[3] 在行政管理方面，通常的做法是利用授权的行政措施进行补救。例如，在损害出现后，澳大利亚的基因技术监管专员以及挪威的管理当局可以自行采取措施或命令造成基

---

[1] 卡塔赫纳生物安全议定书政府间委员会第三次会议执行秘书：《越界转移改性活生物体所致损害的赔偿责任和补救》（2002年4月22日至26日，海牙），第3页。

[2] 同前注文，第4页。

[3] 施迈瑟诉孟山都加拿大公司和孟山都公司案（Schmeiser v. Monsanto Canada Inc. and Monsanto Co.）是这方面的典型代表。1999年3月，加拿大农民施迈瑟（Schmeiser）起诉孟山都加拿大公司和孟山都公司，理由是他的油菜作物被邻近由被告种植的转基因油菜经花粉漂移而污染。施迈瑟坚称被告并未适当地指示当地农民如何防范花粉漂移，认为被告的转基因油菜污染了他的作物，因而需对过失、妨害和非法侵入行为负法律责任。施迈瑟同时也依据加拿大的环境保护法律，提出转基因油菜是一种"污染物"，请求赔偿因遭受基因污染而失去的利润。施迈瑟更因被告"对环境毫不关心……将抗虫基因导入转基因作物却缺乏适当的控制措施"而请求惩罚性赔偿。

因污染者采取行动,防止出现进一步的损害,恢复生态环境。①

3.1.2.4 损害的内容和阈限

转基因生物以及相关技术和产品所造成的损害通常包含以下部分:财产损失、人身伤害、预防措施和恢复环境的费用以及在使用或享受环境中的经济利益方面的损失。多数法律制度都包含有关生态损害的内容。

生态损害的价值是以金钱计算的,通常是为了恢复被破坏或损害的环境要素而采取的必要而适当的措施的费用,或者以等同价值的环境要素替代被破坏或损害的环境的费用。在确定被补救的环境需要恢复的程度时,挪威的《基因技术法》使用了"尽可能"的措辞,其立法文件则作了进一步的阐释,强调"恢复的程度将取决于环境的改变程度,并将视个案情形而定。恢复环境的工作可能是重新种植人工培育的植物或者野生植物、放养鱼类或者增加野生动物"。②

各国立法有关转基因生物损害阈限的规定较少,即使有相关规定也是比较原则性的。如奥地利的《基因工程法》规定对环境的损害应是"重大损害";芬兰的《环境损害赔偿法》要求对妨害行为有一定的容忍程度,只有在容忍程度被认为不合理时才需要赔偿。在评估对妨害的容忍程度时,应该考虑当地状况、妨害是否定期出现以及其他具体情形。而在英美法下,在转基因作物花粉污染案件中,原告必须证明一些形式上的伤害作为证据。假设受污染的常规作物中的转基因物质含量很低,在影响该常规作物的产量方面是有益的或是无害的,而且混杂了转基因作物的常规作物产品在市场上的销售不会遭受价格上的歧视,那么从事有机种植业的农民的诉讼请求就不会得到支持。③

---

① Cartagena Protocol on Biosafety First Meeting of the Conference of the Parties of the Convention Serving as the Meeting of the Parties to the Protocol, 23 to 27 February 2004, Kuala Lumpur, Malaysia, 载 http://www.biodiv.org, 最后访问日期:2009 年 7 月 5 日。

② 卡塔赫纳生物安全议定书政府间委员会第三次会议执行秘书:《越界转移改性活生物体所致损害的赔偿责任和补救》(2002 年 4 月 22 日至 26 日,海牙),第 4 页。

③ Christopher P. Rogers, "Liability for the Release of GMOs into the Environment: Exploring the Boundaries of Nuisance", *Cambridge Law Journal*, 62(2), July 2003, pp.371—402;洪健飞:《美国政府对生物技术产品的管制》,载《生物技术通报》2004 年第 5 期,第 54—55 页。

3.1.2.5 赔偿责任人

转基因生物侵权中的责任人并不是转基因生物以及相关技术和产品自身,而是相关生物、技术、产品或工程的经营者,即在发生造成损害的事故时对相关生物、技术、产品或工程具有经营控制权的自然人或法人。个别国家有关转基因生物的立法已将经营者的概念扩大到转基因生物的警示者、使用者、生产者、进口者、运输者以及设施拥有者等。如挪威的《基因技术法》规定,生产或使用该法所定义的改性活生物体的人负有主要的赔偿责任,根据该法有义务提供信息或者获得许可的人可能会承担赔偿责任。如果在运输过程中转基因生物被无意释放,那么运输者有义务立即采取补救措施,但采取相关措施的费用应当由转基因生物的所有者或者托运者承担。①

瑞士的《非人类基因技术联邦法草案》针对赔偿责任人规定了复杂的规则。如果为了促进农业或林业发展而将转基因生物引入市场,以下经营者将负有赔偿责任:(1)首先将这种生物引入市场的生产者;(2)如果这种生物是通过进口进入瑞士的,那么进口者以及在国外首先将这种生物引入市场的生产者应当承担连带赔偿责任;(3)进口这种生物供自己使用的公司或者设施的所有者与生产者应当承担连带赔偿责任。此外,保留对以不适当方式处理这种生物或以其他方式造成损害或扩大损害的自然人或法人的求偿权。瑞士联邦、各州以及市镇也有可能承担赔偿责任。②

一般说来,对于多人经营的转基因生物,从事相关活动的主体共同造成损害后果的,多数国家的法律规定责任人应承担连带赔偿责任。

3.1.2.6 归责原则

对于转基因生物侵权损害,各国大都实行无过错责任(即无过失责任,在英美法中为严格责任)归责原则,即只要造成损害,无论加害人是否具有故意或过失,都应当依法就其所造成的损害承担赔偿责任。如丹麦的《环境损害赔偿法》所列出的所有活动,其负责人均需根据无过错责任原则承担赔偿责任;德国的《基因工程法》注重改性活生物体造成的危险,

---

① 卡塔赫纳生物安全议定书政府间委员会第三次会议执行秘书:《越界转移改性活生物体所致损害的赔偿责任和补救》(2002年4月22日至26日,海牙),第5页。
② 同前注。

对于由基因工程和活动所造成的损害,无论其负责人是否具有过失,都应当承担相应的赔偿责任;挪威的《基因技术法》第 23 节规定,因排放或者有意释放致使改性活生物体进入环境并造成损害、不便或者损失时,对于活动或者工程的负责人而言,无论其是否具有过失,都应当承担赔偿责任。① 此外,根据《关于环境损害预防与救济责任的指令》(2004/35/EC),因转基因生物研发、释放、利用和运输等活动而对受保护物种及其栖息地、水资源、土地造成损害或威胁的,相关业者应依该指令以及其所在国的相关规定,承担预防和救济相应环境损害的法律责任。如果活动已取得主管机构批准,且当事人能够证明自己对造成环境损害或者威胁并无过错或过失,其赔偿责任应予免除。②

在美国,转基因作物花粉污染案件中的被告通常是转基因作物的种植者和转基因种子的生产者、销售者。邻接转基因作物种植区的非转基因作物种植者往往认为,其作物可能会因花粉漂移而受到转基因作物的不利影响,但种子公司仍然在未披露此类信息的情况下出售其转基因种子,应被视为具有"不合理危险"之行为,须按照严格责任原则承担相应的赔偿责任。③

3.1.2.7 因果关系和举证责任

在无过错责任原则下,证明转基因生物相关活动与损害结果之间的因果关系十分关键。丹麦的《环境损害赔偿法》要求"足够的因果关系";在加拿大,原告须通过评估各种概率证明其诉讼请求;在芬兰,原告只有在证实转基因生物相关活动与损失之间很可能存在因果关系时才能获得损害赔偿。④

但是,转基因生物所致损害的因果关系可能难以确立,因为它们与接

---

① 卡塔赫纳生物安全议定书政府间委员会第三次会议执行秘书:《越界转移改性活生物体所致损害的赔偿责任和补救》(2002 年 4 月 22 日至 26 日,海牙),第 6 页。

② Article 8, Directive 2004/35/CE of the European Parliament and of the Council of 21 April 2004 on Environmental Liability with regard to the Prevention and Remedying of Environmental Damage, 载 http://eur-lex.europa.eu,最后访问日期:2009 年 7 月 13 日。

③ Christopher P. Rogers, "Liability for the Release of GMOs into the Environment: Exploring the Boundaries of Nuisance", *Cambridge Law Journal*, 62(2), July 2003, pp. 371—402;陈烈夫、吕秀英等:《转基因作物安全性风险评估的程序与方法》,载《科学农业》(台湾地区)2004 年第 5 期,第 120—130 页。

④ 卡塔赫纳生物安全议定书政府间委员会第三次会议执行秘书:《越界转移改性活生物体所致损害的赔偿责任和补救》(2002 年 4 月 22 日至 26 日,海牙),第 6 页。

收环境的相互作用非常复杂,而且所涉及的时间也可能会产生影响。为了克服这个难题,奥地利采取了举证责任倒置的做法,即除非被告能够证明不存在因果关系,推定因果关系存在。对此,奥地利的《基因工程法》规定:"如果被控制使用或有意释放的改性活生物体可能造成损害,那么就可以假定是该改性活生物体改变遗传基因后的特点所造成的损害。为了反驳这种假定,被告必须证明,这种损害很可能不是改性活生物体改变遗传基因后的特点(或与改性活生物体其他有害特点一起)造成的。"德国的《基因工程法》也采取了类似办法,在转基因生物造成损害时,先推定基因工程活动给这些生物体带来的特性造成了这种损害。但是,如果这种损害有可能是这些生物体的其他特性造成的,这种假定就不成立。通过反驳推定的规定,减轻了受害人对因果关系的举证责任。[①]

此外,奥地利的《基因工程法》和德国的《基因工程法》都规定,责任人有义务向受害人提供有关转基因生物的特征和负面影响的资料,提供有关基因工程活动或释放活动所采取步骤的资料。这样也有利于减轻受害人的举证负担。[②]

3.1.2.8 赔偿责任的免除或者减轻

对转基因生物损害赔偿实行无过错责任原则的国家大都允许有限的赔偿责任豁免,这些豁免所涉及的通常是超出经营者控制能力的事件和情形所造成的损害。例如,奥地利的《基因工程法》规定,在下列情形下免除经营者的赔偿责任:(1)军事冲突、内战和自然灾害;(2)未参与控制使用或有意释放转基因生物活动的第三方故意造成的损害;(3)根据法律规定、指示或者胁迫措施采取的行动。在丹麦,第三方或者受害人的非法侵入、默许或过失将减少或者完全消除赔偿责任,执行公共当局的行政命令也是赔偿责任的豁免情形,但事先获得行政许可并不一定排除赔偿责任。在挪威,即使是合法活动造成的意料之外的损害,加害人也应当承担相应的赔偿责任。[③]

[①] 卡塔赫纳生物安全议定书政府间委员会第三次会议执行秘书:《越界转移改性活生物体所致损害的赔偿责任和补救》(2002年4月22日至26日,海牙),第6—7页。
[②] 同前注文,第8页。
[③] 同前注文,第6页。

而在英美法下,转基因作物花粉污染①诉讼中的被告往往会辩称:由花粉漂移所导致的交互授粉现象本来就超出了双方的控制能力,再加上农业以及环境因素的介入,无法有效避免;此外,交互授粉现象比较常见,虽有一定的防范方法,但无法实现百分之百的绝对控制,因而在大规模的转基因作物生产中,自然很难保证常规品种中不含有少量的转基因成分。在实践中,种子公司的这种辩护可能会成功。②

3.1.2.9　损害赔偿责任的数额限制与保障措施

考虑到责任人的经济预测性、投保能力及其所承担的较为严格的责任形式,部分国家的立法明确了损害赔偿责任的数额限制。如德国法律规定,每次事件赔偿责任数额的上限为 81800000 欧元。此外,为了给受害人提供及时、充分的赔偿,有些国家的法律要求经营者购买责任保险或者采取其他财务保障措施。例如,奥地利的《基因工程法》规定,从事 3 级(大规模)和 4 级生物安全控制使用以及有意释放转基因生物之活动,需要购买公共赔偿责任保险;澳大利亚基因技术监管专员为从事转基因生物相关活动者颁发许可证,要求其为获得许可的活动可能导致的人类健康、财产及生态环境方面的损害购买足够的保险;德国的《基因工程法》规定,对于转基因生物可能造成的任何损害,经营者有义务保证提供赔偿;瑞士的《非人类基因技术联邦法草案》规定,为了保护受害人,联邦委员会可以作出以下决定:(1)要求经营者通过保险或者其他形式担保其具有赔偿能力;(2)具体规定担保的程度和时限;(3)要求担保赔偿能力者就相关担保的存在、中止或者终止向执法机构报告;(4)要求只能在收到上述报告 60 天后才可中止或者终止担保。③

3.1.2.10　损害的行政救济

许多国家的立法都建立了处理转基因生物侵权损害救济问题的行政机制。行政主管当局往往具有颁发许可证和检测等权力,不仅可以控制相关活动,而且可以命令责任人采取补救行动或者自己进行处理并索赔

---

① 转基因作物通过交叉传粉等途径使外源基因进入非转基因作物的现象。
② Christopher P. Rogers, "Liability for the Release of GMOs into the Environment: Exploring the Boundaries of Nuisance", *Cambridge Law Journal*, 62(2), July 2003, pp.371—402.
③ 卡塔赫纳生物安全议定书政府间委员会第三次会议执行秘书:《越界转移改性活生物体所致损害的赔偿责任和补救》(2002 年 4 月 22 日至 26 日,海牙),第 7—8 页。

相应费用,以保护和恢复受破坏或损害的生态环境以及其他的利益与状态。例如,依据澳大利亚的《基因技术法》,基因技术监管专员享有广泛的调查等权力,可以采取措施避免已经迫在眉睫、可能造成他人死亡、严重疾病、严重伤害或造成生态环境严重损害的危险,而造成这种危险者应当赔偿所采取措施的费用;在挪威,行政当局可以命令责任人在特定期限内收回转基因生物或者采取其他措施消除这些转基因生物,包括采取措施,尽可能使生态环境恢复到以前的状态;比利时也制定了各种行政条例,以保证进行有效处理。这些制度大都依赖公共当局发出强制性恢复命令等方式来实现转基因生物侵权损害救济,较少依赖诉讼。①

3.2 对转基因生物侵权损害客体与归责原则的思考

3.2.1 损害客体的特殊性

转基因生物不但可能对人们的财产、健康和生命等私人性利益造成损害,也可能对生态系统、公众健康和粮食安全等重大公共利益造成损害。这就要求建构不同于以私益保护为根本使命的传统侵权法,能够适应私益保护与公益保护之共同需要的转基因生物侵权法律制度。

以转基因农作物为例,如果进行不当的环境释放,周边常规农作物的基因受到污染,通常会对该常规农作物的种植者造成私人性的财产损失。导致这种现象的直接原因是,在目前的市场状况下,转基因作物及其产品并没有被消费者普遍接受,常规农作物被转基因农作物污染后,其种植者原来的市场预期就无法实现,从而造成私人性的财产损失。由此不难理解,尽管常规农作物的管理成本往往比转基因农作物高,但很多农户还是倾向于种植非转基因的常规农作物。

值得注意的是,除此私人性财产损失之外,还可能造成公共利益损害。这是因为,被转基因农作物污染了的常规农作物,一方面是种植者个人的财产,但在另外一个方面,由于农作物种质资源多样性的维持和发展正是建立在许许多多常规农作物的天然生存状态之上的,这些常规农作物所含的天然遗传物质就又具有了显著的公共属性和价值。这样,当这

---

① 卡塔赫纳生物安全议定书政府间委员会第三次会议执行秘书:《越界转移改性活生物体所致损害的赔偿责任和补救》(2002年4月22日至26日,海牙),第8页。

些常规农作物被污染后,种植者个人的经济损失固然需要赔偿,但是对作为公共利益的遗传资源的损害,转基因农作物经营者应当承担怎样的责任?他们是否具有能力来单独承担这些责任?假如转基因农作物的释放造成超级杂草的产生,导致生态灾难,那么仅仅由转基因作物的释放者来承担,是否适当?建立怎样的法律制度和机制才能够有效地保护这些公共利益?这些都是制定和完善转基因生物侵权法律制度时不能回避的问题,需要借鉴发达国家的相关经验,在现有民事侵权法、产品责任法以及环境损害赔偿法中相关制度的基础上,制定专门的转基因生物安全法或者基因技术法,并在其中建立无过错责任归责原则、责任保险或财务保障制度以及损害的行政救济机制等,健全和完善转基因生物侵权责任制度。

3.2.2 归责原则[①]

环境侵权作为特殊侵权形态之一,普遍适用无过错责任原则,这在国内外立法中已成通例。而所谓无过错责任,是指无论行为人有无过错,法律规定应当承担民事责任的,行为人就要对其行为所造成的损害承担民事责任。[②]

有学者认为,之所以对环境污染侵权适用无过错责任原则,首先是因为环境污染行为即使尚未造成对他人合法权益的损害,也包含着造成损害的极大可能性;其次,就加害人与受害人的实际状况来看,加害人往往总是处于优势地位;再次,适用该原则有利于强化污染者的法律责任,促使其履行环境保护义务,严格控制和积极治理污染。[③]

在无过错责任原则之下,一般认为,环境侵权的构成要件包括:(1)侵权行为造成损害;(2)侵权行为的违法性;(3)侵权行为和损害之间存在因果联系。[④] 但随着相关理论研究的逐渐深入,越来越多的学者认为不应该将违法性作为环境侵权的构成要件。[⑤] 这是因为,在经济社会的发展过程中,环境污染具有不可避免性,人们必须容许排污行为的存在,并通

[①] 金峰:《转基因生物侵权法律问题研究》,清华大学法律硕士专业学位论文(2005),第30—35页。
[②] 王利明:《民法·侵权行为法》,中国人民大学出版社1993年版,第136页。
[③] 张新宝:《中国侵权行为法》,中国社会科学出版社1998年版,第57页。
[④] 王利明、杨立新编著:《侵权行为法》,法律出版社1996年版,第284页。
[⑤] 张新宝:《中国侵权行为法》,中国社会科学出版社1998年版,第14页。

过制定法律和标准将污染控制在"可忍受的限度之内"。只要排污行为不超过规定的标准和要求，就可以获得政府许可，表明其不属于"违法行为"，不存在道德上的可非难性。但政府颁发排污许可并不意味着该排污行为不会造成侵权损害，更不意味着污染者在损害他人权益时可以免于赔偿。也就是说，遵守排污要求和标准，只是表明排污者不应受行政法和刑法上的制裁，而不能成为其在民法上的免责理由。如果不排除违法性要件，环境侵权者完全可以基于排污行为的合法性否定自己的道义责任，进而否定自己的民事责任。①

就转基因生物而言，从实验室研究、大田实验到商业化开发利用，都应经过科学、严格的安全评价；在其整个生命周期的各个阶段，都应有相应的跟踪、监控和其他管理措施。因此，如果经营者没有经过主管机构的许可，私自经营转基因生物，或者没有根据行政许可的要求和标准管理转基因生物，从而造成基因污染或其他损害的，无疑构成侵权行为，情节严重的还可能承担行政甚至刑事责任。但是，如果经营者获得了转基因生物主管机构的许可，并且已经按照许可文件的要求尽到了管理义务，但仍然造成了基因污染或其他损害，是否应当承担相应的侵权责任呢？

如果基于环境侵权理论，在此种情况下，转基因生物经营者应当承担侵权责任。因为根据无过错责任原则，只要经营者因转基因生物造成基因污染或其他损害，无论其是否进行了认真的管理、是否具有过错，都不影响侵权行为的成立。此外，按照将违法性从环境侵权构成要件中排除的观点②，经营者获得转基因生物主管机构的许可也不能成为其免于承担赔偿责任的理由。

但上述论断忽略了一些关键问题，特别是转基因生物所致基因污染和传统环境污染之间的区别以及加害人对其所从事的经营活动的认识和

---

① 周珂、杨子蛟：《论环境侵权损害填补综合协调机制》，载《法学评论》2003年06期，第34页；钱水苗：《污染环境侵权行为民事责任的特点》，载《杭州大学学报》(社会科学版)2000年第2期，第45—48页。
② 根据我国《民法通则》第124条的规定，污染环境的行为应当是"违反国家保护环境防止污染的规定"的行为。而《环境保护法》第41条第1款规定"造成环境污染危害的，有责任排除危害，并对直接受到损害的单位或者个人赔偿损失"。有学者认为，《环境保护法》此款的规定不把行为违法性作为环境侵权的要件。

控制能力。

实际上,基因污染(Genetic Contamination)是指转基因生物中的外源基因通过有性生殖过程扩散到其他生物或自然界野生物种,并成为后者基因的一部分[①];而传统污染则是指由于生产、生活、科研及其他活动而向人类生存环境排放废水、废气、废渣、粉尘、放射性物质、有毒物质、噪声以及其他有害因素的活动。[②] 二者的主要区别是:

第一,就污染的后果来说,传统环境污染对生态环境、公众健康和财产的危害大都是确证的,而转基因生物的安全性至今还没有定论。

第二,人力对相关损害所能达到的认识和控制能力不同。一般说来,人们对传统环境污染问题的知识和经验较为丰富,应对能力较强,但转基因生物所致基因污染以及其他侵害行为的机理非常复杂,存在很多理论上的疑点,人类的认识和控制能力较为贫弱。

无过错责任原则的本质在于根据分配正义的理念对"不幸损害"进行合理分配,其基本依据和理由是:(1)特定企业、物品或者设施的所有人、持有人制造了危险的来源;(2)在某种程度上仅该所有人或持有人能够控制这些危险;(3)获得利益者,应负担责任;(4)因危险责任而生的损害赔偿,得经由商品和服务的价格机能及其责任保险制度等予以分散。[③] 而上述诸点的核心在于,特定企业、物品或者设施的所有人或持有人对其经营行为所致危险具有控制和处理能力。

从历史上看,环境污染侵权归责原则由过错责任原则转变为无过错责任原则,是科技、经济与社会发展水平达到一定程度的必然要求:首先,随着科学技术和工业化生产的发展,环境污染越来越严重,人们不得不采取比过错责任原则更加公平、合理、严格和有效的法律对策,加强对污染受害人的保护;其次,污染者具备了认识和控制其所致污染的能力。前者强调了实行无过错责任原则的必要性,后者则强调实行无过错责任原则的重要前提是污染者具有足够的经验和知识,自己有能力认识和控制其

---

① Michael Cardwell, "The Release of Genetically Modified Organisms into the Environment: Public Concerns and Regulatory Responses", *Environmental Law Review*, 2003(4), p.156.
② 陶希晋:《中国民法学:民法债权》,法律出版社1995年版,第514页。
③ 王泽鉴:《侵权行为法:基本理论、一般侵权行为》,中国政法大学出版社2002年版,第17页。

第四章 转基因生物侵权责任探讨

污染行为。① 实际上,很多人都强调污染的严重化和加强受害人保护共同催生了环境侵权无过错责任原则,却忽视了污染者对其所致危害的控制能力增强是该原则得以确立和实施的必要条件之一。

从理论上言,对于传统环境污染,由于污染者对其污染行为具有较强的控制力,只要严格遵守操作规程和相关规定,污染是可以避免的,因此采用无过错责任原则不仅可以加强对受害人的保护,而且还可以强化污染者的法律责任,促使其履行环境保护义务。

对于普通民众,特别是农民而言,转基因生物所致基因污染及其他侵害是难以预测和控制的现象,如果完全适用无过错责任原则,可能会导致作为主要种植人的农民疏于对其转基因农作物的管理,因为在这种侵权制度框架下,无论其是否尽到了谨慎管理义务,只要损害结果发生,就必须承担侵权责任。而转基因生物所致基因污染及其他侵害的许多机理到现在为止还不为人们所知,即便尽到完全的谨慎管理义务,仍然可能发生基因污染或者其他损害后果。鉴于农民对转基因农作物所致基因污染及其他危害的认识和控制能力非常有限,其预防义务应当止于种植许可证所要求的措施。农民依法尽到了相应的管理义务,仍然要求其承担侵权责任,并不是一种合理、适当的法律制度设计。

综上可知,对转基因生物所致基因污染以及其他权益侵害现象进行评价,应当与传统环境污染问题适当区分开来;随着转基因技术的发展,人们对转基因生物所致基因污染及其他侵害的了解不断深化,只有在经营者具备了对相关危害的认识和控制能力的条件下,才可适用无过错责任原则,否则是不合理的。

基于此,并借鉴其他国家相关立法和实践的经验,构建我国转基因生物侵权归责原则和相应制度措施应当遵循以下思路:(1)根据转基因生物经营者的地位和实力分别采取两种不同的归责原则,原则上要求转基因生物的经营者,特别是转基因种子和转基因食品的供应商、进口商、销售商等对转基因生物所致侵权损害承担无过错责任,并采取相应的责任保障措施,获得政府许可并不免除其赔偿责任;作为例外,对于转基因作物的种植者,特

---

① Sunkin Mauric, *Sourcebook on Environmental Law*, London: Cavendish, 2000, pp.54—57.

别是农民,则仍然实行过错责任原则。这样,一方面可以促进对转基因生物有较强的认识和控制能力的经营者在符合许可条件的前提下采取更加严格和有效的风险防范措施,加强对私人利益以及社会公共利益的保护,另一方面也有利于促使转基因作物种植者依照许可和相关规定谨慎地管理其转基因作物。(2)应当考虑建立转基因生物侵权损害赔偿责任的社会化承担模式,如设立转基因生物损害赔偿基金或者实行责任保险等。

只有这样,才能在转基因技术和产业发展以及他人利益和社会公共利益的保护方面取得一定的平衡:一方面有利于保障本国转基因生物产业的良性发展、激励转基因技术应用于农业、维持转基因食品适当的市场地位;另一方面有利于尽可能地确保私人利益、国家利益和社会公共利益免受来自转基因技术及其产物的侵害。实际上,转基因生物的环境释放和产品销售等原则上都需要得到政府主管机构的许可,而此类许可是建立在风险评价的基础之上的,本身就是对相关风险和利益的平衡。

四、结　论

以上选取终止子技术、转基因食品标识和转基因生物所致基因污染作为代表性实例,分别从法理和法律实证的角度对其进行分析,并且根据我国的实际情况,提出了以下观点或者建议:(1)终止子技术作为维护育种者自身权益的技术措施,在我国目前的法律框架内,并不构成对以留种权为核心的农民权的侵害;(2)转基因食品经营者对含有转基因成分的食品不进行标识,如果该食品在强制标识目录之内,则直接构成对消费者知情权的侵害;如果该食品在强制标识目录之外,则不构成侵权;(3)转基因生物所致基因污染以及其他权益侵害具有自己的特点,有别于传统环境污染侵权,应当根据转基因生物经营者的地位和实力分别采取不同的归责原则:原则上要求转基因生物的经营者,特别是转基因种子的供应商、进口商、销售商等对转基因生物所致侵权损害承担无过错责任,并且应当依法采取责任保险、赔偿基金等责任保障措施,获得政府许可并不免除其民事赔偿责任;同时,作为例外,对于转基因作物的种植者,特别是农民,则仍然实行过错责任原则。

第五章 转基因生物安全国际立法

引　言

20世纪七八十年代以来,随着转基因技术的产生和商业化应用,世界各国纷纷建立自己的生物安全立法和监管体制,以便保护人类和自然环境免受基因工程活动可能带来的危害,并为现代生物技术的研发、应用和协调发展建立法律框架。与此同时,部分国家特别是发达国家希望通过这种监管保护本国市场,对国外转基因产品的进入设立一定限制,而广大发展中国家普遍缺乏有关转基因生物安全监管的知识和能力。[①]

各国在生物安全监管方面的不平衡,势必对转基因生物及其产品的国际贸易以及其他越境转移产生不利影响,并可能对发展中国家的生态环境和公众健康造成严重威胁。因此,有必要加强有关转基因生物安全评价及监管的国际交流与协调。

但是,由于各国在自然环境、经济和技术发展水平方面差异很大,其对生物安全监管的重视程度和出发点也各不相同,建立为大多数国家所接受的统一的转基因生物安全监管制度和标准非常困难。尽管如此,某些生物安全监管原则,如以人类和环境安全为首要目标、科学评价、支持和鼓励生物技术的应用和发展、各国的生物安全监管应协调发展、努力建立地区性和国际性的统一标准等,已经获得国际社会的普遍认可。[②]

在建立转基因生物国际立法的过程中,国际组织作了很大努力,起到了关键性的推动作用。经济合作与发展组织(OECD)分别在1986年和1992年发布了有关重组DNA和生物技术安全问题的文件,重点关注风险评价标准和生物多样性保护。联合国工业发展组织(UNIDO)、联合国环境规划署(UNEP)、世界卫生组织(WHO)以及联合国粮农组织(FAO)等

[①] 付宝荣等主编:《生态环境安全和管理》,化学工业出版社2005年版,第71页。
[②] 薛达元主编:《转基因生物风险与管理》,中国环境科学出版社2005年版,第212—218页。

也致力于建立统一的生物安全国际法框架。①

1992年,联合国环境与发展大会通过了《21世纪议程》,该议程强调在增加粮食、饲料和可再生原料供应以及增进人类健康等领域加强国际商定的原则和规则,以确保对生物技术的无害环境管理、在公众中建立信任和信心、促进生物技术的可持续应用、建立适当的能力培养机制,在发展中国家尤其应当如此。②

从1994年起,联合国环境规划署和《生物多样性公约》秘书处就开始组织起草生物安全议定书。2000年1月,《卡塔赫纳生物安全议定书》获得通过,2003年9月11日,该议定书生效。这极大地促进了转基因生物安全立法与管理实践在全球范围内的发展。

一、经合组织与转基因生物安全

经济合作与发展组织,简称经合组织(OECD),是由30个市场经济国家组成的政府间国际经济组织,旨在共同应对全球化带来的经济、社会和政府治理等方面的挑战,并把握全球化带来的机遇。该组织以平等的监督作为有效的激励手段来促进政策的进步,执行的是"软法"而非强制性的规范,有时也可以促成正式的协议或条约。在这种工作机制下,各国政府可以相互比较政策实践,寻求共同问题的解决方案,甄别出良好的措施和协调的国内、国际政策。③

仅就现代生物技术的发展走向及其影响而言,发达国家内部仍存在诸多争议。因此,各国在生物技术相关政策的协调方面有不少困难。

实际上,早在1982年,经合组织就开始对生物技术问题进行探讨,发表了题为《生物技术:国际趋势与观点》的研究报告,并在其中列举了生物技术衍生品所涉及的安全议题。④ 其后,经合组织成员国开始针对与生物

---

① 张献龙等编:《植物生物技术》,科学出版社2004年版,第343页。
② 《21世纪议程》第16章"对生物技术的无害环境管理",载http://www.un.org,最后访问日期:2009年7月5日。
③ 《关于OECD》,载http://www.oecdchina.org,最后访问日期:2009年7月6日。
④ OECD, Biotechnology: International Trends and Perspectives, by Alan T. Bull, 1982,载http://www.oecd.org,最后访问日期:2009年7月8日。

技术相关的安全问题研究和制定相应的国内监管立法。

1993年,经合组织发表了题为《现代生物技术衍生食品的安全评价:概念与原则》①的报告,倡议设立生物技术安全国家专家组(Group of National Experts on Safety in Biotechnology)及食品安全与生物技术工作组(Working Group on Food Safety and Biotechnology)。其后,工作组提出将实质等同性原则作为转基因食品安全评价的基本原则。②

必须强调的是,作为发达国家之间重要的沟通与协调机制,经合组织不寻求在某些领域内建立一致适用的规则。正因为如此,该组织所提出的转基因食品安全评价原则并不具有强制性,而是仅供成员国在制定各自的国内评价标准和方法时参考的"软法"。

在一定程度上,实质等同性原则已成为对抗风险预防原则的主要工具之一。这是因为,风险预防原则表明,在没有获得完全的科学确证之前,应推定转基因生物及其产品是不安全的;而实质等同性原则开辟了另外一条道路,不讨论转基因食品是否绝对安全,而是论证其与现有的、被认为具有安全性的传统食品间的差异,没有差异的转基因食品就被认为是"相对安全"的。可以说,如果没有实质等同性原则这一方法论上的创新,转基因生物及其产品在国际农产品市场上就会寸步难行。

二、联合国粮农组织与转基因生物安全

联合国粮农组织(FAO)一直致力于提高农业生产率和营养水平,改善乡村人口的生活,促进世界经济的发展,解决发展中国家特别是最不发达国家的饥饿问题,确保人们能够正常获得过积极健康的生活所需的足够的优质食品,实现人人粮食安全。③ 生物技术的发展及其对全球农业的影响自然也是该组织高度关切的事项之一。

鉴于转基因食品安全监管的重要性,联合国粮农组织与世界卫生组

---

① OECD, Safety Evaluation of Foods Derived by Modern Biotechnology—Concepts and Principles, 1993, 载 http://www.agbios.com, 最后访问日期:2009年7月5日。
② 薛达元主编:《转基因生物环境影响与安全管理——南京生物安全国际研讨会论文集》,中国环境科学出版社2006年版,第98—104页。
③ 《粮农组织的使命》,载 http://www.fao.org, 最后访问日期:2009年7月5日。

织(FAO/WHO)联合专家组于1992年制定了生物技术衍生食品的安全性评价原则和政策,着重强调安全性评价应以科学为依据,对已通过安全性评价并获准用于消费的转基因食品应进行有计划的使用后人群健康监测等。①

2000年3月,国际食品法典委员会生物技术衍生食品特设政府间工作组(Codex Alimentarius Commission Ad Hoc Intergovernmental Task Force on Foods Derived from Biotechnology)提出了其对生物技术的正式立场:"生物技术为农业、渔业、林业以及食品加工业的持续发展提供了强有力的手段。当生物技术与其他技术适当结合以生产食品、农产品及提供服务时,能够大大有助于满足下一个千年不断增加和日益城市化的人口的需要。"②

综合看来,粮农组织认为基因工程有助于提高农业、渔业和林业的产量及其生产力之潜力,可以使不能生产足够粮食以养活其人民的国家提高产量。③ 同时,该组织也意识到需要关注某些生物技术带来的风险,特别是对人畜健康及生态环境的影响。④

粮农组织支持以科学为依据的风险评价系统。这需要采取一种谨慎的、逐项进行的方法来处理转基因生物及其产品释放可能导致的生物安全等问题,对生物多样性、生态环境和食品安全可能受到的影响以及相关利益超过其风险的程度进行评价。而在这些转基因生物及其产品释放之后,则需要对其具体影响进行跟踪监测,以确保人类、动物和生态环境的持续安全。⑤

粮农组织帮助其成员国,特别是发展中国家在农业、渔业和林业领域应用生物技术,提供相关技术信息和援助,并对全球主要新技术发展问题进行社会、经济和环境分析。它还与世界卫生组织合作,共同为国际食品法典委员会提供秘书处。该委员会正在考虑生物技术衍生食品的标识问

---

① FAO, GM Food Safety Assessment,载 http://www.fao.org,最后访问日期:2009年7月5日。
② FAO, FAO Statement on Biotechnology, 载 http://www.fao.org,最后访问日期:2009年7月5日。
③ 同前注。
④ 刘谦、朱鑫泉主编:《生物安全》,科学出版社2001年版,第213页。
⑤ 朱守一:《生物安全与防止污染》,化学工业出版社1999年版,第61—65页。

题,以便使消费者能够在知情的情况下作出选择。①

三、《生物多样性公约》②与转基因生物安全

3.1 《生物多样性公约》的产生背景与基本目标

地球上的生命已经存在了35亿年。随着自然界的演化,曾经产生过千百万种生物,但在某些时期,重大的地质变化或其他自然灾害导致大量物种在比较短的时间内灭绝。人类活动也大大改变了生物进化的过程,加快了遗传多样性丧失、物种灭绝、生态系统退化和瓦解的速度,直接或间接地破坏着人类自身的生存基础。③

鉴于生物多样性④正遭受越来越严重的威胁,自20世纪80年代以来,国际社会普遍关注生物多样性保护和生物资源的可持续利用,并将生物多样性列为全球环境保护的热点问题之一。早在1984年,世界自然保护同盟(IUCN)就召开大会,探讨建立以保护生物多样性为主题的国际公约的可能性。1987年,联合国大会通过决议,确定由联合国环境规划署(UNEP)组织制定一项旨在保护世界生物多样性的法律文件。经过5年的艰苦工作和谈判,1992年5月召开的政府间谈判会议就《生物多样性公约》文本达成了一致。1992年6月,在巴西里约热内卢召开的联合国环境与发展大会通过了该公约。

《生物多样性公约》包括序言、正文(42条)和两个附件,涉及生物多样性战略与行动计划、生物多样性查明与检测、就地保护、移地保护、生物多样性组成部分的可持续利用、鼓励措施、研究和培训、公众教育和意识、影响评价和尽量减少不利影响、遗传资源的获取和惠益共享、技术的取得

---

① FAO, GM Food Safety Assessment,载http://www.fao.org,最后访问日期:2009年7月5日。
② 《生物多样性公约》,载http://www.china.com.cn,最后访问日期:2009年7月5日。
③ 王伯荪、王昌伟等:《生物多样性刍议》,载《中山大学学报》(自然科学版)2005年第6期,第68—70页。
④ 根据《生物多样性公约》第2条第1款,生物多样性是指"所有来源的活的生物体中的变异性,这些来源除其他外包括陆地、海洋和其他水生生态系统及其构成的生态综合体;这包括物种内、物种之间和生态系统的多样性"。概言之,生物多样性包括遗传多样性、物种多样性和生态系统多样性三个层次的内容。

和转让、信息交流、技术与科学合作、生物安全等内容。① 该公约第一次将生物遗传资源保护纳入国际法,第一次将生物多样性保护作为人类共同的关切。② 公约的三大基本目标是:保护生物多样性、持续利用其组成部分以及公平合理地分享由遗传资源利用而产生的惠益。③

3.2 转基因生物安全与生物多样性保护

当《生物多样性公约》获得通过时,转基因生物及其产品正进入产业化开发利用的初期阶段,人们对其可能带来的生态和健康风险的认识尚不充分,大多是把转基因生物安全问题当作和外来生物入侵相类似的现象来看待。因此,该公约的文本并未明确提到"生物安全"的概念,而只是要求各缔约方"制定或采取办法以酌情管制、管理或控制由生物技术改变的活生物体在使用和释放时可能产生的危险"④,并"考虑是否需要一项议定书,规定适当程序,特别包括事先知情同意,适用于可能对生物多样性的保护和可持续利用产生不利影响的由生物技术改变的任何活生物体的安全转让、处理和使用,并考虑该议定书的形式"⑤。

实际上,与外来生物入侵相比,转基因生物的环境释放可能会对生物多样性造成以下两个方面的显著危害:第一,转基因生物是人们通过现代生物技术对优良性状进行精确定位、选择和纯化而得到的,在自然选择过程中比一般常规物种更具竞争优势。如果说外来物种入侵在本土物种占优势的地域不会发生,那么转基因生物对常规物种的生存压迫可以在任何地域发生,而本土物种的衰退是生物多样性破坏的重要表现和原因。第二,携带有外源基因的转基因生物,在很多情况下可以和近缘野生种杂交,直接污染和改变野生种的遗传属性。一旦近缘野生种具有杂草化倾向,就会造成次级甚至多级的生物多样性危害效应。⑥ 此外,转基因生物

---

① 《生物多样性公约》第 6—18 条。
② 徐海根、王健民等主编:《〈生物多样性公约〉热点研究:外来物种入侵.生物安全.遗传资源》,科学出版社 2004 年版,第 3—5 页。
③ 《生物多样性公约》第 1 条。
④ 《生物多样性公约》第 8 条(g)款。
⑤ 《生物多样性公约》第 19 条(3)款。
⑥ 张振钿、黄国锋:《基因污染与生态环境安全》,载《生态环境》2005 年第 6 期,第 987—989 页。

及其产品还可能直接带来健康风险。

随着人们对转基因生物和自然环境之间相互关系的了解不断深入,转基因生物所带来的一系列问题,特别是越境转移过程中的安全监管问题开始受到高度重视。从1994年起,国际社会着手研究和制定生物安全议定书。经过6年的谈判,在2000年1月,《卡塔赫纳生物安全议定书》获得通过。从该议定书的文本来看,其视角并不限于生态环境,还涉及健康、市场准入等重要内容。

四、《卡塔赫纳生物安全议定书》[①]相关问题

在国际法层面上,转基因生物安全法律制度主要体现在隶属于《生物多样性公约》的《卡塔赫纳生物安全议定书》之中。该议定书以改性活生物体(Living Modified Organism)的越境转移之规制为主要内容,在生物安全国际法体系中居于核心地位。

4.1 《卡塔赫纳生物安全议定书》的产生背景

针对改性活生物体的转让、处理和使用,《生物多样性公约》要求各缔约方考虑是否需要一项议定书,规定适当的程序。[②] 这是生物安全议定书得以产生的重要制度基础。

而公约秘书处在对当时的生物安全状况进行调查时发现,虽然生物科技发展迅速,但有关转基因生物安全的制度和实践比较贫乏;已有的相关法律主要规范国内生物技术的研发、应用与政府管理活动,很少涉及转基因生物及其产品的越境转移和过境;不同国家在生物技术和产业发展方面存在着严重的不平衡性,大多数发展中国家缺乏监管转基因生物及其产品所必需的能力。[③]

发展中国家的生物多样性大都非常丰富,如果来自他国(主要是发达

[①] 《卡塔赫纳生物安全议定书》,载 http://www.un.org,最后访问日期:2009年7月9日。
[②] 《生物多样性公约》第19条(3)款。
[③] 徐海根、王健民等主编:《〈生物多样性公约〉热点研究:外来物种入侵.生物安全.遗传资源》,科学出版社2004年版,第18—25页。

国家)的转基因生物及其产品在这些缺乏相应监管能力的国家境内失控,对生物多样性的损害可能会非同寻常。因此,发展中国家普遍希望通过生物安全国际协议建立转基因生物及其产品越境移转的监管机制,增强自身应对生物安全问题的能力。而发达国家主要基于对转基因生物及其产品国际贸易的考虑,也对此类议定书极为关注。① 可以说,《卡塔赫纳生物安全议定书》主要是由发展中国家以及其他转基因生物及其产品进口国推动而形成的。

4.2 《卡塔赫纳生物安全议定书》的主要内容

4.2.1 目标

依循《关于环境与发展的里约宣言》原则15所订立的风险预防方法,协助确保在安全转移、处理和使用凭借现代生物技术获得的、可能对生物多样性的保护和可持续利用产生不利影响的改性活生物体领域内采取充分的保护措施,同时顾及对人类健康所构成的风险并特别侧重越境转移问题。②

4.2.2 适用范围

《卡塔赫纳生物安全议定书》适用于可能对生物多样性的保护和可持续利用产生不利影响的所有改性活生物体的越境转移、过境、处理和使用,同时亦顾及对人类健康构成的风险③,但由其他有关国际协定或组织予以处理的、用作人类药物的改性活生物体的越境转移除外。④

4.2.3 事先知情同意程序

事先知情同意程序是生物安全国际立法中的核心制度,应在拟向进口缔约方的环境中引入改性活生物体的首次有意越境转移之前予以适用。⑤ 但该制度不适用于拟直接用作食品、饲料或用于加工的改性活生物体的有意越境转移,不适用于经该议定书缔约方大会的一项决议认定在

---

① 明莉:《转基因生物的国际立法——浅析〈生物安全议定书〉》,载《法制与社会》2007第2期,第78—81页。
② 《卡塔赫纳生物安全议定书》第1条。
③ 《卡塔赫纳生物安全议定书》第4条。
④ 《卡塔赫纳生物安全议定书》第5条。
⑤ 《卡塔赫纳生物安全议定书》第7条(1)款。

第五章 转基因生物安全国际立法

亦顾及对人类健康所构成的风险之情况下不太可能对生物多样性的保护和可持续利用产生不利影响的改性活生物体的有意越境转移①,也不适用于改性活生物体的过境以及拟按照进口缔约方的标准供封闭利用的改性活生物体的有意越境转移。②

该程序包括通知、对收到的通知进行确认、作出决定以及对决定的复审等环节:出口缔约方在对适格的改性活生物体进行首次有意越境转移之前,应通知进口缔约方的国家主管机构或要求出口者确保以书面形式通知进口缔约方的国家主管机构;进口缔约方的国家主管机构应在收到通知后90天内以书面形式向发出通知者确认已收到通知,并在收到通知后270天内向发出通知者及生物安全资料交换所书面通报其所作出的是否准许进口的决定;出口缔约方或发出通知者如认为发生了可能会影响作出此项决定时所依据的风险评价结果的情况变化或又获得了其他相关的科学或技术信息资料,可要求进口缔约方的国家主管机构对上述进口决定进行复审。③

4.2.4 风险评价和管理

《卡塔赫纳生物安全议定书》规定,为了在事先知情同意程序下就改性活生物体的越境转移问题作出决定,进口缔约方应确保进行风险评价,也可要求出口者进行此种风险评价。风险评价应按照该议定书的附件三,以科学合理的方式作出,同时考虑采用已得到公认的风险评价技术。至于风险评价费用,议定书规定进口缔约方有权要求发出通知者承担。④

此外,缔约方有义务制定并保持适当的机制、措施和战略来制约、监管和控制在该议定书的风险评价条款中指明的、因改性活生物体的使用、处理和越境转移而构成的各种风险,并在必要范围内规定须采取以风险评价结果为依据的措施,以防止改性活生物体在进口缔约方领土内对生物多样性的保护和可持续利用产生不利影响,同时亦顾及对人类健康构成的风险。缔约方还应采取适当措施,防止于无意之中造成改性活生物

---

① 《卡塔赫纳生物安全议定书》第7条(2)款、(4)款。
② 《卡塔赫纳生物安全议定书》第6条。
③ 《卡塔赫纳生物安全议定书》第8—12条。
④ 《卡塔赫纳生物安全议定书》第15条。

体的越境转移。这表明缔约方需要建立针对改性活生物体的风险控制与管理系统。①

4.2.5 改性活生物体的处理、运输、包装和标识

缔约方应采取必要措施,确保参照有关的国际规则和标准,对议定书范围内的有意越境转移的改性活生物体,均在安全条件下予以处理、包装和运输:(1)拟直接作食品、饲料或加工之用的改性活生物体应附有单据,明确说明其中"可能含有"改性活生物体且不打算有意将其引入环境之中,并附上供进一步索取信息资料的联络点;(2)预定供封闭利用的改性活生物体应附有单据,明确将其标示为改性活生物体,并具体说明安全处理、储存、运输和使用的要求以及供进一步索取信息资料的联络点;(3)拟有意引入进口缔约方的环境之中的改性活生物体和议定书范围内的任何其他改性活生物体应附有单据,明确将其标示为改性活生物体,具体说明其名称、特征、相关特性、关于安全处理、储存、运输和使用的任何要求以及供进一步索取信息资料的联络点,并酌情提供进口者和出口者的详细名称和地址。此外,议定书缔约方大会应与其他相关的国际机构协商,考虑是否有必要以及以何种方式针对标识、处理、包装和运输诸方面的习惯做法制定标准。②

4.2.6 能力建设

国际社会已充分认识到,发展中国家和经济转型国家普遍缺乏实施《卡塔赫纳生物安全议定书》的人力、资金、技术和制度条件。因此,议定书明确了缔约方在生物安全能力建设方面加强合作的一般性义务,要求各缔约方通过现有的全球、区域、分区域和国家机构及组织,并酌情通过促进私人部门的参与,或采取其他适当方式,协助发展中国家和经济转型国家缔约方,特别是其中的最不发达国家和小岛屿发展中国家逐步建立、加强生物安全方面的人力资源和体制能力,包括所需的生物技术。为此,应根据每一缔约方的不同情况、能力和需要进行合作,包括在生物技术管理以及改性活生物体的风险评价和管理方面提供科学技术培训,并提高

---

① 《卡塔赫纳生物安全议定书》第16条。
② 《卡塔赫纳生物安全议定书》第18条。

生物安全方面的技术和体制能力。①

4.2.7 公众意识和参与

《卡塔赫纳生物安全议定书》要求缔约方酌情与其他国家和国际机构合作,促进关于安全转移、处理和使用改性活生物体的公众教育和参与,力求确保公众能够获得关于可能进口的、根据该议定书确定的改性活生物体的资料。各缔约方应力求使公众知悉可通过何种方式公开获得生物安全资料交换所的信息和资料,并按照各自的法律和规章,在关于改性活生物体的决策过程中征求公众意见,并在不违反保密规定的情况下,向公众通报此种决定的结果。②

4.3 谈判各方的立场

由于各国在生物技术和产业发展水平方面差异较大,再加上议定书的内容涉及生物技术产品的贸易、生物多样性保护及人类健康等敏感问题,各国对议定书谈判都高度重视,争论十分激烈。每个国家都从自己的经济利益、文化背景以及对生物技术和产业的态度出发,强调各自的立场和主张,对议定书的内容存在严重分歧。到1999年2月的卡塔赫纳会议期间,谈判各方逐渐分化成为代表不同观点的五类国家集团。这些集团的基本立场,反映了世界各国对转基因生物及其产品进行规制所持的不同政策倾向。

4.3.1 迈阿密集团(The Miami Group)

该集团的成员国包括美国、加拿大、智利、阿根廷、乌拉圭和澳大利亚。③ 这些国家是主要的转基因种子和转基因农产品出口国,担心议定书规定太严会妨碍其从转基因产品的国际贸易中获得巨大的经济利益。因此,该集团反对因环境保护而导致的贸易保护主义壁垒,要求免除繁琐的官方审批程序,确保转基因生物及其产品的自由贸易。美国作为观察员

---

① 《卡塔赫纳生物安全议定书》第22条。
② 《卡塔赫纳生物安全议定书》第23条。
③ 美国一直未加入《生物多样性公约》,但它是世界上最主要的生物科技发达国家,同时也是转基因农产品出口国中的领导者,因此获得了观察员地位。对于生物安全议定书的制定过程,美国政府及企业界表现出积极参与的态度,主要原因是担心议定书可能阻碍其生物技术与产业的发展。

参与相关会议,其态度主导该集团的立场,但在谈判中多由加拿大代表该集团发言。①

4.3.2 观点相似集团(The Like-Minded Group)

自20世纪90年代以来,中国同77国集团的关系有了很大进展,形成了"77国集团+中国"的新型合作模式。在有关生物安全议定书的谈判中,77国集团中的部分国家加入了迈阿密集团,其余国家为了与其划清界限,就在相关会议中形成了"观点相似集团"。该集团的成员大都缺乏处理生物安全问题的科技能力和制度机制,担心改性活生物体和转基因产品的国际贸易会使发展中国家成为未确证其风险的现代生物技术及其产物的实验场,主张通过生物安全议定书来规范和约束改性活生物体的越境转移,强化发展中国家的监管能力,并支持风险预防原则的应用。②

4.3.3 欧盟(The European Union)

欧盟是生物安全议定书谈判进程的重要推动者,与迈阿密集团的对立也最为尖锐。该集团希望通过国际协定对转基因生物及其产品实施严格的市场准入条件和越境转移程序,强调风险预防原则的重要性,认为生物安全议定书不应是隶属于世界贸易组织(WTO)的协议。③ 欧盟主张,《关于环境与发展的里约宣言》明确了应用范围广泛的风险预防原则④,且该原则已经体现在《气候变化框架公约》和《生物多样性公约》等国际立法之中,因此,生物安全议定书也应坚持该原则。⑤

欧盟强化生物安全的立场之所以比较坚定,主要是由于以下几个方面的原因:首先,当时欧洲经历了疯牛病以及二噁英污染等事件的冲击,公众对食品安全问题十分敏感,对转基因食品的安全性充满疑虑;其次,

---

① 牛惠之:《基因改造科技管理之国际规范及其调和》,载中国台湾"行政院"农业委员会动植物防疫检疫局编:《基因改造议题:从纷争到展望》,2004年12月,第180—209页。
② 万霞:《生物安全的国际法律管制——〈卡塔赫纳生物安全议定书〉的视角》,载《外交学院学报》2003年1期,第68—74页。
③ 薛达元编:《转基因生物风险与管理——转基因生物与环境国际研讨会论文集》,中国环境科学出版社2005年版,第32—40页。
④ 《关于环境与发展的里约宣言》原则15所使用的表述为"风险预防方法"(Precautionary Approach),而欧盟一向使用"风险预防原则"(Precautionary Principle)一词。
⑤ 万霞:《生物安全的国际法律管制——〈卡塔赫纳生物安全议定书〉的视角》,载《外交学院学报》2003年1期,第68—74页。

第五章 转基因生物安全国际立法

美国的转基因产品基于其低成本优势在市场上逐渐扩张,而欧洲国家没有足够的技术能力和产业规模与之抗衡,这就导致欧盟各国对转基因产品的进口大增,其传统农产品的国际市场份额也不断受到美国转基因农产品的挤压;第三,对于转基因产品的贸易、使用和管理,欧盟及其成员国已经建立了较为完善的相关立法与标准。

4.3.4　折中集团(The Compromise Group)

折中集团是在卡塔赫纳会议和谈判的最后几天,为了缩小各集团间的分歧,尽可能达成共识与文本而成立的,成员国包括日本、墨西哥、挪威、瑞士、韩国、新加坡等。由于该集团包含了生物多样性丰富的国家,也包含了生物科技先进的国家,相对于迈阿密集团及欧盟,其立场比较有弹性。在该集团看来,让议定书顺利通过比较重要,不宜坚持各自的特定立场。

在谈判中,该集团在持对立意见的集团间充当桥梁,并发挥着调节杠杆的作用,对议定书的成功制定至关重要。整体而言,在迈阿密集团、欧盟及第三世界国家的立场中,该集团支持将议定书适用于所有的转基因生物,并支持将风险预防原则明定于议定书之中。不过在该集团内部,各成员国的利益也未必一致,因此在某些议题上,如在如何界定生物安全议定书与世界贸易组织(WTO)之规范的关系方面,集团成员国的意见也有分歧。[①]

4.3.5　中东欧国家(The Central and Eastern European Countries)

中东欧国家基本上走中间路线,原则上支持在议定书中明确写入风险预防原则并支持议定书涵盖转基因食品和饲料,但更希望议定书具有实用性和广泛的目的及用途。[②]

概括说来,作为生物安全议定书主要谈判方的分别是迈阿密集团、欧盟以及由发展中国家组成的观点相似集团。迈阿密集团强调通过议定书界定生物安全监管范围,以免贸易保护主义无限制扩张;欧盟强调通过议

[①] 《作为卡塔赫纳生物技术安全议定书缔约方会议的生物多样性公约缔约方大会第二次会议报告》,载 http://www.cbd.int,最后访问日期:2009年7月19日。

[②] 中华人民共和国环境保护部:《〈卡塔赫纳生物安全议定书〉相关背景》,载 http://www.sepa.gov.cn,最后访问日期:2009年7月29日。

定书再次确立和突出风险预防原则;观点相似集团则强调通过议定书强化发展中国家对生物科技风险的评价与监管能力,包括科学控制能力与财务支持能力。① 因此,议定书的最终文本实际上是谈判各方讨价还价的折中产物,而不是其各自观点的直接、充分体现。

4.4 主要分歧与妥协

4.4.1 适用范围

多数发展中国家极力主张将所有的转基因生物及其产品都纳入生物安全议定书的适用范围,无论其自身是否含有转基因成分。在它们看来,只要某种产品的生产原料来自转基因生物,即使已通过先进的工艺将转基因成分去除,该产品仍然属于转基因生物的范畴。这一观点受到迈阿密集团成员国的强烈反对,就连欧盟也不赞成。因为按照这种观点,医药用的转基因生物及其产品也会被包括在内,生物医学产业势必会受到生物安全议题的冲击,这是生物技术先进国家所不愿看到的。②

迈阿密集团强调生物安全议定书应针对与环境相关的议题,而不应针对食品安全问题。③ 在其看来,单纯过境或供封闭利用,或直接用作食品、饲料或用于加工的改性活生物体都不会对环境造成损害。④

有关适用范围的争议一直持续到最后的会议。在 2000 年于蒙特利尔举行的缔约方特别大会上,观点相似集团仍主张议定书不应含有任何限制适用范围的排除条款,要求必须将所有的转基因生物及其产品都纳入事先知情同意程序。⑤

最终,观点相似集团同意就适用范围问题作出让步,其妥协结果就是议定书第 4 条至第 7 条之规定,亦即医药用改性活生物体之越境移转属于其他国际组织(主要指世界卫生组织)处理之事务,不适用该议定书;单

---

① 牛惠之:《基因改造科技管理之国际规范及其调和》,载中国台湾地区"行政院"农业委员会动植物防疫检疫局编:《基因改造议题:从纷争到展望》,2004 年 12 月,第 180—209 页。
② 同前注。
③ Earth Negotiations Bulletin ExCOP #1,载 http://www.iisd.ca,最后访问日期:2009 年 7 月 29 日。
④ 牛惠之:《基因改造科技管理之国际规范及其调和》,载中国台湾地区"行政院"农业委员会动植物防疫检疫局编:《基因改造议题:从纷争到展望》,2004 年 12 月,第 180—209 页。
⑤ 同前注。

第五章　转基因生物安全国际立法

纯过境以及供封闭利用的改性活生物体被排除于事先知情同意程序之外,直接用作食品、饲料或用于加工的改性活生物体也被排除于事先知情同意程序之外。

这一让步使《卡塔赫纳生物安全议定书》的核心制度,特别是事先知情同意程序的适用范围大幅缩减,凸显迈阿密集团立场之强硬。

4.4.2　风险预防原则

风险预防原则是近年来确立的风险评价与管理原则。针对生物安全问题,欧盟希望将该原则落实于议定书之中,从而可以免受实质等同性原则的制约①;但迈阿密集团却认为风险预防原则可能会影响转基因产品国际贸易,因此坚决反对将其纳入议定书之中。②

最后,以瑞士为代表的折中集团提出了支持欧盟立场的意见,其方案是将风险预防原则明定于议定书的前言,并将其精神落实于议定书之中。由于有发展中国家的支持,该妥协方案得以达成。③ 但《卡塔赫纳生物安全议定书》的前言及第 1 条使用了"风险预防方法"(Precautionary Approach)的表述,而非欧盟所主张的"风险预防原则"(Precautionary Principle)。此外,在议定书的其他条文也不再使用"风险预防原则"字眼,而是用比较完整、具体的方式,直接将该原则体现在第 10 条第 6 款之中。④

风险预防原则是《卡塔赫纳生物安全议定书》中最为基础与核心的概念之一,但其规定难免模糊且充满实践上的不确定性。迈阿密集团国家担心该文字表述可能使进口国武断地否决转基因生物的进口申请,影响

---

① 实质等同性原则是联合国粮农组织/世界卫生组织(FAO/WHO)以及经合组织(OECD)确立的。在欧盟与美国等迈阿密集团国家之间有关转基因农产品国际贸易的争端中,该原则使欧盟处于不利地位。
② 谢狲:《论转基因农产品的国际贸易问题》,载《武汉工业学院学报》2006 年第 1 期,第 18—21 页。
③ 牛惠之:《基因改造科技管理之国际规范及其调和》,载中国台湾地区"行政院"农业委员会动植物防疫检疫局编:《基因改造议题:从纷争到展望》,2004 年 12 月,第 180—209 页。
④ 在亦顾及对人类健康所构成的风险的情况下,即使由于在改性活生物体对进口缔约方的生物多样性保护和可持续利用所产生的潜在不利影响的程度方面未掌握充分的相关科学资料和知识,因而缺乏科学定论,亦不应妨碍该缔约方酌情就以上第 3 款所指的改性活生物体的进口问题作出决定,以避免或最大限度地减少此类潜在的不利影响。

转基因食品国际贸易,而这种效果可能正是欧盟国家所希望达到的。①

4.4.3 与国际贸易体制之间的关系

除了适用范围和风险预防原则所引发的争议外,另外一个根本的问题是,生物安全议定书和以 WTO 为核心的国际贸易体制之间的关系如何界定?

鉴于农产品贸易在全球经济、粮食安全以及政治角力中具有独特地位,议定书不是贸然地就此下定论,而是在其前言中对该矛盾进行回避,具体内容和表述是:"认识到贸易协定与环境协定应相辅相成,以期实现可持续发展,强调不得将本议定书解释为缔约方根据任何已有国际协定所享有的权利和所承担的义务有任何改变,认为以上陈述无意使本议定书附属于其他国际协定。"这充分说明,生物安全议定书与国际贸易体制应当相互配合,同时二者也具有相对独立的地位和效力。

将此种关系规定于议定书前言而非条文之中,目的是要避免明确、具体地处理该问题。鉴于在当时的 WTO 体制下,已经设有专门的委员会来研究和探讨贸易与环境之间的关系问题,而议定书又未正面处理这类问题,因此实践中与生物安全相关的贸易冲突势必会经由 WTO 体制处理,这比较符合迈阿密集团的利益和主张。②

4.4.4 财务支持机制与能力建设

针对改性活生物体的越境转移进行风险评价并作出是否许可的决定,是确保其对生态环境和人类健康无害的重要举措。为此,各缔约方必须首先建立起必要的科技能力和制度体系。而当时的发展中国家,只有印度、巴西与中国等具有一定的生物技术发展政策与实力。因此,在制定生物安全议定书的过程中,广大发展中国家最为关注的问题之一就是发达国家有义务协助其强化对转基因生物以及相关技术和产品的监管能力,而主要协助方式则是财务支持与技术移转。③

与此同时,以能力欠缺或者不足为由要求技术先进国家移转相关技术或协助培养相关专家,也是发展中国家提升其生物科技和产业整体水

---

① 中华人民共和国环境保护部:《联合国〈卡塔赫纳生物安全议定书〉相关背景》,载 http://www.sepa.gov.cn,最后访问日期:2009 年 7 月 29 日。
② 同前注。
③ 《作为卡塔赫纳生物技术安全议定书缔约方会议的生物多样性公约缔约方大会第二次会议报告》,载 http://www.cbd.int,最后访问日期:2009 年 7 月 29 日。

平的契机,因此这个议题和国际法中常见的发展议题也高度相关。

从《卡塔赫纳生物安全议定书》第22条及第28条的规定可以看出,发达国家在财务支持与技术移转方面的承诺是很有限的,并且是以《生物多样性公约》的财务机制作为议定书的财务机制,而非针对议定书创设新的额外机制。此外,规定发达国家亦可通过双边、区域和多边渠道提供财务与技术资源,似乎也削弱了发达国家对发展中国家担负的财务支持与能力建设义务。

4.4.5 赔偿责任与补救措施

针对转基因生物所引发的损害,发展中国家要求议定书增列相应的赔偿责任及补救措施条款,而迈阿密集团则以国际上尚未出现由转基因生物利用而导致的生态和健康损害的实例,没有必要制定此类条款为由加以反对。①

对此,发展中国家普遍强调,如果此条款在制定后真的可以派上用场,那就表示生物技术确实会导致生态或健康损害,也就有制定此条款的必要性;如果像发达国家所坚持的那样,生物技术不可能导致生态和健康损害,那么制定此条款也就不会妨碍生物技术的发展。②

关于应该由谁来赔偿相关损害——生产商,出口商,核准出口的国家,还是其他责任主体,具体的归责原则和补救措施是什么,以及是否要建立强制性责任保险或者其他责任保障机制等问题,由于分歧严重,《卡塔赫纳生物安全议定书》均未作出任何具体规定。③

4.4.6 生物安全议定书的积极成果

围绕生物安全议定书的谈判,不同集团表达了各自的利益诉求,最后文本也体现了各利益集团间的相互妥协。

在《卡塔赫纳生物安全议定书》所设立的制度框架内,改性活生物体在国际农产品贸易中获得了明确的市场地位,这是以美国为首的迈阿密集团最大的收获。此外,避免在议定书中正面处理其与WTO等国际协议

---

① 《作为卡塔赫纳生物技术安全议定书缔约方会议的生物多样性公约缔约方大会第二次会议报告》,载http://www.cbd.int,最后访问日期:2009年7月29日。
② 同前注。
③ 《卡塔赫纳生物安全议定书》第27条。

的关系,可以确保议定书之规定不妨碍该集团的成员国作为主要的转基因农作物种子和转基因农产品出口者的经贸利益,并且可以将相关争议的解决诉诸 WTO 体制。

而在议定书前言中加入风险预防方法(Precautionary Approach)的表述以及在条文中强调符合风险预防原则的风险评价标准,可以提高欧盟既有的转基因生物及其产品监管法律的主动性、合法性,有利于其通过强化本地区转基因生物及其产品的市场准入条件来限制美国农产品的大规模进入,也有利于其利用该议定书对转基因生物及其产品相对保守的立场,营造一定的国际市场氛围,凸显其传统农产品的出口优势。

对发展中国家而言,考虑到其在生态环境和公众健康方面容易受到转基因生物及其产品的危害,在生物科技和产业发展方面也比较落后,该议定书不仅为其提供了对来自国外的改性活生物体进行监控的主动权,而且还要求发达国家向其提供相关的财务协助和技术支持。

4.5 《卡塔赫纳生物安全议定书》与 WTO 相关规则的冲突和协调探讨

4.5.1 世界贸易组织与转基因生物安全

世界贸易组织(WTO)的宗旨之一是促进农产品的全球自由贸易,而很多国家,特别是欧盟国家,倾向于把转基因生物安全评价和监管作为贸易壁垒来限制转基因农产品的进口。《卡塔赫纳生物安全议定书》就体现了这种贸易限制主义立场。而美国政府认为,生物安全监管应建立在科学的基础之上,而不是基于政治和贸易保护的考虑,强调转基因生物安全监管与贸易应适当分离。[①]

由于转基因产品的安全性尚未定论,世界贸易组织对成员国发展转基因技术和产业高度重视,要求成员国就转基因产品的生产及监管情况,特别是相关法律、法规和标准向其他成员国作出通报。而从通报的信息来看,各国主要采取安全评价、标识和注册等制度。[②]

---

① 谢翀:《论转基因农产品的国际贸易问题》,载《武汉工业学院学报》2006 年第 1 期,第 18—21 页。
② 同前注。

此外,《动植物卫生检疫措施协议》(SPS 协议)和《技术性贸易壁垒协议》(TBT 协议)等也与转基因产品有较密切的关系。因此,世界贸易组织成员国需要在制定有关转基因产品检验检疫的标准方面加强协调与合作,并就相关贸易争端的解决进行磋商,以便最终形成有关转基因产品的国际标准。

4.5.2 《卡塔赫纳生物安全议定书》与国际贸易规则的潜在冲突

4.5.2.1 风险预防原则

风险预防原则与世界贸易组织的 SPS 协议具有高度的相关性。针对荷尔蒙牛肉案争端,欧盟就援用该原则支持其主张:荷尔蒙牛肉禁令是基于风险评价,而风险预防原则是一项国际法的习惯规则。欧盟认为 SPS 协议的第 5.1 条、5.2 条和附件 A.4 并没有描述一种特殊的风险评价类型,而仅仅是说明了风险评价需要考虑的因素。因此,上述条款本身并没有阻止成员国在遇到相互冲突的科学信息和科学不确定性时基于谨慎的考虑设定相应的安全标准。①

目前,就国际法理论和实践来看,依据风险预防原则、基于科学不确定性所作的决策往往是无法指出其科学依据和可接受之成本的政治性决定,容易受利益团体的影响。而世界贸易组织架构下的 SPS 协议则在承认各国有权采取动植物卫生检疫措施的同时,鼓励其采用相关的国际标准。② 如果有科学依据或基于适当的风险评价,各国得采取高于国际标准的国内措施,但需要切实遵守透明性原则。③

显然,在动植物卫生检疫措施方面,SPS 协议原则上反对基于科学不确定性作出政治性决定。但环保团体对于"政治性决定"这样的批评却不以为然。在它们看来,政治人物最终须为公众健康与生态环境的安全负

---

① 刘玮玮:《在 WTO 多边框架下看风险预防原则》,载 http://www.zgjtjj.com,最后访问日期:2009 年 7 月 29 日。
② 就食品安全问题而言,SPS 协议所鼓励采用的标准为国际食品法典委员会(Codex Alimentarious Commission)制定的关于食品添加物、兽医用药及杀虫剂之残留物、污染物、分析及取样方法、卫生实务之规则及指南。
③ SPS 协议的透明性原则,是指成员国必须公告其所有的动植物检疫法律、法规、规章和标准,以使其他成员国知悉,并且除了在紧急情形下以外,必须在公告相关规则至该规则生效前,预留一段缓冲时间。此外,成员国应设立"问询处"(enquiry point),以便相关成员国的疑问可获得及时解答。成员国还应就其相关检疫规范,向世界贸易组织秘书处及其他成员国为必要之通报。

责,包括须在不确定的科学风险中合理决策,这当然应是政治性决定。如果一味追求所谓的科学决策,将风险决策排除于公共领域之外,就无法胜任这一职责。①

4.5.2.2 标识制度

《卡塔赫纳生物安全议定书》第 18 条对拟直接用作食品、饲料或用于加工的改性活生物体、拟进行封闭利用的改性活生物体以及拟有意引入进口国环境之中的改性活生物体的标识问题作了规定。

基于此而建立的各国转基因产品标识制度须符合世界贸易组织《技术性贸易障碍协议》(TBT 协议)第 2.2 条所规定的"合法目的",即国家安全要求、防止诈欺行为、保护人类健康与安全、保护动植物生命或健康及生态环境,还须符合第 2.1 条所规定的非歧视性原则,即"就技术规章所涉之事项,成员国应确保由任何其他成员国进口的产品,应被赋予不低于其所赋予的本国同类产品以及源自任何国家的同类产品之待遇"。为此,转基因产品与普通产品是否可以被视为同类产品将是问题的关键所在。

实际上,转基因产品与普通产品是否为同类产品并非可以一概而论。以种植为目的的转基因作物,如植入抗除草剂基因的大豆或植入抗虫害基因的玉米,其最终产品的基因成分与相应的普通产品已有所不同,但往往并未表现出不同的特征,因而其最终产品与相应的普通产品有可能被认定为同类产品;而以实现特殊产品效果为目的的产品,如"新鲜度"更持久的 Flavr Savr 西红柿和富含维生素的"金米"(Golden Rice),虽然在外观上可能与普通产品相同,但其所表现的特性确实与众不同,因此对二者是否为同类产品存在很大争议②;在加工产品方面,由转基因大豆或油菜籽加工而成的食用油往往只剩下油脂,已经检测不出转基因蛋白质成分,如果从这一角度看,这些加工产品和普通食用油应该算同类产品。

由于不同国家和地区往往对转基因产品及其标识具有不同的规定和标准,而《卡塔赫纳生物安全议定书》并未对直接作食品、饲料或加工之用

---

① IISD, Earth Negotiations Bulletin, Vol. 9 No.137, p.10.
② 徐海滨:《转基因食品对健康的影响及其安全评价》,载《转基因生物风险与管理——转基因生物和环境国际研讨会论文集》,中国环境科学出版社 2005 年版,第 69 页。

的改性活生物体的标识条件加以明确,这就导致各国基于各自的法律制度对转基因产品的进口实行标识管理,可能引发与 WTO 规范的冲突。①

4.5.3 《卡塔赫纳生物安全议定书》与国际贸易规则的适用顺序

《维也纳条约法公约》第 30 条对条约适用的优先性问题作了规定,强调遇条约订明须不违反先订或后订条约或不得视为与先订或后订条约不合时,该先订或后订条约之规定应居于优先适用的地位。

《生物多样性公约》第 22 条第 1 款规定:"本公约的规定不得影响任何缔约方在任何现有国际协议下的权利和义务,除非行使这些权利和履行这些义务将严重破坏或威胁生物多样性。"基于此,在可能严重破坏或威胁生物多样性的情形下,包括《卡塔赫纳生物安全议定书》在内的《生物多样性公约》之规范,可以改变缔约方在当时已有的国际协议下的权利与义务。这就为议定书的缔约方为生物多样性保护之目的而改变甚至排除根据 WTO 相关贸易规则确立的权利和义务提供了可能性。② 但在《卡塔赫纳生物安全议定书》的制定过程中,迈阿密集团强调须在其前言中加入"本议定书不得改变缔约方根据现行国际协议所享有的权利和所承担的义务"这一表述。该规定虽然不是在正文的具体条款中,却明确排除了该议定书的优先适用性。由此可见,关于《卡塔赫纳生物安全议定书》和国际贸易规则的适用顺序问题,目前已有的相关规定尚无法确立具有内在一致性的协调机制,因而不利于相关冲突的避免和解决。

---

① 李尉民:《〈卡塔赫纳生物安全议定书〉及其对转基因农产品国际贸易和生物技术的影响》,载《生物技术通报》2000 年第 5 期,第 7—10 页。
② 王小钢:《论〈卡塔赫纳生物安全议定书〉中与 WTO 规则冲突的贸易措施》,载《生物技术通报》2004 年第 1 期,第 1—5 页。

第六章 部分国家和地区转基因生物安全立法及其启示

引　言

20世纪70年代后期以来,随着转基因技术和产业的发展①,多数发达国家以及部分发展中国家纷纷制定自己的生物安全法并建立相应的监管体制。② 基于社会、文化以及生物技术与产业发展水平等方面的巨大差异,各国的转基因生物安全立法和管理也千差万别。③

综合看来,发达国家的转基因生物安全立法较为系统,政府监管也较为成熟。有鉴于此,以下主要介绍和评价美国、欧盟、澳大利亚和日本等国家和地区的转基因生物安全立法。

一、美国转基因生物安全立法

1.1 概述

美国的现代生物技术及其衍生品市场最为发达,其所种植的转基因

---

① 1983年,世界上第一例转基因植物——一种含有抗生素药类抗体的烟草在美国成功培植。1993年,世界上第一种转基因食品——转基因晚熟西红柿正式投放美国市场。1996年转基因玉米首次实现商业化种植。1996年,世界转基因作物种植总面积为170万公顷。2002年,全球转基因农作物种植面积已扩大到5870万公顷。到2010年将有30个国家的1500万农民种植转基因作物,全球种植转基因作物的面积将达到1.5亿公顷。转基因作物种植地区目前主要集中在美国、阿根廷、加拿大、中国、巴西和南非。国际上获得转基因植株的植物已有超过35个科120多个种,它们主要集中在七大类农作物上,即大豆、玉米、棉花、油菜、马铃薯、南瓜、西葫芦和木瓜。参见中国科学院北京基因组研究所:《对转基因作物的认识》,载http://www.big.cas.cn,最后访问日期:2010年4月5日。

② 中国国家生物安全信息交换所:《国外生物安全法律法规》,载http://www.biosafety.gov.cn,最后访问日期:2009年7月25日。

③ 毛新志:《美国、欧盟有关转基因食品的管理、法律法规对我国的启示》,载《科技管理研究》2005年第2期,第38—40页。

第六章 部分国家和地区转基因生物安全立法及其启示

农作物、所生产和消费的转基因产品均居全世界之首。① 正是基于这种形势,该国很早就意识到了对转基因技术及其产物进行监管的重要性,并开始了这方面的立法和实践。

美国对转基因生物的管理始于20世纪70年代中期。当时,转基因技术总体上处于实验室封闭研究阶段,还没有实现商业化。1976年,国立卫生研究院制定了《重组DNA分子研究指南》,第一次提出对转基因技术研究活动进行监管。该指南规定,从事重组DNA研究须履行必要的审查、评价和监控等程序;这些程序的履行以自我监督为主,由本单位生物安全委员会负责,并报国立卫生研究院备案。这是有关转基因生物安全监管的首次尝试。

80年代初,随着转基因农作物田间释放试验的开展,原有的管理方式已经不能适应转基因技术发展的要求。于是,美国政府在1986年颁布了《生物技术监管协调框架》,将基因工程相关工作纳入当时既有的法律体系进行管理,即《联邦杀虫剂、杀菌剂和杀鼠剂法》、《有毒物质控制法》、《联邦食品、药品和化妆品法》、《联邦植物病虫害法》、《联邦有害杂草法》、《植物检疫法》等法律同样适用于对转基因生物或其产品的管理。根据协调框架的规定,联邦政府中的农业部(USDA)、环境保护局(EPA)和食品与药品管理局(FDA)是生物技术及其产物的主要管理机构,它们根据各自的职能对基因工程相关活动实施安全性管理。

上述机构既有分工,又有协作,使美国基因工程研究和应用步入了良性发展的轨道。例如,到2004年2月为止,有一万多项转基因作物试验已获得农业部批准;在田间试验阶段以后,许多转基因作物经过进一步的审查得以商业化。② 应该说,该协调框架的运行是卓有成效的。在二十余年的时间里,美国政府没有再出台新的转基因生物监管法律或者政策。

但是,由于受其他国家或地区有关转基因技术及其产物的负面报告的影响,受20世纪90年代末欧洲疯牛病的影响,再加上本土珍贵观赏蝴

---

① 秦笃烈:《透视美国生物国防战略与实施:生物医学21世纪将成为国家安全的前沿》,载《科学中国人》2004年第2期,第49页。
② 洪健飞:《美国政府对生物技术产品的管制》,载《生物技术通报》2004年第5期,第54—55页。

蝶的种类和数量急剧减少，美国公众也开始对科学家作出的有关转基因技术及其产物之安全性的论断表现出越来越多的怀疑，纷纷要求检讨既有的生物安全政策和制度的合理性、有效性，重塑转基因生物安全法律与监管体系。

为了全面考察美国转基因生物安全监管状况，2000年1月到3月，美国国会参众两院先后举办了一系列听证会，进行广泛调查。同年4月，国会基础研究委员会发表了一份题为《机遇之源：植物基因组和农业生物技术的意义、安全性和监督状况》的报告。该报告包含13项调查结果和6项建议，其主要结论是：第一，没有证据表明在植物体内导入和它没有同源性的基因会使该转基因植物造成特别的危险。第二，通过转基因技术培育作物品种和用传统育种方法培育品种的风险是一样的。不过转基因技术更加精确，对作物性状的改良更加完善，其安全性评价也更加容易。抗虫转基因作物对君王蝶和其他非靶标生物的威胁被夸大了，这种威胁可能不明显。第三，对以转基因生物为原料的加工产品进行特殊标识会在安全性方面误导消费者。①

可以认为，这三项结论代表了美国官方对转基因技术及相关衍生品的态度，对该国乃至全世界的转基因作物发展都产生了深远影响。②

1.2 法律体系

美国是世界上最早进行转基因生物安全监管的国家，但其生物安全法律体系不是建立在大量颁布新法的基础之上的。相反，除了在1976年制定用于规范相关实验活动的《重组DNA分子研究指南》外，该国主要发挥环境、农业、食品等领域的相关既有法律的作用，将其延伸适用于对转基因技术及其产物之商业化的管理。

1985年，经济合作与发展组织（OECD）发表了关于重组DNA安全问题的蓝皮书。一年后，美国联邦政府颁布了对生物技术进行管理的基本依据即《生物技术监管协调框架》。

---

① 林祥明：《美国转基因生物安全法规体系的形成与发展》，载《世界农业》2004年第5期，第14—17页。
② 同前注。

第六章　部分国家和地区转基因生物安全立法及其启示

根据该协调框架,任何转基因生物的商业化都必须符合《联邦植物病虫害法》、《联邦杀虫剂、杀菌剂和杀鼠剂法》、《有毒物质控制法》以及《联邦食品、药品和化妆品法》等法律所确立的相关规范和标准;农业部、环境保护局、食品与药品管理局、职业安全与健康管理局以及国立卫生研究院等五个联邦机构共同负责生物技术的协调管理,这些机构建立了各自的生物技术管理条例与规则,且其管理活动相对独立。[1]

1.3 主要立法

1.3.1 国立卫生研究院《重组DNA分子研究指南》

美国国立卫生研究院于1976年发布《重组DNA分子研究指南》,其后进行了多次修订。该指南共分为5个部分,从前到后分别是适用范围、安全考虑、受该指南管理的实验类型、角色与职责、注释与附录。[2]

指南的第一部分规定,国立卫生研究院(NIH)管辖范围内的重组DNA试验,在进行前须获得NIH的同意或者按照规定向其他联邦主管机构提出申请,由其审查和批准;如果试验涉及人类基因转移,即将重组DNA或者源自重组DNA的DNA、RNA故意植入作为实验参与者的人的身体,还须通过重组DNA咨询委员会(RAC)的审查并获得本单位生物安全委员会(Institutional Biosafety Committee)和审查委员会(Institutional Review Board)的批准方可进行。[3]重组DNA咨询委员会(RAC)由卫生和人类服务部、国立卫生研究院联合设立,负责为二者提供咨询。[4]

第二部分是对风险评价和物理控制措施的要求。它根据生物因子对成年人的致病危害性,将研究活动划分为四个风险组。风险评价应当考虑致病因子本身及其操作方法两个方面,在确定物理控制等级时需要考察毒性、感染剂量、传染性、传播途径、致病性、环境稳定性、是否有预防和

---

[1] 薛达元编:《生物安全管理与实践——南京生物安全国际研讨会论文集》,中国环境科学出版社1999年版,第102—110页。
[2] National Institutes of Health (NIH), Guidelines for Research Involving Recombinant DNA Molecules, September 2009, 载 http://oba.od.nih.gov, 最后访问日期:2009年7月5日。
[3] 同前注文, Section I。
[4] 同前注文, Section IV-C-2。

治疗措施以及基因产物的毒性、生理活性和致病性等要素。①

第三部分从技术方面对应遵守该指南的实验作了具体描述。国立卫生研究院将涉及重组 DNA 的工作分为以下六种类型:(1) 需要本单位生物安全委员会批准、重组 DNA 咨询委员会审查、国立卫生研究院院长批准方可进行的;(2) 需要国立卫生研究院生物技术活动管理办公室(Office of Biotechnology Activities)以及本单位生物安全委员会批准方可进行的;(3) 需要本单位生物安全委员会和审查委员会批准并且通过重组 DNA 咨询委员会审查方可进行的;(4) 需要本单位生物安全委员会批准方可进行的;(5) 需要在开展研究的同时报告本单位生物安全委员会的;(6) 不受该指南约束的。②

第四部分详细规定了有关各方的角色和职责。由于指南本身仅仅具有指导作用,确保安全的责任主要在于研究者及其机构,因此指南特别强调具体研究工作执行者的义务,并明确了工作单位、单位生物安全委员会以及课题负责人的职责。

指南要求从事或者资助重组 DNA 研究工作的单位建立本单位的生物安全委员会,并在必要时指定一名具有相关经验的生物安全官员(Biological Safety Officer)或其他相应负责人,以确保相关研究活动符合指南的规定。单位应保证对负责生物安全事务的人员以及具体课题负责人进行必要的培训,一旦发生事故或有违反指南的行为,须在 30 天内向国立卫生研究院生物技术活动管理办公室报告。③

关于单位生物安全委员会,指南作了非常细致的规定:其成员应当不少于 5 人,其中至少 1 人代表实验室技术人员,至少 2 人来自该单位以外,如有关政府机构的代表或者其他能够代表公众利益的人士;其成员的知识结构应当涵盖重组 DNA 技术、生物安全、物理控制手段、相关法律法规、标准操作规程以及公众态度等多个方面④;其职责包括对本单位拟从事或者资助的重组 DNA 研究进行评价和审批、对正在进行的重组 DNA

---

① Section Ⅱ, Guidelines for Research Involving Recombinant DNA Molecules, September 2009, 载 http://oba.od.nih.gov, 最后访问日期:2009 年 7 月 5 日。
② 同前注♂, Section III。
③ 同前注♂, Section IV-B。
④ 同前注♂, Section IV-B-2-a。

第六章 部分国家和地区转基因生物安全立法及其启示

研究进行定期检查监督、对研究过程中的意外泄漏和人体污染事故实施应急计划、规定物理控制等级、向本单位的主管官员以及国立卫生研究院生物技术活动管理办公室报告研究中的违规行为以及相关的事故和疾病等。①

对于课题负责人的条件和职责,指南也作出了具体的规定,主要包括:本人需要具有良好的微生物实验技能;保证受控实验必须在得到批准后方可进行并采取适当措施;研究开始前对课题组成员进行必要的教育和培训;研究过程中进行监督检查和问题报告;遵守本单位生物安全委员会批准的事故应急计划;等等。②

指南还对国立卫生研究院院长、重组 DNA 咨询委员会、生物技术活动管理办公室和其他相关部门的职责分别作出了规定。③

1.3.2 《生物技术微生物产品规则》

《生物技术微生物产品规则》是由美国环保局于 1997 年 4 月根据《有毒物质控制法》制定的。该规则要求,为了商业目的研发、生产、进口、加工《有毒物质控制法》豁免目录之外的新微生物,或者将已经获得环保局批准的新微生物用作明显不同的新用途的,都要按照规定的要求报告环保局,接受其审查,以防止对自然环境和人类健康造成不适当的风险,同时避免给生物技术和产业带来不必要的监管负担。这就是微生物商业化的产前报告和明显新用途报告制度。④

根据该规则,申请人应当提交必要的材料,由环保局在《联邦公报》上予以发布。在收到完整的申请材料后,环保局按照相关实体要求和程序规定作出审查决定。一般地,所有申请中涉及环境和健康影响的研究结果和其他相关材料均应向社会公开。要求保密的申请人,应该提交该微生物的鉴定资料、应用资料和微生物安全性研究资料。保密的资料部分需要注明"贸易机密"字样。⑤

---

① Section IV-B-2-b, Guidelines for Research Involving Recombinant DNA Molecules, September 2009, 载 http://oba.od.nih.gov, 最后访问日期:2009 年 7 月 5 日。
② 同前注文,Section IV-B-7。
③ 同前注文,Section IV-C。
④ U.S. Environmental Protection Agency, Microbial Products of Biotechnology: Final Regulation under the Toxic Substances Control Act, 载 http://www.epa.gov, 最后访问日期:2009 年 7 月 25 日。
⑤ 同前注。

1.3.3 《公共健康安全和生物恐怖主义预防应对法》

2002年6月12日,布什总统签署了《公共健康安全与生物恐怖主义预防应对法》(The Public Health Security and Bioterrorism Preparedness and Response Act)(简称《生物恐怖法》)。该法的目的在于提高美国预防、应对生物恐怖主义以及其他公共卫生紧急事件的能力。

《生物恐怖法》包括以下五个方面的内容:国家对生物恐怖主义和其他公共健康紧急事件的应对措施;加强对危险性生物制剂和毒素的控制;保护食品和药品的安全与稳定供应;饮用水的安全与供应保障;其他条款。根据该法的规定,美国食品与药品管理局先后发布了4部配套法规,要求为美国供应食品的所有国内外食品设施的所有者、经营者及其代理人必须向食品与药品管理局注册。①

1.4 监管体制

1986年6月26日,美国政府颁布《生物技术监管协调框架》,标志着其开始对转基因生物及其产品的产业化发展实施生物安全管理。

总体看来,美国的生物安全管理分别由联邦农业部(USDA)、环保局(EPA)、食品与药品管理局(FDA)、职业安全与健康管理局(OSHA)以及国立卫生研究院(NIH)负责,其中前三个机构最为重要。这些机构既有分工,又有合作,其各自的管理范围根据转基因生物的类型或者转基因产品的最终用途来确定,而一种生物或者产品可能涉及多个机构的管理。

农业部所属的动植物检疫局(APHIS)负责转基因生物在农业领域的管理,联邦环保局负责化学和生物型农药(植物、微生物)的安全管理,而食品与药品管理局则负责通过生物技术获得的食品、饲料和药品的管理。

1.5 基本法律制度

1.5.1 农业转基因生物环境释放法律制度

1.5.1.1 许可与报告制度

联邦环保局和农业部负责对转基因植物环境释放(包括受监控的田

---

① Bioterrorism Act,载 http://www.fda.gov,最后访问日期:2009年7月25日。

第六章 部分国家和地区转基因生物安全立法及其启示

间试验和解除监控的环境释放)的管理。其中环保局只负责评价抗病虫转基因植物中杀病虫物质(如转 Bt 基因抗虫棉中的 Bt 蛋白)的安全性,而不针对植物本身。农业部的管理有两个层次,即转基因植物田间试验和解除监控状态。

对于小规模试验,环保局主要关心田间试验是否处于封闭条件下。当转基因植物的面积达到 10 英亩以上时,田间试验必须事先获得环保局的许可。一般来说,环保局主要考虑的因素有:植物杀虫蛋白的表达水平、表达部位或组织(例如花粉、种子等)、表达时期、在环境中是否存在对非靶标生物的影响等。①

自 1987 年起,农业部动植物检疫局对转基因植物环境释放实施许可制度,要求任何人在从事转基因植物环境释放时,都要先由该局全面了解其申请内容以及拟释放的转基因植物可能产生的环境影响,得出"没有显著影响"的结论并给予许可。而其批准环境释放的基本依据是该转基因植物不会带来任何危险,也不会引起植物病虫害问题。②

1993 年,农业部开始采用报告制度。在该制度下,凡符合规定的生物类型、释放方式和范围条件的,当事人只要向主管机构即动植物检疫局报告后即可进行环境释放,而无须申请许可。实际上,"报告"是"许可"的一种特殊形式,当时只适用于已经被确认田间试验安全的西红柿、玉米、烟草、大豆、棉花以及马铃薯,动植物检疫局不再要求事先对它们的环境释放再作安全性评价。③

1995 年,动植物检疫局在《联邦公报》中提出了进一步放松转基因生物及其产品管理的建议,其主要内容是:(1) 任何未被列入有害范围的植物,都可以在向动植物检疫局"报告"后,在不可能造成该植物蔓延的区域释放;(2) 在向动植物检疫局"报告"的情况下,扩大抗病毒转基因植物的允许释放范围;(3) 不再要求对转基因植物州际转移进行"报告",简化已获许可或者已向动植物检疫局"报告"的田间试验的汇报工作。该建议的

---

① 洪健飞:《美国政府对生物技术产品的管制》,载《生物技术通报》2004 年第 5 期,第 54—55 页。
② 刘谦、朱鑫泉主编:《生物安全》,科学出版社 2001 年版,第 134 页。
③ 蒋敏:《美国监管对用生物技术改良作物程序的评价 I 产品进入市场前安全性的评价》,载《生物技术通报》2002 年第 5 期,第 43—47 页。

最终目标是使绝大多数转基因植物,只要满足一定的操作标准和控制规范,就可以在当事人向动植物检疫局"报告"后进行试验。建议还强调放松对嫁接繁殖的转基因林木的限制,如果它们不能繁殖,不能生成有效的花粉、种子或面临严重的病毒危害,就可以经由报告程序进行田间试验。[①]

1997年6月,根据上述建议修改后的法规正式生效,更多的植物和基因构件被列入报告制度的范畴。动植物检疫局在其分发的《基因工程植物和微生物操作手册》中给出了一些植物的具体操作标准,并将提供更多的咨询信息,以讨论某种植物、微生物的生物学特性对限定试验范围及措施的影响。[②]

1.5.1.2 豁免制度

任何人都可以向动植物检疫局提出豁免申请,以解除对受控生物体的管理和控制。而解除监控状态意味着新的转基因作物可以像常规作物一样自由种植,不受任何约束。

对于要求解除转基因生物监控的申请,动植物检疫局将向社会公开征求评论和建议,最终经审议后决定是否解除对该转基因生物的监控。此外,任何人也都可以向动植物检疫局提出修改法规中受控生物名录的申请,以增加或删除名单上的属、种或亚种。[③]

批准解除监控状态的依据是:有关田间试验之实际状况的资料和收集到的相关文献能证明新的转基因植物不存在任何引起植物病虫害发生的风险。具体要求是:转基因植物不具有任何植物病原体特性,不会比非转基因植物更容易变成杂草,不可能使近缘植物成为杂草,不会对加工的农产品造成损害,不会对其他农业有益生物产生危害。[④]

1.5.2 转基因食品安全管理法律制度

转基因食品由联邦食品与药品管理局、环境保护局管理,二者分别负责与转基因蛋白质和植物杀虫剂有关的食品安全问题。

[①] 洪健飞:《美国政府对生物技术产品的管制》,载《生物技术通报》2004年第5期,第54—55页。

[②] 林祥明:《美国转基因生物安全法规体系的形成与发展》,载《世界农业》2004年第5期,第14—17页。

[③] 阎新甫主编:《转基因植物》,科学出版社2002年版,第302页。

[④] 同前注。

第六章　部分国家和地区转基因生物安全立法及其启示

1992 年,美国政府在《联邦食品、药品和化妆品法》中增加了有关转基因食品和饲料安全管理的内容。由于目前还没有一种通过转基因技术生产的食品成分不存在于现有的常规食品之中,因此食品与药品管理局对转基因食品的管理比较宽松,不要求上市前的批准。但该局鼓励研发者在将转基因食品投放市场前向其咨询,提交有关研究报告,并得到其认可,即采取自愿咨询程序。①

1998 年,食品与药品管理局所属的食品安全与应用营养学中心发布了转基因植物应用抗生素标记基因的工业指南,要求从事转基因植物研发的人员根据个案分析的原则评价标记基因的安全性。如果食品与药品管理局认为该标记基因可能影响相应抗生素的疗效,或者该抗生素是唯一的特效药,它就不能被用作转基因植物的标记基因。②

食品与药品管理局评价转基因食品安全性的主要原则是"实质同等性"。如果转基因食品与常规食品具有显著的不同,例如存在导致过敏反应的可能性时,就必须对其加以标识。

环保局负责制定食品中杀虫剂残留限量标准,并负责确定是否免除有关食品中杀虫剂残留量的要求。Bt 基因是目前最普遍使用的抗病虫基因,但由于 Bt 蛋白的普遍存在和 Bt 生物农药的普遍使用,再加上过去几十年的研究和应用已证明 Bt 蛋白对人类无任何危险,因此环保局免除了对食品中 Bt 蛋白残留量的限制。③

1.5.3　《生物恐怖法》有关转基因食品的法律制度

根据 2002 年通过的《生物恐怖法》,食品与药品管理局主要负责实施以下制度:

1.5.3.1　食品设施注册制度④

该制度要求生产、加工、包装和储存供美国的人或动物消费之食品的

---

① 陈俊红:《美国转基因食品安全管理体系》,载《中国食物与营养》2004 年第 8 期,第 16—18 页。
② 薛达元主编:《转基因生物环境影响与安全管理—南京生物安全国际研讨会论文集》,中国环境科学出版社 2006 年版,第 56—59 页。
③ 洪健飞:《美国政府对生物技术产品的管制》,载《生物技术通报》2004 年第 5 期,第 54—55 页。
④ SEC. 305, Bioterrorism Act of 2002, 载 http://www.fda.gov, 最后访问日期:2009 年 7 月 25 日。

国内外企业向美国食品与药品管理局注册。通过收集所有相关企业的信息,有助于对任何潜在的或实际发生的针对美国食品供给的恐怖袭击作出快速反应。

在食源性疾病爆发时,这些信息将有助于食品与药品管理局和其他相关机构判断疾病的来源和起因。此外,有了注册信息,食品与药品管理局就可以迅速提醒可能受疾病爆发影响的企业。

1.5.3.2 记录建立与保存制度①

无论是本国人还是外国人,只要其生产、加工、包装、运输、分送、接收、储存或进口供美国的人或动物消费的食品,就应当建立和保存相关记录。

通过这些记录能确定食品的前一直接供货方和后一直接收货方。该制度会显著提高食品与药品管理局应对各种食品污染事故的能力。

1.5.3.3 进口食品预申报和行政扣留制度②

预申报制度要求美国食品买方、进口方或者其代理人向食品与药品管理局提交进口食品的预申报材料。如果食品与药品管理局的官员或有资格的其他人员获得的可靠证据或信息表明,某食品可能会对人或动物的健康造成严重的不良影响或具有致命的威胁,他们就有权依法扣留该食品。

二、欧盟及其部分成员国转基因生物安全立法

2.1 引言

欧洲联盟(European Union),简称欧盟,是由欧共体发展而来、集政治和经济实体于一身、在世界上具有重要影响的区域一体化组织。1991年12月,欧洲共同体马斯特里赫特首脑会议通过了《欧洲联盟条约》,即《马斯特里赫特条约》。1993年1月1日,在获得欧共体所有12个成员国的

---

① SEC. 306, Bioterrorism Act of 2002,载 http://www.fda.gov,最后访问日期:2009年7月26日。

② SEC. 303, SEC. 307, Bioterrorism Act of 2002,载 http://www.fda.gov,最后访问日期:2009年7月24日。

第六章　部分国家和地区转基因生物安全立法及其启示

批准之后,该条约正式生效,欧盟诞生。①

自20世纪90年代以来,转基因技术及其产物成为欧洲各国政府和公众最为关注的中心议题之一。在转基因生物监管的指导思想和规章制度方面,欧盟与美国迥然不同。这种分歧是由消费者观念、宗教、社会以及生物科技与产业发展水平等多种因素造成的。

由于西欧在上世纪末接连遭受了疯牛病、二恶英污染等多个公共健康危机事件的冲击,人们对科学的确定性、权威性以及人类控制科技产物的能力产生了极大的怀疑,而政府对此类突发事件的草率判断和不当处理也加剧了公众对转基因食品的忧虑。② 有关机构进行的一项国际民意调查显示,大多数欧洲消费者对转基因技术的安全性持怀疑态度,对转基因食品持排斥态度。③

大部分信仰天主教的西欧人在观念上比较保守,认为转基因技术在很大程度上改变了物种进化的方式和过程,甚至是变相地改变了生命形态,而这恰恰是"上帝的禁地"。从宗教的立场看来,任何试图改变上帝旨意的行为都将受到谴责,因此人类不应当干涉上帝的工作,转基因生物及其产品都应当被禁止。④

从长期以来的生物技术与产业发展政策来看,尽管欧盟在研究方面并不落后于美国,但实行的是政府投入政策,并没有积极推进产业化,同时也没有像美国那样为生物技术成果提供专利保护。据统计,欧盟在2003年前已经实现市场化的生物技术成果的总数还不到美国的1/3。有鉴于此,欧盟及其成员国的一些主要领导人都表达了对自身生物技术与产业发展前景的忧虑,并在多个场合呼吁公众客观评价生物技术,信任和支持转基因食品。但这些努力的效果并不显著,公众的态度没有很大转变,各地针对转基因生物及其产品的抗议和破坏活动仍然频繁发生。由

---

① 白英瑞:《欧盟:经济一体化理论与实践》,经济管理出版社2002年版,第23页。
② 欧洲议会当时对食品监管进行的特别调查表明,无论是英国政府还是欧盟委员会,在政策制定、审议和对食物链安全控制的管理过程中,都倾向于关注经济参与者的利益而不是公众利益。欧盟委员会前主席雅克·桑特(Jacques Santer)就是因为对疯牛病爆发以来的多次食品安全危机事件处理不当等原因,在公众的抗议下而辞职的。
③ 张东操:《转基因食品,是福还是祸?》,载《中国青年报》2002年2月27日第4版。
④ 徐海滨:《转基因食品对健康的影响及其安全评价》,载《转基因生物风险与管理——转基因生物和环境国际研讨会论文集》,中国环境科学出版社2005年版,第67页。

于绿党以及环保组织、消费者组织的影响较为强大,这种状况暂时不可能有大的改观。①

实际上,自从欧洲共同体制定"共同农业政策"(Common Agriculture Policy)以来,农业生产和食品(含饮料)加工部门就一直是其最重要的产业之一。在欧盟境内,食品业的年产值高达6000亿欧元,相当于所有工业产值的15%,而其所雇用的劳动力人数多达260万人;农业部门也十分庞大,年产值高达2200亿欧元,从业人数更多达750万人。除了用于欧盟境内消费之外,农产品与食品也是欧盟出口的重要项目,每年的出口额高达500亿欧元。② 因此,欧盟除了考虑转基因生物及其产品可能带来的生态和健康风险外,还不得不顾及生物技术对其自身农业和食品业发展前景的影响:首先,在世界上很多国家和地区,转基因产品被禁止进口,甚至连出产于转基因作物种植区域的农产品也受到价格上的歧视,作为主要农产品出口者的欧盟自然要考虑转基因技术在农业领域的推广应用是否会对其产品在国际市场上的竞争力造成不利影响;其次,美国农业生物技术的研究和产业化发展已经很成熟,使得农产品生产和加工成本的降幅远远超过欧盟水平,一旦给予转基因产品正常的市场地位,将会给欧盟农业和食品业带来灾难性影响,而由此导致的大量农民和产业工人的利益受损也可能进一步引发社会和政治问题。③

面对这种复杂背景,欧盟对转基因生物安全监管的态度显得比较微妙。一方面,为了应对美国市场化运作非常成功的低价转基因产品,欧盟有关转基因生物安全的立法对转基因技术的实验以及转基因生物的环境释放、市场准入等都采取了非常严格的标准和程序,以保护生态系统、公众健康并维护本地非转基因产品的市场优势地位;另一方面,这种严格的标准和程序也会成为欧盟自身生物技术和产业发展的障碍,进一步拉大其与美国的差距,而这种差距又会促使欧盟对转基因技术及其产物采取更加严厉的政策。正是基于对这一矛盾的考量,欧盟委员会于2000年1

---

① 边永民:《欧盟转基因生物安全法评析》,载《河北法学》2007年第5期,第34—36页。
② *White Paper on Food Safety*, p. 6.
③ 宋锡祥:《欧盟转基因食品立法规制及其对我国的借鉴意义》,载《上海大学学报》(社会科学版)2008年第1期,第35—38页。

第六章 部分国家和地区转基因生物安全立法及其启示

月12日颁布了《食品安全白皮书》(White Paper on Food Safety),强调必须重建公众对食品供应、食品科学、食品法律以及食品监管的信心。[1] 该白皮书提出了构建食品安全政策的三个基本原则,即风险预防(Precaution)、可追溯性(Traceability)以及透明性(Transparency),不再强调以完全绝对的科学证据决定一切的态度,表明欧盟对此前立场的反省和修正。[2] 但总体而言,基于对社会公众安全感的关注以及对保护传统农业和食品业的考虑,欧盟在转基因生物安全监管方面依然采取较为保守的立场和法律措施。

2.2 法律体系

欧盟已经建立了较为完善的转基因生物及其产品法律体系。综合看来,该法律体系主要由"水平"立法和"垂直"立法(或称产品立法)两部分组成。其中前者涉及转基因微生物在封闭设施内的利用、转基因生物的有意释放和接触生物试剂工作人员的职业安全,后者则涉及医药产品、动物饲料添加剂、植物保护产品、新食品和种子。此外,有关生物技术知识产权保护的立法也是该法律体系的组成部分之一。

以欧盟或其前身欧共体名义颁布的法律文件主要有两种形式,即指令(Directive)和条例(Regulation)。二者的显著区别在于:首先,条例具有全面的约束力。这种约束力不仅表现在其所规定的欲达到的特定目标上,而且也表现在达到该特定目标需采取的方式和措施等各个方面。指令仅在其欲达到的目标上有约束力,而在实现该目标的方式和方法方面没有约束力。其次,条例具有直接适用性。条例一经颁布实施,自然成为各成员国法律体系的一部分,不需要也不允许成员国立法机构将其转化为国内法,除非条例本身是如此规定的。指令则与此相反,不具有直接适用性。

在转基因生物及其产品立法方面,欧共体主要采用指令形式,而自2000年以来,欧盟越来越多地采用条例形式。实际上,自20世纪90年代

---

[1] *White Paper on Food Safety*, p.7.
[2] 向文:《欧盟转基因食品法律管制之法律传统背景分析》,载《法制与社会》2007年第3期,第56—58页。

开始,欧共体和欧盟便试图建立起一个较为完善的转基因生物及其产品监管体系,以保护公众健康和生态环境,同时促进生物技术市场的一体化。

1990年,欧共体颁布了《关于转基因微生物封闭利用的指令》(90/219/EEC)和《关于有意向环境释放转基因生物的指令》(90/220/EEC)。

1997年,作为对《关于有意向环境释放转基因生物的指令》(90/220/EEC)之补充,欧盟出台了《新食品和新食品成分条例》((EC)NO.258/97),要求对转基因食品实行许可和标识制度。1998年,由于之前曾经发生数起大规模的食品安全事件,欧盟修改了该条例,不再批准将新的转基因生物及其产品投放市场。1999年,法国、德国、意大利、奥地利、希腊和卢森堡等欧盟国家开始对转基因产品实施为期4年的禁令。

1998年,欧盟颁布了98/81/EC指令,对《关于转基因微生物封闭利用的指令》(90/219/EEC)进行修订。

2001年,欧盟重新制定了《关于有意向环境释放转基因生物的指令》(2001/18/EC),强调转基因食品上市前要进行安全评价,要求以个案处理的方式对转基因食品上市实行严格审批。90/220/EEC指令被废止。

2003年,欧盟通过了《转基因食品和饲料条例》((EC)NO.1829/2003)、《转基因生物可追溯性和标识以及转基因食品和饲料可追溯性条例》((EC)NO.1830/2003)与《转基因生物越境转移条例》((EC)NO.1946/2003)等三部转基因生物及其产品立法,其中后者是欧盟为履行《卡塔赫纳生物安全议定书》而制定的,对转基因生物的进出口管理作出了直接、具体的规定。

上述重要指令和条例为欧盟成员国在新形势下加强和完善对转基因生物及其产品的监管奠定了较为坚实的法律基础,但各国的依法监管活动也引起了美国、加拿大和澳大利亚等转基因农产品出口国的不满。

2.3 基本原则

探究欧盟的转基因生物安全法律体系和制度,可以发现几条非常明晰的主线,构成其生物安全法的基本原则。

2.3.1 风险预防原则

欧盟认为,虽然转基因生物及其产品给生态环境和人类健康带来危

第六章 部分国家和地区转基因生物安全立法及其启示

害的可能性还没有得到科学证实,但这种危害一旦发生,所造成的后果将是无法估量的,因此其一系列转基因生物安全立法充分体现了风险预防原则(Precautionary Principle)。如《关于有意向环境释放转基因生物的指令》(2001/18/EC)[①]和《转基因生物越境转移条例》((EC) NO. 1946/2003)[②]等均明确宣示"依据风险预防原则"确立其各自的目标。

此外,欧盟在转基因生物安全立法和管理实践中坚持风险预防原则,对促成《卡塔赫纳生物安全议定书》最终文本起到了非常重要的作用。风险预防方法是该议定书最为核心的基本概念之一。

2.3.2 个案处理原则

在欧盟看来,由于转基因生物及其产品中导入基因的来源、功能各不相同,受体生物及基因操作也可能不同,因此对转基因生物的环境释放和转基因产品的市场准入不应只采取一个宽泛的许可标准,而应有针对性地就所有许可申请逐个进行评价。如《关于有意向环境释放转基因生物的指令》(2001/18/EC)在序言部分第19条规定,有意释放转基因生物,应基于个案处理原则(Case by Case)事先进行环境风险评价;《转基因食品和饲料条例》((EC) NO. 1829/2003)在序言部分第3条规定,为了保护人类和动物健康,转基因食品与饲料在投放欧盟市场前应进行安全评价。由此可见,申请人不能以与已经获得许可的同类生物或产品具有等同性为由免除相关的许可申请义务。

2.3.3 逐步进行原则

欧盟要求在实验室研究、环境释放以及商业化生产与应用等每个环节上依次对转基因生物及其产品进行风险评价,并且以前面的实验所积累的相关数据和经验作为确定是否进入下一个研发阶段的评价基础,即实行逐步进行原则(Step by Step)。[③] 这在其转基因生物安全立法的程序

---

① Article 1, Directive 2001/18/EC of the European Parliament and of the Council of 12 March 2001 on the Deliberate Release into the Environment of Genetically Modified Organisms and Repealing Council Directive 90/220/EEC, 载 http://eur-lex.europa.eu, 最后访问日期:2009年7月24日。

② Article 1, Regulation (EC) No. 1946/2003 of the European Parliament and of the Council of 15 July 2003 on Transboundary Movements of Genetically Modified Organisms, 载 http://eur-lex.europa.eu, 最后访问日期:2009年7月28日。

③ 例如,《关于有意向环境释放转基因生物的指令》(2001/18/EC)在序言部分第24条明确规定向环境中引入转基因生物须遵循逐步进行原则。

性规定中体现得非常充分。这些规定往往对风险评价的每一阶段都提出了非常明确的时限。在此原则的主导下,对转基因生物及其产品的审批过程大都较为漫长。

2.3.4 基于技术(工艺)原则

在欧洲,人们对转基因生物的态度较为谨慎,环保组织和消费者团体还掀起了相当规模的反对转基因农作物和转基因食品的运动。相应地,欧盟对转基因生物及其产品的监管比较严格,采用的是以技术(工艺)为基础(Process-based)的管理模式。

欧盟认为,重组 DNA 技术具有潜在危险,因此不论利用何种基因、何种生物,只要是通过重组 DNA 技术获得转基因生物及其产品,都要接受安全评价和监管。基于此,欧盟制定了一系列相关的条例、指令和标准。这些立法和标准不仅针对转基因生物及其产品,而且针对相应的技术研发和应用过程。欧盟各成员国或者直接适用欧盟的相关条例,或者依据相关指令建立本国的法律制度。

欧盟强调,防范转基因生物及其产品的潜在危害,不能仅仅从最终产品这一环节来实现,因为即便最终产品被阻止在市场之外,其生产过程也可能存在对生态环境和人类健康的风险。有鉴于此,欧盟实行从实验室到餐桌的全程控制,使得转基因生物及其产品在整个生命周期的各个阶段都处在严密的监管之下。这与美国仅仅规范转基因生物最终产品的做法相去甚远。

2.4 管理体制

欧盟的生物安全管理机构主要是第十一总司(负责环境、核安全及公民保护)、第三总司(工业总司)和第六总司(农业总司)。此外,转基因生物体的运输由运输总司管理,应用于人类、动物和植物的技术以及可能影响人类、动物和生态环境的非食品类物质(包括杀虫剂)的生产由第二十四总司(负责消费者政策与消费者健康保护)管理。

2002 年 1 月 28 日,欧洲议会和欧盟理事会通过了《关于设定食品法律一般原则与要求、设立欧洲食品安全管理局、设定食品安全事务之程序

第六章 部分国家和地区转基因生物安全立法及其启示

的条例》((EC)NO.178/2002)①。该条例第三章明确规定设立欧洲食品安全管理局(European Food Safety Authority),并对该机构的使命、权限、内部组织机构和运作程序等作了详细规定。欧洲食品安全管理局的设立,对欧盟转基因食品安全管理体制具有重大影响。

依据该条例第22条,欧洲食品安全管理局的主要职责在于对欧盟市场上的食品与饲料进行安全性评价,并就对食品与饲料安全有直接或间接影响的所有领域的立法和政策提供科学建议和科技支撑。为此,欧洲食品安全管理局必须致力于与各成员国已经存在的承担类似职责的机构紧密合作,以科学、专业的方式在快速预警系统中扮演关键性角色。但需要强调的是,整体快速预警系统的负责机构是欧盟委员会,欧洲食品安全管理局所承担的仅是风险评价责任,而非决策与政治责任。

除此之外,欧洲食品安全管理局的职责还包括以下重要方面:

1. 就欧盟有关人体营养的立法提供科学建议和科技支撑,并应委员会的请求,就欧盟健康计划架构下的营养问题之沟通提供协助;
2. 就有关动物健康、福利以及植物健康的其他问题提供科学意见;
3. 就2001/18/EC指令所界定的转基因食品与饲料以外的其他产品以及为之建立的程序提供科学、无歧视的意见。

众所周知,欧盟一向强烈关注食品安全问题,常常因此被美国、加拿大、澳大利亚等农产品出口大国质疑为缺乏科学证据和实行贸易保护主义,甚至被诉至世贸组织(WTO)。有鉴于此,欧洲食品安全管理局强调其坚守科学本位,且独立行使职权。此种科学性与独立性需要在其内部机构设置以及整体运行规则等方面得到体现和保障。

欧洲食品安全管理局内设四个部门,分别是管理委员会(Management Board)、执行主任及其工作组(Executive Director and Staff)、顾问会议(Advisory Forum)、科学委员会及八个专家小组(Scientific Committee and 8 Panels)。其中,执行主任是对外代表,顾问会议与科学委员会属于专家咨

---

① Regulation (EC) No.178/2002 of the European Parliament and of the Council Laying Down the General Principles and Requirements of Food Law, Establishing the European Food Safety Authority and Laying Down Procedures in Matters of Food Safety,载 http://eur-lex.europa.eu,最后访问日期:2009年7月22日。

询机构,真正起核心作用的是管理委员会。

条例还为欧洲食品安全管理局的运作确立了几项基本原则,如独立行使职权(第37条),透明化(第38条)和承担保密义务(第39条)等。

总之,欧盟要考虑社会公众特别是消费者对食品安全危机的不满以及对转基因食品等敏感性议题的高度疑虑,考虑食品安全问题可能左右欧洲最大的产业部门即农业与食品加工业的发展前景,希望加强对食品安全的把关机制。与此同时,欧盟又不得不考虑其在世贸组织架构下已经与美国、加拿大等国家发生了数起针对农产品贸易的争端,所建立的把关机制必须尽可能保持科学性及独立性,以增强其在贸易议题上的公信力。

2.5 主要法律和制度

欧盟有关转基因生物安全的立法很多。这些立法按其目标与功能可大致分为三种类型,分别是转基因生物在封闭状态下的操作规范(旨在保障转基因技术实验室操作安全)、转基因生物环境释放的操作规范(旨在保障生态环境安全)以及转基因生物相关产品规范(旨在保障转基因食品和饲料安全)。

综合看来,确立了主要法律制度、在日常管理中起核心作用的三部转基因生物安全立法分别是《关于有意向环境释放转基因生物的指令》(2001/18/EC)、《转基因食品和饲料条例》((EC)NO.1829/2003)与《转基因生物可追溯性和标识以及转基因食品和饲料可追溯性条例》((EC)NO.1830/2003)。

2.5.1 《转基因食品和饲料条例》与许可制度

2.5.1.1 《新食品和新食品成分条例》概览

在《转基因食品和饲料条例》颁布之前,转基因食品管理的主要依据是《新食品和新食品成分条例》((EC)NO.258/97)。

《新食品和新食品成分条例》并不是专门针对转基因食品的,而是把转基因食品作为新食品之一来对待。但从该条例的颁布背景和实际内容来看,其核心还是对转基因食品的规制。

《转基因食品和饲料条例》将《新食品和新食品成分条例》中调整和管理转基因食品的部分继承了过来,相关的基本原则和内容没有很大变化。此外,新条例还增加了一部分内容,专门对生产动物用转基因饲料等

第六章　部分国家和地区转基因生物安全立法及其启示

活动进行规范。因此,要了解《转基因食品和饲料条例》,就必须首先对《新食品和新食品成分条例》进行一定分析。

《新食品和新食品成分条例》第1条明确规定该条例适用于"即将投放欧盟市场且未曾在欧盟境内被人类规模消费的食品和食品成分"。这些食品和食品成分,即所谓的新食品和新食品成分共有六种类型,包括含有转基因生物的食品和食品成分,以及虽不含有转基因生物,但其生产原料为转基因生物的食品和食品成分等。[①] 新食品和新食品成分绝不能给消费者带来危险、误导消费者或者在正常食用的情况下对消费者产生营养方面的不利影响。[②] 基于此,就转基因食品而言,即便其在北美等地区已经有了多年的安全利用与消费记录,也不能当然地获得欧盟市场准入资格,而是需要按照该条例的规定申请上市许可。

在评价与许可(Assessment and Authorization)方面,《新食品和新食品成分条例》要求拟将其产品投放欧盟市场者即申请人在向作为产品之首次投放地的成员国提出上市申请的同时,将其申请呈报欧盟委员会。[③] 此程序是为了确保欧盟委员会的把关作用,避免申请人将同一案件先后提交不同的成员国,以求在不同审查机构中获得较为有利的结果。

安全评价程序包括初始评价(Initial Assessment)和再评价(Additional Assessment)。在综合考虑安全评价报告以及相应的评论或者反对意见等因素的基础上,由成员国或者欧盟委员会作出是否予以批准的决定。

在初始评价程序中,各成员国自行请适格的主管机构(Competent Authority)进行评价。该机构须在受理案件后3个月内完成评价程序。初始评价报告一旦出炉,相关成员国应及时将其呈报欧盟委员会,而欧盟委员会则应将其转达其他成员国。欧盟委员会或其他成员国在60天之内皆可对初始评价报告提出评论意见或者附理由的反对意见。上述意见皆须向欧盟委员会提出。如果没有反对意见,受理申请的成员国应及时通知申请人,准许其将相关新食品或者新食品成分投放市场;如果有反对意

---

① Regulation (EC) No. 258/97 of the European Parliament and of the Council of 27 January 1997 concerning Novel Foods and Novel Food Ingredients, 载 http://eur-lex.europa.eu,最后访问日期:2009年7月21日。

② 同前注文,Article 3(1)。

③ 同前注文,Article 4(1)。

见,全案将进入再评价程序。①

而在再评价程序中,欧盟委员会向食品常设委员会(Standing Committee for Foodstuffs)提出特定执行意见,再由常设委员会对该意见进行议决。只有食品常设委员会同意欧盟委员会所提意见,欧盟委员会才可作出对该申请案的决定,并及时通知申请人。如果食品常设委员会不同意欧盟委员会所提意见,或者根本无法作出相关决议,则欧盟委员会须将其执行意见转呈欧盟理事会。理事会可在3个月内通过多数决的方式作出决定。如果理事会在3个月内仍无法作出决定,那就须由欧盟委员会自行决定是否执行其自身意见。②

此外,《新食品和新食品成分条例》第12条规定,如果基于新的信息或者对现有信息的重新评价,某一成员国有充分理由相信依照该条例利用食品或者食品成分会危害人类健康与生态环境,那么该成员国可以暂时限制或者中止相关食品或者食品成分的贸易与利用。一旦采取此种措施,该成员国必须立即通知欧盟委员会及其他成员国,由欧盟委员会通过条例第13条所确立的审议模式决定该措施的有效性。一方面,该制度为各成员国维护其本国食品市场提供了有力保障;但另一方面,由于成员国针对包括转基因食品在内的新食品实行国家保护措施的现象较为普遍,而且尚未发生相关措施被欧盟委员会撤销的情形,因此该制度对欧盟内部的决策一致性构成了极大威胁。

2.5.1.2 《转基因食品和饲料条例》的基本目标和适用范围

《转基因食品和饲料条例》第1条规定,该条例的基本目标是:在涉及转基因食品和饲料的情况下,为人类生命与健康、动物福利、生态环境以及消费者利益提供高水平的保护,设定欧盟许可和监督转基因食品和饲料的程序,并规定转基因食品和饲料标识制度。③

---

① Articles 4—6, Regulation (EC) No. 258/97 of the European Parliament and of the Council of 27 January 1997 concerning Novel Foods and Novel Food Ingredients, 载 http://eur-lex.europa.eu, 最后访问日期:2009年7月21日。

② 同前注文, Articles 7—13。

③ Regulation (EC) No. 1829/2003 of the European Parliament and of the Council of 22 September 2003 on Genetically Modified Food and Feed, 载 http://ec.europa.eu, 最后访问日期:2009年7月21日。

该条例适用于供食用的转基因生物、含有转基因生物的食品、由转基因生物组成的食品、以转基因生物为生产原料的食品、包含以转基因生物为生产原料之成分的食品、作饲料之用的转基因生物、含有转基因生物的饲料、由转基因生物组成的饲料和以转基因生物为生产原料的饲料。①

需要强调的是,在对转基因食品和饲料进行概念界定时,《转基因食品和饲料条例》采取了较为宽泛的立场,以增强对转基因食品和饲料可能产生的健康风险的防范。在该条例中,转基因食品和饲料不但指含有转基因成分(每一种成分的含量在 0.9% 以上)②的食品和饲料,还包括由转基因生物生产加工而成、但其中已经不再含有任何转基因成分的食品和饲料。例如,将转基因油菜籽加工成食用油,最终产品仅含油脂成分,而不含任何转基因遗传物质或表达蛋白,但该食用油还是会被认定为转基因食品。

2.5.1.3 转基因食品的上市许可

《转基因食品和饲料条例》明确要求,除非经过许可并满足相关的许可条件,任何人不得将转基因食品投放欧盟市场,而获准上市的转基因食品不得对人类健康、动物健康以及生态环境造成不利影响,不得误导消费者,不得在正常食用的情况下给消费者带来营养上的不利影响。③

当事人为了获得向欧盟市场投放转基因食品的许可,必须向作为首次投放地的成员国的国家主管机构提出申请。该主管机构应在收到申请后的 14 天内以书面形式告知申请人,确认已经收到该申请,并应及时通知欧洲食品安全管理局。欧洲食品安全管理局则应及时通知其他成员国和欧盟委员会,向其提供相关申请材料和信息,并将申请材料的概要向社会公开。④

其后,欧洲食品安全管理局应向欧盟委员会、相关成员国和申请人提出意见并将其意见向社会公开。而公众则可在 30 天内就此意见作出评论并将其评论提交欧盟委员会。⑤

---

① Article 3, Article 15, Regulation (EC) No.1829/2003 of the European Parliament and of the Council of 22 September 2003 on Genetically Modified Food and Feed, 载 http://ec.europa.eu, 最后访问日期:2009 年 7 月 21 日。
② 同前注文, Article 12(2)。
③ 同前注文, Article 4。
④ 同前注文, Article 5。
⑤ 同前注文, Article 6。

在收到欧洲食品安全管理局的意见后,欧盟委员会应在3个月内向食物链与动物健康常设委员会(Standing Committee on the Food Chain and Animal Health)提交将要就相关申请作出的决议之草案。如果决议草案与欧洲食品安全管理局所提意见不一致,欧盟委员会应作出解释。最终决议一旦作出,欧盟委员会应及时通知申请人并在《欧盟公报》上公布。①

此外,条例还对转基因食品上市许可的变更、中止、撤销、更新以及转基因食品的标识作了规定。② 而在许可条件、机构、程序等方面,转基因饲料与转基因食品几乎完全相同。

2.5.2 《关于有意向环境释放转基因生物的指令》与风险评价制度、许可制度

2.5.2.1 概述

欧共体原本以90/220/EEC指令③规范转基因生物的有意释放。与该指令同时生效的转基因生物安全立法还有专门针对在封闭状态下利用转基因微生物的90/219/EEC指令。④

综合看来,关于转基因生物有意释放的管理制度还有很多需要改进之处。此外,由于欧洲消费者和环保团体对转基因生物释放后产生的健康与环境影响持强烈质疑态度,欧盟及其部分成员国实际上采取了严格限制甚至禁止转基因生物释放的做法。这引发了美国等转基因农产品出口大国与欧盟之间的国际贸易冲突。基于上述状况,欧盟于2001年3月12日通过了《关于有意向环境释放转基因生物的指令》(2001/18/EC),并决定自2002年10月17日起废止原来的90/220/EEC指令。

《关于有意向环境释放转基因生物的指令》(2001/18/EC)⑤共38条,

---

① Article 7, Regulation (EC) No. 1829/2003 of the European Parliament and of the Council of 22 September 2003 on Genetically Modified Food and Feed, 载 http://ec. europa. eu, 最后访问日期: 2009年7月21日。

② 同前注文, Articles 10—14。

③ Council Directive of 23 April 1990 on the Deliberate Release into the Environment of Genetically Modified Organisms (90/220/EEC), 载 http://eur-lex. europa. eu, 最后访问日期:2009年7月15日。

④ Council Directive of 23 April 1990 on the Contained Use of Genetically Modified Micro-organisms (90/219/EEC), 载 http://eur-lex. europa. eu, 最后访问日期:2009年7月15日。

⑤ Directive 2001/18/EC of the European Parliament and of the Council of 12 March 2001 on the Deliberate Release into the Environment of Genetically Modified Organisms and Repealing Council Directive 90/220/EEC, 载 http://eur-lex. europa. eu, 最后访问日期:2009年7月15日。

第六章　部分国家和地区转基因生物安全立法及其启示

分为四大部分:第一部分(PART A)是一般性规定,涉及立法目标、相关概念和一般性义务等;第二部分(PART B)是关于非以投放市场①为目的的转基因生物有意释放的规定,涉及许可程序、公众咨询与信息公开等;第三部分(PART C)是关于以投放市场为目的的转基因生物有意释放的规定,涉及申请、评价和审批等;第四部分(PART D)是最终条款,涉及保密、咨询科学委员会与伦理委员会、实施《卡塔赫纳生物安全议定书》以及对违法行为的处罚等。由于在制定该指令时国际上正对转基因生物的环境影响问题进行讨论,且《卡塔赫纳生物安全议定书》刚刚获得通过,因此该指令的内容在很大程度上受到有关生物安全议定书的各种讨论的过程及其结果的影响。

2001/18/EC 指令适用于转基因生物本身、包含转基因生物的产品以及由转基因生物组成的产品。而根据该指令第 2 条第 2 款的规定,"转基因生物"是指"除人类之外的有机体,其遗传物质已经被改变,该改变方式在自然状态下不会发生"。

该指令确立了有关转基因生物有意释放的一系列管理制度和措施,主要包括风险评价制度、释放许可制度、强制性监控制度、信息公开制度以及转基因生物标识和可追溯性制度等。其中发挥关键性基础作用的是风险评价制度和许可制度。

转基因生物风险评价的目的是鉴别和评判拟有意释放的转基因生物对生态环境和人类健康可能产生的负面影响,包括直接和间接的影响,急性和慢性的影响,并考虑累积性和长期性的影响。指令要求在批准释放转基因生物前,必须进行环境风险评价。

在通过环境风险评价后,根据转基因生物释放目的的不同,释放许可程序可分为以下两类:第一类许可程序针对不以投放市场为目的的转基因生物的有意释放。在该程序下,申请人需要向释放活动所在地国家的主管当局提交有关申请材料,由该主管当局听取欧盟委员会和其他成员国主管机构的意见后作出是否允许释放的决定。第二类许可程序针对以

---

① 根据 2001/18/EC 指令第 2 条第 4 款,"投放市场"(Placing on the Market)是指以有偿或者无偿的方式向第三方提供转基因生物,但 90/219/EEC 指令所规制的转基因微生物封闭利用以及参照该指令所确立的原则和制度采取严格封闭控制措施的其他转基因生物的利用除外。

投放市场为目的的转基因生物的有意释放。在该程序下,申请人应向市场投放活动所在地国家的主管当局提交申请材料,并在不同的情形下分别由该主管当局、欧盟委员会或者欧盟理事会作出是否允许释放的决定。

此外,依据 2001/18/EC 指令第 17 条的规定,先前已经依 90/220/EEC 指令获得批准的转基因生物释放,在 2001/18/EC 指令生效后仍须再次向相关成员国提出许可申请,以获得新的批准。该指令希望通过这种措施,重新赢得公众对政府监管转基因生物之能力与权威的信心。

2.5.2.2 一般性义务

2001/18/EC 指令第 4 条主要规定了成员国、欧盟委员会以及申请人的一般性义务。

成员国应遵循风险预防原则(Precautionary Principle),确保采用各种适当方法,避免转基因生物的有意环境释放或市场投放可能对生态环境和人类健康造成不利影响,同时应指定一个或者数个负责落实该指令之要求的主管机构,并确保该机构开展适当的检查以及其他控制活动。对于获得批准后投放市场的转基因生物,成员国还应确保其在所有阶段的可追溯性。

成员国,或者在适当的情况下,成员国与欧盟委员会,应确保通过个案处理的方式,使转基因生物基因迁移(Gene Transfer)所直接或者间接产生的对生态环境和人类健康的潜在不利影响得到准确评价。

此外,任何人在提出转基因生物释放申请时,都必须先进行环境风险评价。对于含有外源抗生素抗性基因的转基因生物的环境风险评价,成员国与欧盟委员会应给予特别审核,并应于 2004 年底前全面禁止使用该类基因的转基因生物的释放。该规定的主要依据是:如果抗生素抗性基因移转到人体内,很可能使人体内的细菌获得此种基因,从而导致在医疗上必须使用抗生素的场合出现药剂失效的情形。

2.5.2.3 转基因生物的非商业性释放

转基因生物的非商业性释放,即非以投放市场为目的的转基因生物之有意释放,并不是指该项释放与商业活动无关,而是指该项释放纯粹以科学实验为目的,并未达到在市场中进行商业化利用的地步,也未将相关的作物品种提供给农民种植。

第六章 部分国家和地区转基因生物安全立法及其启示

有意进行转基因生物的非商业性释放者,必须事先向释放活动所在地国家的政府主管机构提出申请,提交包括环境风险评价数据和结论在内的多项材料。为此,申请人必须在提出申请前自行作出环境风险评价,并以达到可接受程度的详细的评价资料作为其提出申请的重要依据,供主管机构审查。申请人也可以引用其他申请人过去提交的资料,将其作为申请依据,只要这种引用不侵犯商业秘密即可。主管机构受理申请后,则应在 90 天内作出批准或不予批准的决定并以书面形式通知申请人。[①]

在申请人向主管机构提出转基因生物释放申请后,或者主管机构已作出同意释放的书面决定后,如果有新的信息显示该项释放可能对生态环境或人类健康造成危害,那么申请人应立即采取必要措施保护生态环境和人类健康,向主管机构报告该信息并修改和完善其申请书中的应对措施,主管机构则应对该信息加以评价和公开,并得要求申请人变更释放条件或者暂停甚至终止该项释放。[②]

转基因生物释放完成后,申请人应向主管机构报告释放后的结果,即对生态环境和人类健康产生的实际影响。[③]

综合观之,由于非商业性释放仅属于有限范围的试验,一般仅会对其释放活动所在地产生影响,因此在许可程序上较为尊重所在地国家的政府主管机构的决定。

2.5.2.4 转基因生物的商业性释放

转基因生物的商业性释放,是指将转基因生物投放到市场中进行产业化生产或流通。该活动远比田间试验更复杂,因此为了尽可能避免或者减少其对生态环境和人类健康的影响,也就需要更加严格的监管程序。

进行转基因生物商业性释放的当事人,应根据《关于有意向环境释放转基因生物的指令》(2001/18/EC)第 13 条的规定,事先向首次市场投放活动所在地国家的政府主管机构提出申请,提交包括完整的环境风险评价报告在内的多项资料。主管机构应确认收到申请的日期并立即将申请

---

① Article 6, Directive 2001/18/EC of the European Parliament and of the Council of 12 March 2001 on the Deliberate Release into the Environment of Genetically Modified Organisms and Repealing Council Directive 90/220/EEC, 载 http://eur-lex.europa.eu, 最后访问日期:2009 年 7 月 15 日。
② 同前注文,Article 8。
③ 同前注文,Article 10。

材料的概要转达给其他成员国的主管机构以及欧盟委员会。

主管机构应对申请材料进行审查,并应在接受申请后的90天内完成评价报告,此即为初始评价程序。初始评价的决定可能为同意释放、同意附条件释放或者不同意释放。主管机构应将初始评价报告送达申请人与欧盟委员会。欧盟委员会应在收到该评价报告后的30天内,将报告转达给其他成员国的主管机构。①

欧盟委员会和其他成员国的主管机构均可就相关转基因生物的市场投放问题进一步提供信息、作出评论或者提出附理由的反对意见,并可为了达成协议而讨论任何相关的突出问题。② 这是因为,在欧盟单一市场的前提下,发生在任何一个成员国的商业性释放活动都可能影响其他成员国的生态环境和公众健康等权益,因此其他成员国应当有提出异议的机会,当初接受申请的成员国必须尊重其他成员国的意见并进行适当协调。

如果作出评价报告的主管机构决定不应将转基因生物投放市场,释放申请将被拒绝。③

如果作出评价报告的主管机构决定可以将转基因生物投放市场,而其他成员国和欧盟委员会没有提出反对意见,那么作出评价报告的主管当局应以书面形式批准该申请项下的转基因生物释放,并将批准决定通知申请人、其他成员国以及欧盟委员会。在符合批准条件的情况下,该转基因生物可以在欧盟境内投放市场。④

如果作出评价报告的主管机构决定可以将转基因生物投放市场,而其他成员国或欧盟委员会提出了反对意见,那就只能在欧盟层次上作出最终决定。⑤ 欧盟委员会应首先咨询其下属的科学委员会。⑥ 这些科学委员会是由医药、食品、营养学、毒理学等相关学科的独立专家组成的。

如果科学委员会的意见是有利于申请人的,欧盟委员会将起草批准

---

① Article 14, Directive 2001/18/EC of the European Parliament and of the Council of 12 March 2001 on the Deliberate Release into the Environment of Genetically Modified Organisms and Repealing Council Directive 90/220/EEC,载 http://eur-lex.europa.eu,最后访问日期:2009年7月15日。
② 同前注文,Article 15(1)。
③ 同前注文,Article 15(2)。
④ 同前注文,Article 15(3)。
⑤ 同前注文,Article 18(1)。
⑥ 同前注文,Article 28。

第六章 部分国家和地区转基因生物安全立法及其启示

决定书并提交给由各个成员国的代表组成的监管委员会(Regulatory Committee)。如果监管委员会作出肯定的答复,欧盟委员会即可作出批准的决定;如果监管委员会未作出肯定的答复,草拟的决定书将被提交给欧盟理事会,由理事会以多数票通过或否决;如果欧盟理事会在3个月内还未作出决定,那么欧盟委员会可以直接通过草拟的决议。[①]

在有利于释放申请人的决定被作出时,准备评价报告的主管机构应在决定被公布或者接到相关通知后的30天内,以书面形式批准或者重新批准将转基因生物投放市场并通知申请人、其他成员国的主管机构以及欧盟委员会。[②]

在释放申请的审批过程中,在不违反保密义务的前提下,相关信息要向社会公开。公众可以通过媒体获得相关信息,比如申请材料的概要、主管机构的评价报告以及科学委员会的意见等。[③]

受理申请的主管机构拒绝申请时必须说明相应的理由。若是同意释放申请,则其书面批准文件应明确批准的范围、批准的有效期限、投放市场的条件、标识要求以及转基因生物释放后的监控计划与执行方案等内容。[④]

必须强调的是,由于批准转基因生物商业性释放的最长期限为10年,因此至少每10年必须再重新申请一次。为了避免成员国政府不必要的拖延给申请人造成损失,指令第17条规定,若申请人在期限届满的9个月前重新提出申请,则在相应主管机构就新申请案作出决定之前,既有的释放可继续执行,不受期限届满影响。

此外,尽管欧共体90/220/EEC指令已被废止,但源于该指令的"保护条款"仍被2001/18/EC指令继承了下来。在成员国有充分的理由认定那些已经获得书面批准的转基因生物对生态环境或人类健康构成风险时,该条款允许其暂时限制或者禁止该转基因生物在本国范围内的使用和销售。[⑤]

---

① Article 30(2), Directive 2001/18/EC of the European Parliament and of the Council of 12 March 2001 on the Deliberate Release into the Environment of Genetically Modified Organisms and Repealing Council Directive 90/220/EEC, 载 http://eur-lex.europa.eu, 最后访问日期:2009年7月15日。
② 同前注文, Article 18(2)。
③ 同前注文, Article 24。
④ 同前注文, Article 15(2)和 Article 19(3)。
⑤ 同前注文, Article 23。

2.5.3 《转基因生物可追溯性和标识以及转基因食品和饲料产品可追溯性条例》((EC)NO.1830/2003)与可追溯性制度

2.5.3.1 立法背景

欧盟对转基因食品和转基因食品成分的监管比较严格,但这无法消除消费者对其安全性的疑虑。鉴于标识制度不仅可以保障消费者的知情与选择权利,而且也是欧盟应对内部与外部压力的折中方法,因此该制度在近年来成了欧盟规范转基因生物及其产品特别是转基因食品的主要工具。

欧盟有关食品标识制度的一般性规定和依据是 2000/13/EC 指令[①],但其中缺乏针对转基因食品的特别规定。《新食品和新食品成分条例》((EC)NO.258/97)以及《关于有意向环境释放转基因生物的指令》(2001/18/EC)中也有关于标识的规定,但这些规定多是原则性与指示性的,往往难以具体执行。

在《新食品和新食品成分条例》制定之前,已经有两种转基因食品(玉米与大豆)依据 90/220/EC 指令获准在市场上流通,但该指令并未规定标识义务。为了弥补这一漏洞,欧盟于 1998 年颁布了《特定转基因食品强制标识条例》((EC)NO.1139/98)[②],要求所有利用转基因玉米和转基因大豆生产的食品或食品成分都必须标识为转基因食品或含有转基因成分。但是该标识义务仅适用于含有转基因生物或由转基因生物组成的食品,而不适用于由转基因生物生产却不再含有转基因成分的食品。申言之,后者当时被视为相当于传统食品,从而不需要标识。

为了完善针对转基因食品的标识制度,欧盟于 2000 年 1 月 10 日颁布了 49/2000 号条例,对《特定转基因食品强制标识条例》((EC)NO.1139/98)中的许多规则进行修正,且将强制标识的适用范围扩展到所有的转基

---

① Directive 2000/13/EC of the European Parliament and of the Council of 20 March 2000 on the Approximation of the Laws of the Member States relating to the Labelling, Presentation and Advertising of Foodstuffs,载 http://eur-lex.europa.eu,最后访问日期:2009 年 7 月 13 日。

② Council Regulation (EC) No.1139/98 of 26 May 1998 concerning the Compulsory Indication of the Labelling of Certain Foodstuffs Produced from Genetically Modified Organisms of Particulars other than Those Provided for in Directive 79/112/EEC,载 http://eur-lex.europa.eu,最后访问日期:2009 年 7 月 13 日。

因食品和转基因食品成分。49/2000号条例设定了承担强制性标识义务的起点,亦即如果食品中含有的转基因成分的比例超过1%,就必须标识为转基因食品。至于具体的认定标准,则是针对各种不同类型的转基因成分的含量分别计算,而非针对所有类型的转基因成分的总量加以计算。此外,该条例还规定相关业者必须向主管机构提供证据,表明其已采取适当措施保障相关食品未以转基因大豆、转基因玉米或者其他转基因生物为原料。①

2003年,《转基因食品与饲料条例》又将承担强制性标识义务的门槛降低为食品中所含的任何一种转基因成分的含量超过0.9%。②

尽管欧盟有关转基因生物及其产品特别是转基因食品的标识制度日益详尽与完善,但消费者对食品安全的信心并未得到恢复。尤其是在2000年,原本批准用作饲料的星联(Star Link)玉米流转到了饼干产品中,这不仅直接引发消费者恐慌,而且使人们对食品标识制度的信心更加不足。在该事件后,欧盟开始重新检讨其转基因生物及转基因食品监管的有效性问题,提出了"可追溯性"的立法思路,并颁布了《转基因生物可追溯性和标识以及转基因食品和饲料可追溯性条例》((EC)NO.1830/2003),③以便追踪处在市场中各个不同阶段的转基因生物以及转基因食品和饲料,从而有助于改进质量控制并保证在必要时可以撤回相关生物和产品。

2.5.3.2 可追溯性制度

根据《转基因生物可追溯性和标识以及转基因食品和饲料可追溯性条例》((EC)NO.1830/2003)的规定,获得批准投放欧盟市场的转基因生物以及由转基因生物生产的食品和饲料都要被纳入到可追溯性制度的框

---

① Commission Regulation (EC) No. 49/2000 of 10 January 2000 Amending Council Regulation (EC) No. 1139/98 concerning the Compulsory Indication on the Labelling of Certain Foodstuffs Produced from Genetically Modified Organisms of Particulars other than Those Provided for in Directive 79/112/EEC,载http://eur-lex.europa.eu,最后访问日期:2009年7月13日。

② Article 12, Regulation (EC) No. 1829/2003 of the European Parliament and of the Council of 22 September 2003 on Genetically Modified Food and Feed,载http://ec.europa.eu,最后访问日期:2009年7月21日。

③ Regulation (EC) No. 1830/2003 of the European Parliament and of the Council of 22 September 2003 concerning the Traceability and Labelling of Genetically Modified Organisms and the Traceability of Food and Feed Products Produced from Genetically Modified Organisms and Amending Directive 2001/18/EC,载http://ec.europa.eu,最后访问日期:2009年7月13日。

架之内。而所谓的可追溯性制度,简单说来就是指对转基因生物、转基因食品和转基因饲料在从生产、流通到消费的每个环节都进行登记,以利于追踪其来源和去向,为此每个环节的负责人都必须如实记录其取得转基因生物、转基因食品和转基因饲料的来源及其后来的流向,依法保存该记录并将相关信息传达给后续的接受者。①

建立针对转基因生物、转基因食品和转基因饲料的完善的追踪机制,能够促进标识制度得到有效落实,保持消费者对标识可靠性的信心。与此同时,转基因生物、转基因食品和转基因饲料可能造成的生态和健康风险目前还属于科学上的不确定性问题。将来一旦出现实际的生态或健康危害,就需要查出究竟是哪一种转基因生物、转基因食品或转基因饲料,在何种情形下造成的危害。如果没有可追溯性制度,危害的根源就无法被厘清,相关的转基因生物、转基因食品或转基因饲料就无法得到及时而有效的处理。由此可见,可追溯性制度是补充、强化标识制度的重要措施,也是应对转基因生物、转基因食品和转基因饲料之生态与健康风险的有效手段。

2.5.4 《转基因生物越境转移条例》((EC)NO.1946/2003)和事先知情同意制度

欧盟及其成员国于2000年签署了《卡塔赫纳生物安全议定书》。该议定书要求各缔约方采取必要而合理的法律、行政和其他措施履行议定书所确立的义务。

《转基因生物越境转移条例》((EC)NO.1946/2003)②就是按照《卡塔赫纳生物安全议定书》的要求制定的,旨在根据风险预防原则,建立一个有关转基因生物越境转移、处理和利用的公共信息系统,以保证欧盟落实该议定书的相关规定。③ 该条例适用于可能对生物多样性的保护和可持续利用产生不利影响,同时可能对人类健康有风险的转基因生物(其他

---

① Articles 2, 4(A) and 5, Regulation (EC) No.1830/2003 of the European Parliament and of the Council of 22 September 2003 concerning the Traceability and Labelling of Genetically Modified Organisms and the Traceability of Food and Feed Products Produced from Genetically Modified Organisms and Amending Directive 2001/18/EC, 载 http://ec.europa.eu, 最后访问日期:2009年7月13日。

② Regulation (EC) No.1946/2003 of the European Parliament and of the Council of 15 July 2003 on Transboundary Movements of Genetically Modified Organisms, 载 http://ec.europa.eu, 最后访问日期:2009年7月13日。

③ 同前注文,Article 1。

第六章 部分国家和地区转基因生物安全立法及其启示

国际协定和组织所管理的供人类使用的药物除外)的越境转移。①

对于拟有意释放到环境中的转基因生物的出口,出口商应在该转基因生物的首次越境转移之前,向进口国——无论其是否是《卡塔赫纳生物安全议定书》的缔约方——的主管机构提交书面申请,使其可以基于科学的风险评价作出是否同意进口的决定。出口商必须对其所提供信息的准确性负责,且只能在获得进口国主管机构的明确的书面同意后方可进行该首次越境转移。② 此外,如果认为出现了某种条件变化,可能影响进口国主管机构据以作出是否准许进口之决定的风险评价的结果,或者出现了新的科学或者技术方面的相关信息,出口商就可以请求进口国主管机构重新审查其所作决定。③

对于拟直接用作食品、饲料或用于加工的转基因生物的出口,欧盟委员会应代表欧盟,或在适当的场合下代表作出决定的成员国,将有关越境转移的最终决定通知生物安全信息交换所(BCH)并通过交换所将该决定通知《卡塔赫纳生物安全议定书》的其他缔约方。④

成员国一旦发现在其管辖范围内发生的某一转基因生物释放事件导致或可能导致无意的越境转移,进而很可能对生物多样性的保护和可持续利用产生重大不利影响,同时也可能对人类健康造成危害,就应当采取适当措施通知公众并及时通知欧盟委员会、受到影响或可能受到影响的成员国、所有其他成员国、生物安全信息交换所以及相关国际组织,并应及时与受到影响或可能受到影响的成员国协商,使其能够确定使不利影响最小化的适当的应对措施并采取必要的行动。⑤

2.5.5 《关于环境损害预防与救济责任的指令》(2004/35/EC)和转基因生物相关业者的环境责任

为了更好地保护环境,欧洲议会和欧盟理事会于 2004 年 4 月 21 日通

---

① Article 2, Regulation (EC) No.1946/2003 of the European Parliament and of the Council of 15 July 2003 on Transboundary Movements of Genetically Modified Organisms, 载 http://ec.europa.eu, 最后访问日期:2009 年 7 月 13 日。
② 同前注文,Article 4 和 Article 5。
③ 同前注文,Article 7。
④ 同前注文,Article 9。
⑤ 同前注文,Article 14。

过了《关于环境损害预防与救济责任的指令》(2004/35/EC)。① 因转基因生物研发、释放、利用和运输等活动而对受保护物种及其栖息地、水资源、土地造成损害或威胁的,相关业者应依该指令以及其所在国的相关规定,承担预防和救济相应环境损害的法律责任。

该指令采取"污染者付费"原则,对于造成或很可能造成环境损害的活动,要求相关业者就环境损害的预防及救济承担经济责任,且损害赔偿的金额并无上限。但当事人若能证明其行为与环境损害间无直接因果关系,即可免除其责任。此外,如果转基因生物环境释放等活动已取得主管机构批准,依照当时的科学知识及技术水平,无法确定其会对环境或人体产生危害,且当事人能够证明自己对造成环境损害或者威胁并无过错或过失,其经济责任应予免除。②

该指令的最大特色在于,以"环境责任"的概念赋予相关业者维护自然环境不受破坏的义务。而转基因生物相关活动对个人财产或身体所造成的损害,仍属于以损害赔偿为基本形式的民事侵权,不在该指令的调整范围之内。基于此,因种植转基因作物而"污染"邻近农地上的常规作物时,受害农民仍应按照传统民事法的相关规定,提出一般性的损害赔偿请求。

2.5.6 欧盟委员会《关于制定旨在确保转基因作物和传统、有机农业共存的国家战略、开展相关最佳实践所应遵循的指导原则的建议》

2003年7月23日,欧盟委员会公布了一份题为《关于制定旨在确保转基因作物和传统、有机农业共存的国家战略、开展相关最佳实践所应遵循的指导原则的建议》③,该建议属于没有法律约束力的"软法"。欧盟委员会认为,不能排除非有意释放的转基因作物会偶然混进非转基因作物的可能性,因此转基因作物的种植很可能会对传统和有机农业产生影响。

---

① Directive 2004/35/CE of the European Parliament and of the Council of 21 April 2004 on Environmental Liability with regard to the Prevention and Remedying of Environmental Damage, 载 http://eur-lex.europa.eu, 最后访问日期:2009年7月13日。

② 同前注文,Article 8。

③ Commission Recommendation of 23 July 2003 on Guidelines for the Development of National Strategies and Best Practices to Ensure the Coexistence of Genetically Modified Crops with Conventional and Organic Farming, 载 http://eur-lex.europa.eu, 最后访问日期:2009年7月13日。

这样,如何保证生产者可以选择不同的农业生产模式便成为一个问题。原则上,农民可以自由选择所种植作物的类型,无论是转基因作物还是传统或者有机作物,任何一个类型都不应被排除在欧盟之外。进一步看,这个问题还关系到消费者的选择权。为了使欧盟消费者在选择转基因产品和非转基因产品方面有真正的、高度的自主权,不仅要有得到适当执行的标识和可追溯性制度,还要有农业部门维持不同种植模式的存在,提供不同类型的产品,这是实现消费者自由选择权的前提保障。

当偶然存在的转基因农产品超过了相关法律规定的阀值时,本来的非转基因农产品也要标识为含有转基因成分。由于这类转基因农产品难以销售,市场价格相对较低,将会导致农民遭受一定的经济损失。如果农民不得不采用监控机制以最大限度地避免转基因作物和非转基因作物的混杂,势必会增加成本。有鉴于此,为了维持共存关系,需要确定一些可操作的措施,尽量降低混杂程度以及相应的管理成本。

总之,欧盟重视转基因作物和非转基因作物的混杂所带来的影响和潜在经济损失,强调以最大限度地防止混杂作为最适当的措施,维护传统、有机农业种植模式和采用转基因技术的农业种植模式之间的共存关系,并就各成员国在制定相关国家战略、开展相关最佳实践时所应遵循的指导原则,如透明性和利益相关者广泛参与原则、基于科学进行决策原则以及比例原则等,提出了一系列参考建议。

2.6 英国转基因生物安全立法

2.6.1 引言

作为欧盟成员国,英国对转基因生物安全的立场基本上和欧盟保持一致,即持相对排斥的态度,而在实践中,其生物安全监管往往比欧洲大陆国家更加严格。

在1998年之前,英国和其他许多欧洲国家就已经开始了有关转基因生物的实践,其间没有任何研究表明转基因生物存在风险。但在这一年的秋天,科学家普斯陶伊(Pusztai)披露,幼鼠在食用转基因土豆10天后,其肾脏、脾和消化道出现损伤,免疫系统也遭到转基因成分的破坏。此消息一出,英国舆论哗然,政府的转基因生物政策面临空前压力。①

1999年下半年,英国政府决定暂时中止转基因作物的商业化种植,同时开展大规模的科学试验,以考察转基因作物对局部环境和生物多样性的影响。②

2003年,英国首相的战略研究小组发表报告指出,鉴于转基因技术可以去除食品中引起过敏症的成分或增加食品中的营养成分,转基因作物还可以成为新型药品和疫苗的来源,因此从长远来看,转基因作物的商业化种植能够为经济繁荣与稳定作出巨大贡献,并能够增进公众的健康。但报告同时也指出,目前的转基因作物只有很少一部分品种适合于英国的种植条件,而消费者对转基因作物有较强的抵触情绪,对转基因食品的需求很少,这将严重制约转基因农业在英国的发展,决定了转基因作物在短期内对英国经济的效益还十分有限。总体看来,未来如何在成本与收益之间进行平衡,将取决于公众态度以及监管系统应对各种不确定性的能力。③

英国对转基因生物的管理始于1978年。根据当时的《职业健康与安全法》④的相关规定,任何从事基因操作者都必须向健康与安全管理局(Health and Safety Executive)报告。

作为欧盟成员国,英国还必须遵守欧盟的条例和指令。与欧盟有关转基因生物的指令相对应,英国立法明确划分了转基因生物封闭利用

---

① 1997年,英国爆发了疯牛病。政府在处理该事件时侧重产业利益的策略和表现,导致公众不相信其有关风险和发展之间关系的立场和承诺。在这种氛围下,本来就广受关注的转基因生物安全问题,特别是转基因食品安全问题就变得高度敏感和充满争议。参见Keith Lee and Richard Tyler, International Scientists Raise Concerns over Genetically Modified Food,载http://www.wsws.org,最后访问日期:2009年7月13日。

② 碧声:《转基因:英国人与英国人的战争》,载http://www.kaiwind.com,最后访问日期:2009年7月13日。

③ Strategy Unit Publishes its Report on the Costs and Benefits of GM Crops (11/6/2003),载http://www.cabinetoffice.gov.uk,最后访问日期:2009年7月13日。

④ Health and Safety at Work etc. Act 1974(c. 37),载http://www.statutelaw.gov.uk,最后访问日期:2009年7月13日。

(Contained Use)、①转基因生物有意释放(Deliberate Release)②和从事基因修饰工作的健康与安全管理(Management of Health and Safety at Work)③等三种类型的基因工程活动。此外,英国还于2004年对其以前的食品安全立法进行了修订。④

2.6.2 法律体系

英国有关转基因生物的立法主要有《转基因生物(封闭利用)条例》(2000)、《转基因生物(有意释放)条例》(2002)、《新食品和新食品成分条例》((EC)NO.258/97)、《转基因食品和饲料条例》((EC)NO.1829/2003)、《转基因生物可追溯性和标识以及转基因食品和饲料可追溯性条例》((EC)NO.1830/2003)、《转基因生物越境转移条例》((EC)NO.1946/2003)以及《环境保护法》⑤等。此外,相关立法还包括《野生动物与乡村法》(1981)⑥关于引种的规定,《食品与环境保护法》(1985)⑦关于杀虫剂的规定、《动物(科学规程)法》(1986)⑧关于转基因活动的规定以及《卫生法》(2006)⑨关于人畜药物的规定等。

总体看来,英国的转基因生物安全法律体系和欧盟的要求是一致的。而在具体的管理制度方面,除了欧盟制定的一些基本制度外,该国早在1990年就通过《环境保护法》确立了转基因生物资料存档制度,要求负责环境、食品与乡村事务的国务大臣(Secretary of State for Environment, Food

---

① The Genetically Modified Organisms(Contained Use) Regulations 2000, 载 http://www.opsi.gov.uk, 最后访问日期:2009年7月13日。

② The Genetically Modified Organisms (Deliberate Release) Regulations 2002, 载 http://www.england-legislation.hmso.gov.uk, 最后访问日期:2009年7月13日。

③ The Management of Health and Safety at Work Regulations 1999, 载 http://www.uk-legislation.hmso.gov.uk, 最后访问日期:2009年7月23日。

④ The Food Safety Act 1990 (Amendment) Regulations 2004, 载 www.england-legislation.hmso.gov.uk, 最后访问日期:2009年7月17日。

⑤ 《环境保护法》(1990)第六部分对转基因生物的监管作了规定。参见 Environmental Protection Act 1990 (c. 43), 载 http://www.opsi.gov.uk, 最后访问日期:2009年7月13日。

⑥ Wildlife and Countryside Act 1981, 载 http://www.jncc.gov.uk, 最后访问日期:2009年7月8日。

⑦ Food and Environment Protection Act 1985 (c. 48), 载 http://www.opsi.gov.uk, 最后访问日期:2009年7月9日。

⑧ Animals (Scientific Procedures) Act 1986, 载 http://www.archive.official-documents.co.uk, 最后访问日期:2009年8月13日。

⑨ Health Act 2006, 载 http://www.opsi.gov.uk, 最后访问日期:2009年7月23日。

and Rural Affairs)建立公共的信息档案,并将相关资料归类。需要保存的资料包括禁止转基因生物释放或商业化的决定,进行转基因生物释放或商业化的申请,申请人或许可证持有人在申请处理过程中或在得到许可后向国务大臣提交的新的信息、资料等。①

2.6.3 监管体制

按照目前英国的生物安全监管体制,环境、食品与乡村事务国务大臣负责涉及人类健康和安全的转基因生物释放和商业化的许可,健康与安全管理局负责转基因生物封闭利用的管理并参与转基因生物释放和商业化的管理,运输及地区事务部负责转基因生物释放和商业化管理以及封闭利用管理中的协调工作,环境、食品与乡村事务部以及卫生部共同负责新食品(包括转基因食品)和新食品成分的管理。

2.6.4 监管内容

英国的转基因生物安全监管主要包括三个部分:转基因生物有意释放和商业化、转基因生物封闭利用和新食品(包括转基因食品)安全管理。

2.6.4.1 转基因生物有意释放和商业化

转基因生物有意释放和商业化需依照1990年《环境保护法》和2002年《转基因生物(有意释放)条例》进行管理。环境、食品与乡村事务国务大臣负责转基因生物释放和商业化的许可,在批准相关申请前要征得健康与安全管理局等机构的同意。

对于转基因生物释放,申请人要向国务大臣提交申请书,其内容包括:有关转基因生物释放的信息,包括生物体的情况等;有关转基因生物释放对生态环境和人类健康的影响与风险评价的声明;关于待释放转基因生物及其释放目的的已有报道与文献;所涉及的主要知识产权问题;内容总结;等等。

申请人在得到国务大臣的确认通知后,应在10天内通过在释放地有影响的报纸发布有关的主要信息,包括申请人姓名、地址,释放转基因生物的概述,释放地点、释放目的以及释放时间等。与此同时,申请人应将有关申请内容通知释放地的所有者、相关自然保护组织、国家河流管理机

---

① 122 Public Register of Information, Environmental Protection Act 1990 (c.43).

构(在英格兰为河流水质与岛屿委员会)、申请人所组建的安全委员会的每个成员。

而转基因生物商业化的申请书,除了上述转基因生物释放所要求的信息外,还要包括:在市场化之前对转基因生物所作试验的数据与结果;转基因生物在其市场范围内对生态系统的可能影响,并要考虑欧盟成员国之间的差别,作出总的风险评价;获得数据所采用的方法及有关文献;等等。

2.6.4.2 转基因生物封闭利用

健康与安全管理局负责《转基因生物(封闭利用)条例》的实施。在环境、食品与乡村事务国务大臣授权下,该局有强制执行此条例的权力,可以对某种转基因生物解除限制并颁发证书,同时可以规定解除限制的条件和时间,并有权依法撤销解除证明。另外,该局须每三年向欧盟汇报相关指令的执行情况,以便欧盟依此出版总结报告。

2.6.4.3 转基因食品安全管理

环境、食品与乡村事务部和卫生部依照《新食品和新食品成分条例》、《转基因食品和饲料条例》等共同负责转基因食品安全管理。新食品是指以前在欧盟范围没有用于规模消费的食品,其中包括含有转基因生物、由转基因生物组成或由转基因生物生产的食品。

2.7 德国转基因生物安全立法

在德国,许多人对待转基因技术的态度在很大程度上是个信仰问题,而不是科学问题。绿党、环保组织和广大消费者普遍反对转基因产品,政府对转基因生物安全问题的立场在总体上也较为保守,这就导致针对转基因技术研发等活动以及转基因产品的监管非常严格。

2.7.1 《基因工程法》的基本内容

基于自身已有的转基因生物立法以及共同体相关指令,德国在1990年制定了《基因工程法》。其后,为了简化基因工程研究的审批程序,改善生物技术研究的法律与管理环境,又在1993年对该法进行了第一次修订。① 作为规范转基因技术、转基因生物、转基因产品以及相关活动的基本依据，《基因工程法》适用于转基因生物封闭利用设施、基因工程操作、转基因生物释放以及转基因产品上市等的管理，旨在保护人类、动植物、生态环境和物质财富，使其免受基因工程活动及其产物可能带来的危害，同时也为基因工程技术研究、开发、推广与应用提供法律框架。②

从结构和内容上看，首次修改后的《基因工程法》共包括七个部分。第一部分是"总则"，主要涉及立法目的、适用范围、基本概念、位于联邦卫生办公室的生物安全中央委员会（Central Commission for Biosafety）的设立、人员组成、职能以及基因工程相关业者在谨慎注意、预防风险和保存相关记录方面的基本义务等；第二部分是"基因工程设施中的基因工程操作"，主要涉及安全水平与安全措施、基因工程设施许可、以科研为目的的基因工程操作、以商业化开发为目的的基因工程操作、基因工程设施和操作许可程序及条件等；第三部分是"转基因生物释放和转基因产品上市"，主要涉及许可制度以及需要提供的申请材料等；第四部分是"共同规定"，主要涉及材料的使用、保密、咨询程序、操作暂时中止、报告义务、排除基于私法的请求权、收费、监督、信息提供义务与忍受义务、主管机构的命令、许可的终止、行政法令的执行、主管机构的指定等；第五部分是"责任条款"，主要涉及承担民事责任的主体、原则、条件、赔偿限额、因果关系推定、受害人的知情权、第三方保险或者其他责任保障方式等；第六部分是"行政罚款与刑事责任规定"；最后一部分是"过渡性和最终条款"。

2004年，为了贯彻落实欧盟《关于有意向环境释放转基因生物的指令》(2001/18/EC)③，保护非转基因作物的种植，保障转基因作物与非转基因作物的共存，德国再次对《基因工程法》进行了较大幅度的修改。

这次修订的主要内容包括以下两个方面④：

---

① German Genetic Engineering Act of 1993, 载 http://web.uni-frankfurt.de, 最后访问日期：2009年8月14日。

② 同前注文，Articles 1—2。

③ 《关于有意向环境释放转基因生物的指令》要求所有的欧盟成员国都必须在2002年10月17日前开始实施该指令。

④ The Amendment to Germany's Genetic Modification Act, 载 http://www.gmfreeireland.org, 最后访问日期：2009年8月14日。

第六章　部分国家和地区转基因生物安全立法及其启示

关于立法目标,第1条明确该法将遵循风险预防原则(Precautionary Principle)。这一新理念对所有条款,特别是有关转基因生物释放和转基因产品上市之条款的解释、执行都具有重要影响;有利于加强对相关风险的防范,更好地保护人类健康、动植物和生态环境。

关于非转基因农业(GM-free Farming)保护,第16a条确立了转基因作物种植场所登记制度,要求欲种植转基因作物者先到所在地的主管机构,就其拟种植的转基因作物的名称、外源基因的特性、场所及面积等事项进行登记;第16b条要求从事转基因作物种植、转基因生物加工以及其他相关活动的当事人采取风险预防措施,遵守"良好农业规范"(Good Farming Practice)等一系列操作要求,如在转基因作物种植地和非转基因作物种植地之间保持最小间隔距离,以防止转基因生物造成"实质性的消极影响"(Material Negative Effects);第16c条确立了转基因产品监测和可追溯性制度,要求转基因作物种植者监测其产品,以确保转基因生物对人类、动植物和生态环境的不利影响可以得到追踪和确认;第32—37条则进一步明确和强化了有关转基因生物侵权的民事赔偿责任,确定了无过失责任原则、连带责任方式以及针对每个事件的损害赔偿限额。鉴于同类的转基因产品和非转基因产品在市场上的销售价格往往大不相同,非转基因农作物的经营者可能会因基因污染而无法将自己的产品标示为有机产品或者非转基因产品,第36a条规定,对于因转基因生物混杂而导致的传统有机农业的经营者所遭受的损失,转基因作物的经营者应基于无过失责任原则承担赔偿责任,获得基因工程设施和基因工程操作许可证并遵守"良好农业规范"以及其他有关规定并不能免除其赔偿责任;如果有多处邻地种植相同种类的转基因作物,致使受害人无法确定真正的基因污染来源时,适用民法上关于连带责任的规定。此外受害人可到所在地的主管机构查阅相关的转基因作物种植信息,以确认应负赔偿责任的债务人。

表面看来,这些新规定并没有否定农民种植转基因作物的权利,但在实践中,由于农民将承担非常大的注意义务与责任,基因工程技术在农业领域的研发和应用受到严重限制。有鉴于此,该法充满争议,甚至被称为"基因技术防止法",是对转基因技术的"实际禁止"。科学家以及支持转基因生物的农民和其他相关业者纷纷呼吁当局重新考虑和完善这些规定。①

2007年,联邦政府对《基因工程法》中有关法律责任、透明度、转基因作物研发和种植等的规则作了修订,以便在利益相关者之间达致"公平的利益均衡"(Fair Balance of Interests),在保护生态环境和人类健康、保障消费者选择自由的同时促进基因工程技术的研发和不同种植模式的并存。②

2.7.2 转基因产品标识制度

在完善有关转基因生物释放、转基因产品上市等活动之立法的同时,德国也在欧盟相关条例与指令的基础上加强了自身的转基因产品标识立法。

欧盟《转基因食品和饲料条例》(1829/2003/EC)将转基因产品的标识门槛从1%降低到0.9%,同时对标识内容亦有明确要求。为了增加商品的信息透明度,确保消费者享有选择转基因食品或非转基因食品的自由、保障有机作物不受转基因作物污染,德国议会于2008年批准启用非转基因食品新标识,即"Ohne Gentechnik"(意为"未使用转基因技术")标识,以便于区分那些在生产过程中未使用任何转基因技术的畜产品。根据该项立法,由不食用转基因饲料的动物所生产的肉、蛋、牛奶和奶酪可以加注该标识。③

2.8 保加利亚转基因生物安全立法

保加利亚是在2007年1月1日才加入欧盟的国家。在正式加入欧盟之前,该国就基于欧盟的相关立法并结合自身的需要,于2005年制定了

---

① Gabrielle H Williamson, Controversial New Rules on Green Genetic Technology, 载 http://www.internationallawoffice.com, 最后访问日期:2009年8月16日。
② Genetic Engineering Act Amended, 载 http://www.bundesregierung.de, 最后访问日期2009年8月3日。
③ John Laumer, Germany Approves "GM-free" Label, 载 http://www.treehugger.com, 最后访问日期:2009年8月13日;中国农业科学院国际合作局:《德国启用转基因食品新标识》,载 http://www.caas.net.cn, 最后访问日期:2009年8月13日。

《转基因生物法》。① 该法正文有8章、143条,此外还有一些补充性条款、过渡性和最终条款以及两个附件。

第一章是"总则",主要涉及适用范围、立法目标以及风险预防原则等;第二章是"主管机构",主要涉及环境与水利部、农业与林业部在转基因生物管理方面的职权,转基因生物咨询委员会(Consultative Commission on Genetically Modified Organisms)的建立及其成员和职责等;第三章是"转基因生物的封闭利用",主要涉及相关的健康与环境风险之评价、场所登记以及封闭利用的条件与程序等;第四章是"转基因生物环境释放以及转基因产品上市程序",主要涉及相关的健康与环境风险之评价、转基因生物环境释放许可、转基因产品上市许可等;第五章是"转基因生物的进口、出口、过境以及非有意的越境转移";第六章是"保密信息";第七章是(对转基因生物相关活动的)"控制";第八章是"强制性行政措施和行政处罚条款"。

三、其他部分国家转基因生物安全立法

3.1 引言

在转基因生物安全领域,除了美国、欧盟(及其成员国)的立法在总体上较为成熟和具有代表性之外,其他许多国家,包括日本、澳大利亚等发达国家以及巴西等发展中国家也都制定了各自的相关立法。②

3.2 日本转基因生物安全立法

日本实行以国家力量支持生物科技发展的政策,这一方向很早就已确定。1976年,美国国立卫生研究院(NIH)制定了《重组DNA分子研究指南》,日本就随即跟进。1979年,当时的文部省与科学技术厅分别制定了相似的实验指南。这表明,日本注重在生物科技研发和管理方面紧追美国的脚步。

---

① Genetically Modified Organisms Act,载http://www.gmo-free-regions.org,最后访问日期:2009年8月23日。

② 中国国家生物安全信息交换所:《国外生物安全法律法规》,载http://www.biosafety.gov.cn,最后访问日期:2009年8月5日。

面对风险议题,日本一方面强调发展生物科技的重要性,另一方面又不得不在消费者团体等的强烈要求下实行比较接近于欧盟的安全审查制度。如此一来,就不免出现政策矛盾以及执行上的落差。由于日本在行政文化上并无欧美的公众参与程序和惯例,相关政策制定往往是由官僚主导,这就进一步加深了上述矛盾和冲突。近年来日本陆续爆发了一些食品安全危机,如雪印牛奶污染、疯牛病等,说明其在食品安全把关能力上存在一定欠缺。

日本也是转基因产品的最大进口国之一。随着国际上对转基因食品安全问题日益关注,特别是欧盟逐步建立起完整而严格的转基因食品监管法制,日本的民间团体开始强烈要求政府加强对转基因食品的监管。由于转基因生物立法和管理同时面临科技产业发展与安全保障这两个方面的巨大压力,中间的平衡点并不容易达到。

3.2.1 法律体系

日本的生物技术安全管理始于20世纪70年代末,涉及的政府机构主要有科学技术厅(现为文部科学省)、通产省(现为经济产业省)、农林水产省和厚生省(现为厚生劳动省)。

1979年,科学技术厅制定了《重组DNA实验指南》。该指南对在控制条件下的重组DNA研究的安全管理作了详细规定,按照大、小两种实验规模划分了控制等级,并对各等级制定了相应的设计要求、设备要求以及操作规范。在从事相关的DNA研究工作以前,需要根据受体、外源DNA、载体及转基因生物的特性进行安全评价,最后确定控制等级。1991年,科学技术厅对该指南进行了修订。

1986年,通产省和厚生省分别制定了《重组DNA技术工业应用指南》和有关应用重组DNA技术生产食品和药品的《重组DNA工作指南》。前者包括"总则"、"重组体安全评价"、"设备、操作和管理"以及"管理及责任体系"等内容,后者包括"总则"、"设施和设备"、"资源和机构"、"有关操作要点"和"附录"等部分。

1992年,农林水产省制定了《在农业、林业、渔业、食品工业和其他相关工业部门应用重组DNA生物的指南》,其后又进行了几次修订。

2002年,日本成为《卡塔赫纳生物安全议定书》的原始缔约国之一,并积极推动该国际立法的国内法化进程。2003年,日本制定并颁布了《关于通过监管改性活生物体的利用活动实现生物多样性的保护和可持续利用的法律》(2003年97号法律)。① 该法体现了《卡塔赫纳生物安全议定书》的基本原则和主要内容,同时大量吸收了原有相关立法的有益成果,是日本有关转基因生物安全监管的主要法律。此外,相关部门还基于该法制定了《关于通过监管改性活生物体的利用活动实现生物多样性的保护和可持续利用的法律的实施条例》②等配套性立法。

3.2.2 管理体制

负责统筹生物技术环境计划和污染控制的机构是环境省。而在针对转基因技术及其产物的具体监管活动中,文部科学省、经济产业省、农林水产省和厚生劳动省四个部门分工合作,相互配合,各司其职。

文部科学省负责管理实验室阶段的重组DNA研究工作,主要依据是1979年颁布的《重组DNA实验指南》。该指南适用于封闭设施内的所有重组DNA研究。

经济产业省负责推动生物技术在化学药品、化学产品和化肥生产等方面的应用。该省下设重组DNA技术委员会,由10名成员组成。

农林水产省负责管理转基因生物的环境释放,包括转基因生物在农业、林业、渔业和食品工业中的应用。该省设有由15名成员组成的委员会,负责对相关申请进行审查。

厚生劳动省负责管理应用重组DNA技术生产食品和药品的活动。该省设有生物技术咨询委员会,由12名成员组成。③

3.2.3 主要制度

3.2.3.1 经济产业省(原通产省)有关转基因生物产业化的规定

针对转基因生物在工业领域的产业化发展,《重组DNA技术工业应

---

① Law Concerning the Conservation and Sustainable Use of Biological Diversity through the Regulations on the Use of Living Modified Organisms (Law No. 97 of 2003), 载 http://www.env.go.jp, 最后访问日期:2009年8月15日。

② Regulations related to the Enforcement of the Law Concerning the Conservation and Sustainable Use of Biological Diversity through the Regulations on the Use of Living Modified Organisms, 载 http://www.bch.biodic.go.jp, 最后访问日期:2009年8月12日。

③ 陈文炳:《日本转基因技术研究与管理最新动态》,载《检验检疫科学》2002年第3期,第4—10页。

用指南》明确了基本条件和要求,以保障相关技术应用活动的安全性,并促进相关技术的健康发展。[①]

(1) 原则

在将某种转基因生物进行产业化时,需要对相关的安全评价项目逐一进行评价,并根据其安全性作出分类。

(2) 转基因生物体的控制设备、设施和操作规程

处理转基因生物的设备和设施的标准,应依据转基因生物的安全性级别来确定,以防止或减少产业化过程中的泄漏。此外,还应通过遵守操作规程等措施,确保转基因生物产业化的安全性。

(3) 项目管理和经营者义务

在转基因生物产业化的过程中,政府主管部门必须不断收集有关重组 DNA 技术的资料,在发现异常信息时,应立即向上级主管部门报告。此外,政府主管部门还必须监督项目经营者在操作过程中遵守该指南关于项目经营者义务的规定,如任命业务主管及安全主任、建立安全生产委员会等。

指南要求安全主任必须从熟练掌握生物灾害相关知识和技术的人员中选任,安全主任须熟知该指南并就必要的事项向安全生产委员会报告。

此外,指南还对教育培训、健康管理进行了细致的规范。

3.2.3.2 农林水产省有关转基因生物利用的规定

《在农业、林业、渔业、食品工业和其他相关工业部门利用重组 DNA 生物的指南》适用于在本地种植的转基因作物、从国外进口且可以在自然环境中繁衍的转基因生物、用于生产饲料的转基因生物以及用于生产食品的转基因生物,并规定了申请利用转基因生物的程序。

(1) 原则

在农业、林业、渔业、食品工业和其他相关工业部门利用转基因生物时,必须根据受体、重组 DNA 分子和载体的特性对转基因生物进行全面的安全性评价。

---

① 朱守一:《生物安全与防止污染》,化学工业出版社 1999 年版,第 45—48 页。

（2）转基因植物操作规范

为了开发转基因作物，必须首先进行田间试验。只有在通过试验肯定了转基因作物的安全性以后，才可以在开放的环境系统中进行大规模的释放和利用。

此外，指南还对进行转基因作物试验所用的设施以及转基因作物的植株保存、废弃物处理和运输等作了详细规定。

（3）转基因微生物操作规范

转基因微生物的大范围环境释放，也必须事先进行安全性评价和田间试验。

基于其安全性水平，转基因微生物可以分为GILSP类（已经工业生产类）、Ⅰ类、Ⅱ类、Ⅲ类和特别处理类五种。在安全性类别确定后，再具体确定相应的处理和操作方法。

（4）转基因动物操作规范

利用转基因动物还必须遵守有关实验动物的法律和法规，如《动物保护和管理法》、《实验动物育种和保管条例》等。由于人们对动物在自然界的移动具有足够的控制能力，对动物的监控比对植物和微生物的监控更加有效，因而转基因动物风险评价的项目相对简单。

3.2.3.3　厚生省（现为厚生劳动省）有关转基因食品的规定

日本在转基因食品方面的规定主要有标识制度和严格的市场准入制度。如果食品中的转基因成分含量在5%以下，原则上就可以标注为"非转基因食品"；如果食品中前三种主要成分之一含有转基因生物，或者转基因成分的总量超过5%，就应该标注为"转基因食品"。食品中的转基因成分尚未被分离的，应在标签上说明。某些特殊产品，如大豆酱油、菜籽油、含有玉米淀粉的酒类，以及所含DNA已经改变，现有技术手段无法将其检测出来的饲料等，不在该规定的调整范围之内。

3.2.3.4　《关于通过监管改性活生物体的利用活动实现生物多样性的保护和可持续利用的法律》之基本内容

该法第一章是"总则"，主要涉及立法目的、概念界定以及由主管大臣确定并公布有关改性活生物体利用的基本问题；第二章是"防止改性活生物体之利用对生物多样性造成不利影响的措施"，主要涉及Ⅰ类改性活生物体生产、进口、利用的审批以及相关业者的义务、II类改性活生物体生产的措施以及相关业者的义务、生物进口检验、信息提供与使用等；第三章是"出口措施"，主要涉及出口申请、相关文件以及召回或者其他救济措施等；第四章是"杂项"，主要涉及报告的提交、现场检查、检查命令、公众咨询、主管大臣以及临时措施等；第五章是"刑事条款"；最后一部分是"补充规定"。

3.3 澳大利亚转基因生物安全立法

澳大利亚是一个普通法系国家，但在环境保护领域，大多数法律是成文法，普通法所起的作用并不大。澳大利亚也是联邦制国家，其环境法主要分为联邦和州两级，有时还有更低一级的地方性环境法。环境保护工作大都由各州政府具体负责，州环境法因量多面广而成为主角。联邦政府只负责有限范围内的环境保护活动，联邦环境法因数量较少、适用范围较小而处于配角地位。但近年来的发展趋势是联邦政府正直接或间接地通过环境立法逐步扩大其管理环境事务的范围和职权。[①]

《澳大利亚政府间环境协定》(1992)是澳大利亚联邦政府与各个州、地区以及澳大利亚地方政府协会共同签署的、用来协调全国环境行动的具有法律效力的文件，充分体现了联合国环境与发展大会所确认的可持续发展战略，反映了联邦政府和地方政府的环境共识，使澳大利亚预防污染、推行全面环境管理的法律观念发展到一个新阶段。该协定承认州、地区在发展国家和国际环境政策方面具有重要作用，避免各级政府在环境保护方面的职能重叠与冲突，力求建立一种在环境问题上进行合作的有效机制。[②]

快速发展的现代生物技术为澳大利亚带来了挑战和机遇。自上世纪90年代以来，该国在生物技术研发上的投入不断增加。政府认为，发展现

[①] 冯楚建：《澳大利亚生物安全研究与法制化管理考察总结》，载《科技与法律》2003年第3期，第49—53页。

[②] 该协定第3节"环境政策的原则"规定，各级政府的环境政策和规划的制定、实施须以以下原则作指导："缔约方认为，采用健全的环境措施和程序作为生态可持续发展的基础，将既有利于澳大利亚人民和环境，也有利于国际社会和环境"；"生物多样性和生态完整性的保护应该成为一种最基本的考虑。"

第六章　部分国家和地区转基因生物安全立法及其启示

代生物技术,除了必要的人力和物力投入以外,关键是靠高效、有力的法律提供保障。因此,澳大利亚高度重视生物技术专门立法以及其他相关立法。

3.3.1　法律体系

澳大利亚联邦、州和地方政府致力于建设完善的转基因生物安全监管法律体系,以保障人类健康和生态环境的安全,同时确保国家能够从生物技术的发展中受益。

该国现行的生物技术与安全法,主要包括相关立法和专门立法两部分,前者主要是指有关食品、药品、农产品、兽药、化学品等产品的立法,后者则是指基因操作咨询委员会(Genetic Manipulation Advisory Committee)制定的一系列技术指南和联邦议会制定的《基因技术法》等。

基因操作咨询委员会制定的指南有《大规模遗传操作工作指南》(1994)、《小规模遗传操作工作指南》(1998)以及《转基因生物有意释放指南》(1998)等。这类指南是非强制性的,只侧重技术方面,而不涉及产品审批。从事相关活动的单位可以自主选择是否根据指南进行申报,但基因操作咨询委员会可以对不遵守指南者进行一定的处分,比如撤回政府资助的研究经费或提供的税收优惠,揭露不法商业行为,并在必要的时候下令停止其研究工作等。①

2000年,联邦议会制定了《基因技术法》,其后又作了一些修改。② 该法立法理念务实,操作性强,为澳大利亚生物技术的研发和产业化发展确立了基本制度和管理体制,是世界各国转基因生物安全立法中的精品。

该法的全称是《管理涉及基因技术和为了相关目的之活动的法律》③,其目标是"确认基因技术所造成或导致的风险,并监管某些转基因生物活动,以应对这些风险,保护人类健康和安全,保护生态环境"④。为此目标,该法确立了风险预防原则以及基因技术管理制度,并要求加强与联邦、地

---

① 《澳大利亚生物安全管理》,载 http://www.labbase.net,最后访问日期:2009年8月19日。
② Gene Technology Act 2000,载 http://www.frli.gov.au,最后访问日期:2009年8月11日。
③ An Act to Regulate Activities involving Gene Technology, and for Related Purposes,载 http://www.frli.gov.au,最后访问日期:2009年8月14日。
④ 同前注文,Article 3。

方有关转基因生物和转基因产品的其他管理制度之间的衔接、整合。①

从该法内容来看,澳大利亚转基因生物科技管理和常规药品管理的基本思想是一致的,都是以技术及相关产物的风险作为设计管理制度的主要依据。《基因技术法》不是按照上游、中游和下游的次序对封闭利用、田间试验和产品上市进行分章规范,而是根据各种活动本身可能产生的风险的不同加以分类和管理。该法要求,除非符合法律规定或者获得主管当局的许可,任何人不得从事基因技术研发、应用以及转基因生物生产、加工、繁育、进口等活动。

3.3.2 监管体制

根据所属领域的不同,转基因生物及其产品分别由不同主管机构进行监管:转基因食品由澳大利亚—新西兰食品管理局(Australia New Zealand Food Authority)负责,医疗用品由治疗用品管理局(Therapeutic Goods Administration)负责,农药和兽药由国家注册局(National Registration Authority)负责,工业用药品由国家工业化学品通报与评价局(National Industrial Chemicals Notification and Assessment Scheme)负责,转基因生物及其产品的进出口由澳大利亚检疫检验局(Australian Quarantine and Inspection Service)负责。设立在卫生和老年工作部之内的基因技术管理专员临时办公室协调以上机构的工作。而基因操作咨询委员会的执行机构即设在工业、科学与资源部之内的基因技术办公室负责审批上述机构管理权限以外的产品,同时参与上述机构的管理工作,协调并注重审查生物安全方面的问题。②

2000年,《基因技术法》获得通过。依照该法的规定,在卫生和老年工作部设立基因技术管理专员办公室(Office of the Gene Technology Regulator),负责统筹、协调有关基因技术的管理工作,原基因技术管理专员临时办公室被撤销。

基因技术管理专员由总督(Governor-General)任命。同时,为了向其

---

① Article 4, An Act to Regulate Activities involving Gene Technology, and for Related Purposes,载 http://www.frli.gov.au,最后访问日期:2009年8月14日。
② 冯楚建:《澳大利亚生物安全研究与法制化管理考察总结》,载《科技与法律》2003年第3期,第49—53页。

第六章 部分国家和地区转基因生物安全立法及其启示

办公室提供咨询和建议,该法又设立了三个非专职的委员会,即基因工程技术咨询委员会、基因技术社会咨询委员会和基因技术伦理委员会。后来,基因技术社会咨询委员会和基因技术伦理委员会被合并为基因技术伦理与社会咨询委员会。

从事转基因生物研发、生产等活动,首先要向基因技术管理专员办公室提出申请。在获得许可后,被许可人根据所从事转基因活动的性质、领域,分别向澳大利亚—新西兰食品管理局、治疗用品管理局、国家注册局、国家工业化学品通报与评价局、澳大利亚检疫检验局等具体职能部门申请启动项目,申请时须向这些主管机构提交基因技术管理专员办公室颁发的许可证。主管机构审查通过后,将监督被许可人在项目实施过程中遵守相关要求,包括落实相应的风险管理措施。

3.3.3 《基因技术法》的基本内容

《基因技术法》共包括12部分。第一部分是"总则",主要涉及立法目标、实现该立法目标的监管框架、国家协调方案和有关犯罪的法律适用等;第二部分是"法律的解释与实施",主要涉及概念界定、与其他联邦法律的关系以及促进全国协调之方案等;第三部分是"基因技术监管专员",主要涉及职能、权力及其独立性等;第四部分是"转基因生物相关行为的监管",主要涉及必须获得许可的转基因生物相关行为以及违反许可条件的责任等;第五部分是"许可制度",主要涉及许可申请、对许可申请的初步审查、许可决定的作出、许可条件、许可中止、取消或变更以及在紧急情况下的有关决定等;第六部分是"对须申报的低风险行为以及转基因生物登记簿上记载之行为的监管";第七部分是"证明和鉴定",主要涉及对转基因生物相关设施控制水平的证明以及转基因生物可接受性的鉴定;第八部分是"基因工程技术咨询委员会和基因技术伦理与社会咨询委员会",主要涉及其成员构成、职能和权力等;第九部分是"管理",主要涉及基因技术监管专员的任命、条件及其报酬、基因技术账户的建立、报告义务、转基因生物和转基因产品档案的保存、对须申报的低风险行为的审查等;第十部分是"执法",主要涉及监管专员对许可证持有人或紧急决定的当事人发出遵守法律的指示等;第十一部分是"检查权",主要涉及检查员的任命及其职责、权力、工作程序等;第十二部分是"杂项",主要涉及对决定的审查、保守商业秘密、规则的制定以及过渡性规定等。

3.4 巴西转基因生物安全立法

总体看来,巴西政府比较重视生物技术的研发和应用。在农业方面,尽管转基因作物的产业化充满争议,发展较为曲折,但有关的研究、开发、种植以及安全性评价已经大范围展开,并取得了令世人瞩目的成就。据国际农业生物技术应用服务组织(ISAAA)发布的报告,2009年,巴西已经成为仅次于美国的世界第二大转基因农产品生产国。[①]

1995年1月5日,巴西制订了有关生物安全的第8974号法律。[②] 该法通过设定标准和控制方式,并成立国家生物安全技术委员会(CTNBio),规范人们在转基因生物设施建设、操作、释放、种植、运输、销售、消费和处置过程中的技术应用以及相应的政府管理活动,保护人类、动物、植物的生命健康以及生态环境。

该法授权卫生、农业和环境等部门基于各自的管辖范围负责转基因生物相关活动的许可、注册、控制、检查以及相关档案的保存等,但其监管活动需要考虑国家生物安全技术委员会对有关技术问题的最终意见和决定。

从事转基因生物相关活动者必须遵守该法以及相关条例的规定,否则会被处以罚款甚至追究刑事责任。

1995年12月20日,联邦政府制定了有关国家生物安全技术委员会组织机构问题的第1752号法令,对该委员会的地位、职责、成员的任命和任期、生物安全标准和质量证书等作了明确规定。后来,又对该法令进行了多次修改。

尽管有了针对转基因生物的基础性法律框架,但社会与政府之间以及政府内部的行政、司法与立法部门之间仍然存在严重分歧。[③] 1998年6月15日,孟山都公司向国家生物安全技术委员会提出的销售转基因大豆

---

① Kieran Gartlan, Brazil Now Second Largest GMO Producer, 载 http://www.dtnprogressivefarmer.com, 最后访问日期:2009年8月21日。

② Law 8974(1995), 载 http://www.biosafety.gov.cn, 最后访问日期:2009年8月17日。

③ Victor Pelaez, "State of Exception in the Regulation of Genetically Modified Organisms in Brazil", *Science and Public Policy*, 36(1), February 2009, p.62; USDA, *Brazil Biotechnology Update of Biotech Issues in Brazil 2001*, 载 http://www.fas.usda.gov, 最后访问日期:2009年8月25日。

的许可申请获得通过,巴西消费者保护协会(IDEC)和绿色和平组织随即向联邦法院提起诉讼,挑战该委员会采用的生物安全决策程序,请求法院采取临时性限制措施,阻止孟山都公司的转基因大豆上市。

1998年9月16日,受案法院援用风险预防原则,作出了有利于原告的判决,判令联邦政府在对相关销售活动进行充分监管并对相关环境影响进行适当调查之前,不得允许转基因大豆的商业化生产和销售。

面对来自法院的禁令,农业部无法为孟山都公司办理转基因大豆种子注册手续。但在9月24日,国家生物安全技术委员会作出明确论断,认为没有科学理由拒绝转基因大豆的商业化利用。

1998年10月,许多转基因生物的反对者提起了集体诉讼,请求在完成环境影响评价和实施标识制度之前,禁止销售任何转基因生物及其产品。1999年6月,法院作出了支持原告请求的判决。对此,孟山都公司和联邦政府提起了上诉。2000年6月,法院提出了初步意见,认为国家生物安全技术委员会有关不要求进行环境影响评价的决定违反了巴西宪法,其后判决孟山都公司和联邦政府败诉。

针对法院的禁令,联邦政府一方面为其转基因生物政策辩护,肯定国家生物安全技术委员会的行为准确地表达了该政策,另一方面还试图通过法令、临时措施等特别法律工具摆脱困局。

2000年12月28日,总统签署了旨在重新构建国家生物安全技术委员会并重新界定其权力的第2137号临时措施。该措施授权新的国家生物安全技术委员会在其认为不必要时可以作出免除当事人的环境影响评价义务的决定。

2001年7月18日,总统签署了第3871号法令,要求所含转基因成分在4%以上的包装食品必须在标签中注明该信息。此举的重要目的在于满足法院有关转基因生物标识的要求,为转基因作物和包装食品的商业化铺平道路。

而在民间,农民无视法院禁令而非法种植转基因大豆的现象非常普遍。如果将这些非法产品销毁,将会带来严重的经济、社会和政治影响。考虑到保护种植者利益和维护社会稳定的需要,联邦政府被迫于2003年3月出台了第113号临时措施,对违法的农民进行"行为矫正"。而国会则通过表决将该临时措施确立为第10688号法律。

根据临时措施的规定，只要农民承诺不再继续非法种植转基因作物，其2003年收获的转基因大豆就可以在2004年1月底之前用于出口和在国内市场上销售。而第10688号法律则要求，超过上述期限仍未售出的转基因产品应予销毁，不得用作种子；而那些用转基因大豆生产的产品或者产品成分，如果转基因物质的含量超过1%，就必须进行标识。

2003年4月24日，联邦政府发布了第4680号法令。该法令要求，所有包装、散装和冷冻的食品，以及食用转基因饲料的动物所产生的食品，如果转基因成分含量超过1%，就应在产品上予以标注。此外，对于第113号临时措施所提到的"可以销售到2004年1月31日的转基因大豆"，要求不管其转基因成分的含量是多少，都必须以标识注明。由于当时巴西法律仍然禁止种植转基因作物，新法令的最重要贡献在于加强了对消费者知情权的保护。

但有关鼓励出口和进行标识的规定并未得到有效执行。此外，通过第113号临时措施和第10688号法律所作的应急性的特别制度安排，只是将2003年收获的转基因大豆合法化了，却无法从根本上、总体上解决转基因生物永久合法化的问题。

随着转基因大豆种植季节的临近，来自非法种植者的压力再次增大，联邦政府不得不作出让步，于2003年9月出台了第131号临时措施，允许农民在该年度将收获的转基因大豆用作种子。该规定与国会通过的第10688号法律存在明显冲突。

2003年10月，新的生物安全法案终于被提交国会。联邦政府希望法案可以在下一个作物种植季节到来之前得到批准，但这一希望落空了。面对压力，联邦政府于2004年10月出台了第223号临时措施，将2004年的转基因大豆种植合法化。

2005年3月24日，总统签署了巴西议会通过的新生物安全法，即第11105号法律。① 该法旨在为转基因生物的设施建设、研究、操作、环境释放、种植、生产、运输、转移、进出口、储存、销售和处置确立安全规范和监

---

① Law No.11105 of 24 March 2005，载 http://www.ctnbio.gov.br，最后访问日期：2009年8月18日。

第六章 部分国家和地区转基因生物安全立法及其启示

管机制,以促进在生物安全与生物技术领域实现科学发展,保护人类与动植物的生命健康,落实环境风险预防原则,其基本框架和内容包括总则、国家生物安全理事会(CNBS)、国家生物安全技术委员会(CTNBio)、注册与检查机构、单位内部生物安全委员会(CIBio)、生物安全信息系统(SIB)、民事与行政责任、犯罪与处罚以及附则、附件等部分。2005年11月22日,联邦政府出台了具体实施该法律的第5591号法令。[①]

2007年3月21日,为了使转基因生物及其产品的审批过程更加顺畅,总统签署了第11460号法律。根据该法,生物安全技术委员会(CTN-Bio)在投票审批新转基因生物及其产品的商业化时将遵循简单多数原则,而不再遵循原来的三分之二多数原则。

2008年6月18日,国家生物安全理事会(CNBS)决定不再审查生物安全技术委员会(CTNBio)就转基因生物活动所作的技术性决议,即承认生物安全技术委员会(CTNBio)就转基因生物活动所作的技术性决议具有最终的决定性。这就大大加强了生物安全技术委员会(CTNBio)在转基因生物安全管理中的地位。

根据上述法律、法令和决定,国家生物安全理事会(CNBS)和国家生物安全技术委员会(CTNBio)是最为重要的转基因生物技术和安全管理机构。其中国家生物安全理事会(CNBS)是在总统办公室领导下协助总统制订和实施国家生物安全政策(PNB)的高层机构,由和转基因生物工作密切相关的联邦政府各部门的行政首长组成。该理事会负责制定有关联邦机构在管理活动中应当遵从的原则和指南,审查转基因生物商业化利用对经济、社会和国家利益的影响,但不再审查技术和生物安全因素。国家生物安全技术委员会(CTNB)是设在科学技术部之下的咨询与协商机构,其成员有27人,其中9人为联邦政府各相关部门的代表,12人为动物、植物、环境与健康领域的专家,其余6人为消费者保护和家庭种植方面的专家。该委员会的主要职责包括:为有关转基因生物及其产品的研究及其他活动制定规则;为有关转基因生物及其产品的风险评价与监测制定标准;基于个案处理原则,对有关转基因生物及其产品的活动与项目

[①] Decree No.5591 of November 22, 2005,载 http://www.ctnbio.gov.br,最后访问日期:2009年8月24日。

进行风险评价,并就研究活动和商业利用中的生物安全问题作出技术性决议;审批用于研究目的的转基因生物及其产品的进口;为转基因生物及其产品的注册与监测机构履行职责提供技术支持;等等。而国家生物安全技术委员会(CTNB)就转基因生物及其产品之生物安全问题所作的技术性决议对其他所有政府机构都具有约束力。

此外,联邦政府卫生、农业、环境等部门中的注册与监测机构应当基于各自的管辖权限,根据国家生物安全技术委员会(CTNB)的技术性决议和相关法律、法令的安排履行职责,如监测有关转基因生物及其产品的研究活动,注册并监测供商业利用的转基因生物及其产品,批准进口供商业利用的转基因生物及其产品,等等。

总之,经过十余年的冲突与挣扎,巴西终于建立了较为清晰、稳定的转基因生物安全监管法律体系和制度框架,为转基因技术和产业的发展创造了较为适宜的法律与政策环境。

四、评论与启示

转基因技术是经济发展的新引擎,在保障粮食安全等方面具有巨大的潜力。该技术的迅猛发展正引起世界农业结构的深刻变化,成为关系各国农产品竞争力和综合国力的重大问题。但转基因技术可能带来的生态和健康风险等问题也正日益引起人们的广泛关注。特别是随着转基因技术的产业化发展,转基因生物安全问题逐渐演变为集科技、产业、贸易、健康、生态环境、伦理、宗教、政治等多种因素于一身的复杂问题,相关争议往往非常激烈。面对种种分歧和复杂的利益关系,各国普遍以立法作为规范转基因技术和产业发展、防范相关风险的主要制度工具,建立了符合自身状况和需求、各具特色的转基因生物安全法律与管理框架。

但各国生物技术和立法的发展很不平衡。在发达国家,转基因技术研发工作起步早,进展快,大量转基因生物及其产品已经进入商业化生产和利用阶段。自 20 世纪 70 年代中后期以来,为了防范健康和生态风险,并保护本国或本地区的经济、社会、伦理、宗教等秩序免受外来冲击,美国、加拿大、澳大利亚、日本以及大部分欧洲国家就开始制定有关转基因

第六章　部分国家和地区转基因生物安全立法及其启示

生物安全的指南、技术标准和立法,到90年代,已经建立了比较完善的生物安全法律和管理体系。而在多数发展中国家,生物技术研发、应用以及相应的立法和管理工作处于刚刚起步的阶段,往往缺乏技术、经验、人才和设施等支撑条件。近年来,不少发展中国家急起直追,转基因技术研发投入增加,相关产业发展迅速,转基因生物安全立法与管理大大加强。巴西、阿根廷等就是这方面的典型代表。

目前,在转基因技术实验室研究和封闭利用方面,许多发达国家以及发展中国家都制定了较为一致和完善的安全指南或法律,而在转基因生物及其产品的产业化发展方面,各国立法在渊源、体系、目标、原则、制度、监管体制等方面往往存在显著差别。

美国是最早进行生物技术安全管理的国家。早在1976年,国立卫生研究院(NIH)就颁布了世界上第一部《重组DNA分子研究指南》。1980年以后,经过多方论证,美国认为转基因生物及其产品与非转基因生物及其产品没有本质的区别,管理中应遵循实质等同性原则;监管的对象应是转基因生物及其产品,而非生物技术本身。为了保证生态环境和人类健康的安全,同时保证监管弹性,避免过度抑制生物技术和产业的发展,美国并没有针对转基因生物及其产品进行单独立法,而是采取了将已经存在的某些法律延伸适用于转基因生物及其产品的策略,即利用已有的相关法律来管理转基因生物及其产品。总统办公厅科技政策办公室于1986年发布、1992年重新修订的《生物技术监管协调框架》阐明了生物技术安全管理的基本原则,并按照转基因生物及其产品的最终用途规定了所适用的法律和相应的政府管理部门,确立了较为松散的转基因生物安全监管模式。在经过较长时期的严格管理和经验积累之后,管理程序总体上逐渐简化。但自2000年以来,迫于国内外压力,美国政府发布了新的政策,要求加强生物安全管理,增强审查过程的透明度,并通过完善标识制度让农民(种植者)和消费者有更多、更充分的知情权。

协调框架是美国转基因生物安全管理的基石。在该框架之下,到目前为止,美国的转基因生物安全立法和监管总体上运行得当,促进了现代生物技术和产业的发展,但相关联邦法律与政策对转基因生物及其产品的宽松管理也并非完美无缺。如在早期的转基因作物田间试验中,依据相关立法获得批准的某些项目因其科学性体现得不充分而受到批评,相关业者对转基因作物利用所作的声明也影响了食品与药品管理局、环保局和农业部在管理中的角色;[①]协调框架不能将所有的相关政府部门都涵纳到对特定类型的转基因生物及其产品的监管中,也没有对已经实现商品化的转基因生物及其产品的监测作出统一规定;等等。

在监管环境不断变化,特别是新的转基因生物及其产品不断出现的情况下,上述缺陷的确制约着相关法律整体运作的效率和效果,需要基于科学、有效以及社会、经济与环境效益相均衡的原则加以改进。此外,损害预防原则(Principle of Prevention)是美国现有转基因生物安全立法和监管的基本原则之一[②],该原则以及与之相匹配的监管制度和实践都是建立在具有科学确定性的基础之上的。但在转基因生物安全方面,科学确定性往往并不存在。当面对科学不确定性时,有必要适当采取风险预防原则(Precautionary Principle)以及相应的监管措施。

欧洲国家也高度重视转基因技术研究,但由于受到自身技术水平以及消费者观念、政治体制等多种因素的制约,欧盟及其成员国在转基因技术的商业化推广与应用方面采取了较为保守的立场和做法。这与大力支持转基因技术产业化发展的美国迥然不同。

欧盟建立了以技术(工艺)为基础的转基因生物安全立法模式,要求基于风险预防原则,对转基因生物、转基因产品以及相关的研制技术和过程进行专门的安全性评价和监管。为此,自1990年至今,欧盟及其前身欧共体先后颁布了一系列有关转基因生物封闭利用、有意释放以及转基因食品和饲料监管的专门指令或条例,建立了较为系统、复杂、细致的转基因生物安全法律体系,确立了风险评价、许可、可追溯性、标识等管理制度以及专门机构与其他相关机构相结合的中间型监管模式。各成员国须直接适用这些条例,或者依据相关指令制定本国的具体立法。

欧盟国家之所以实行严格的转基因生物安全管理制度,既有科学技术方面的原因,也有经济利益和社会、伦理等方面的原因。1998年,欧盟

---

① 林祥明:《美国转基因生物安全法规体系的形成与发展》,载《世界农业》2004年第5期,第14—17页。

② 陈维春:《国际法上的风险预防原则》,载《现代法学》2007年第5期,第113—121页。

第六章　部分国家和地区转基因生物安全立法及其启示

宣布暂停引入新的转基因生物及其产品。但自2000年起,为了促进自身转基因技术和产业的发展,并顾及来自内部以及美国、加拿大等转基因产品出口国的种种压力,欧盟又陆续制定了一些新条例,并对某些原有立法作了修订。2003年以后,欧盟不再禁止利用新的转基因生物及其产品,但要求实行严格的安全审查和管理,包括对上市的转基因食品和饲料实行标识和可追溯性制度。应该承认,在全球转基因生物特别是转基因作物几乎无限蔓延的情形下,欧盟能够成为受转基因生物影响和冲击较小的地区之一,其相对严格的立法与监管起到了关键作用,而其中最为核心的控制工具则是风险评价与释放许可制度。

就欧盟现有的转基因生物安全立法和管理实践来看,其在风险评价方面还存在以下主要缺陷:

第一,风险评价不是基于接触评价和危害评价。这就导致直接的毒性和过敏性测试相当有限,且主要的关注点在于转基因生物及其产品中引入的新蛋白质。由此所得出的安全结论多是基于间接证据和假想的推理,甚至是基于可疑的方法和途径,往往不能被完全证实,甚至完全不能被证实。

第二,从欧盟现有的一系列案例来看,无论是针对转基因作物种植、转基因产品加工的风险评价,还是针对转基因食品和饲料的风险评价,不同申请人在针对相同的生物品种或者产品提出类似的许可申请时,所提交的申请材料在细节方面的要求往往大不相同。

上述问题会减弱评价结论的可靠性,降低其在公众中的可信度,与欧盟立法和政策所反复强调的高安全标准背道而驰,需要针对风险评价程序以及风险评价所需信息的结构和数量加以完善。

日本、澳大利亚等发达国家以及巴西等发展中国家的转基因生物安全立法和管理总体上介于美国和欧盟二者之间,其中日本比较接近于美国模式,澳大利亚和巴西比较接近于欧盟模式,但又具有各自的特点。

综合上述所有国家和地区的转基因生物安全立法与实践来看,可以得到以下几点一般性结论和启示:

第一,转基因技术产业化发展的潮流总体上不可逆转,所涉及的利益关系错综复杂,生物安全问题更是充满争议。各个国家和地区在开展转基因技术研发与商业性应用的同时,普遍制定了相关的指南和法律,依法确立政府、企业和社会公众等主体的行为规范,明确其权利义务关系和法律责任,在保障生物安全的同时促进转基因技术与产业的健康发展。概言之,对于发展转基因技术和产业、保障转基因生物安全而言,科技与法律是两种必要的基本手段,二者相辅相成,不可或缺。

第二,各个国家和地区有关转基因生物安全的立场都较为明确且富有个性,相应的立法和管理实践也各具特色。对于转基因技术的研发,发达国家和发展中国家普遍给予高度重视和积极鼓励,致力于在关注生物安全的同时提高本国、本地区的转基因科技水平;而对于转基因生物及其产品的商业化利用,美国大力支持,欧盟及其成员国严格限制,日本和澳大利亚等发达国家居于美国和欧盟之间,而巴西等发展中国家则在经历了一系列的波折后开始积极而谨慎地推进转基因技术的产业化发展。

第三,在转基因技术的研发方面,美国、日本等国家制定了研究指南等"软法",而欧盟及其成员国、澳大利亚、巴西等地区和国家则制定了具有法律约束力的"硬法",即指令、条例、法律、法令等;在转基因生物及其产品的商业化利用方面,各个国家和地区普遍采用"硬法",如美国基于《生物技术监管协调框架》将现有的相关联邦法律延伸适用于该领域,而欧盟及其成员国、日本、澳大利亚、巴西等则制定了专门的基因技术或生物安全立法。

第四,转基因生物安全涉及多种复杂因素,相关立法和管理具有很强的综合性,特别容易受到政党轮替等因素的影响。为了保持转基因生物安全管理的科学性、客观性、独立性、专业性和相对稳定性,各个国家和地区普遍建立或确定了转基因生物安全监管机构。其中,美国、日本等国家没有专门的监管机构,而是确定原有的相关政府机构承担转基因生物安全监管职责;欧盟及其成员国、澳大利亚和巴西既有专门的转基因生物安全管理机构,同时又有相关的原有机构参与转基因生物安全监管。

第五,转基因生物安全问题总体上属于市场完全失灵的领域,需要由政府采取保护性或社会性控制措施加以管理;与此同时,面对市场失灵和可能的政府失灵,市民社会应当在转基因生物安全管理中发挥重要的参与、监督、制衡等作用。这一点在各个国家和地区的转基因生物安全立法和管理实践中普遍得到了落实——主要体现为专家咨询、转基因食品标识以及公众参与环境影响评价等。

第六,风险评价往往面临科学上的不确定性。通过立法明确是否遵循风险预防等原则是建立转基因生物安全管理制度、有效开展转基因生物安全管理活动的重要前提。美国较为简略、宽松、高效的转基因生物安全管理制度和实践与其坚持的实质等同性原则和损害预防原则是吻合的,而欧盟及其成员国周密、严格的转基因生物安全管理制度(特别是可追溯性制度、标识制度)与实践则体现了其所坚持的风险预防原则。

第七章 我国转基因生物安全立法及其完善

一、我国转基因技术研发和产业发展现状

为保障食品安全,优化农产品结构,提高人民健康水平,我国高度重视现代生物技术的研发和应用。《国民经济和社会发展第十一个五年规划纲要》指出要"实施生物产业专项工程,努力实现生物产业关键技术与重要产品研制的新突破"。①《国家中长期科学与技术发展规划纲要》把生物技术列为我国未来15年科技发展的五个战略重点之一。②

早在1983年,科技部就成立了中国生物技术发展中心。在从1986年开始实施的国家高技术研究发展计划(863计划)中,生物技术是投入最多的领域之一。"十一五"期间,在国家重大科技专项、863计划、973计划等科技计划中,科技部大幅增加对生物技术研发和应用的支持力度。此外,国家发改委、教育部、卫生部、农业部、国家食品药品监督管理局、中国科学院等相关部门和单位都在采取制订规划、加大投入、培养人才、建设基地等重大措施,加速生物技术与产业的发展。而地方政府推动生物技术与产业发展的积极性也空前高涨,北京、上海、天津、广州、深圳、湖南等纷纷采取各种措施加速生物产业的发展。③

实际上,生物技术和产业是我国发展最快、潜力最大、与发达国家差距最小的领域之一,目前已基本结束了技术积累阶段,进入边研究、边产业化的新阶段。科技部提出未来20年的发展目标是"加速科技成果转化,培育生物新产业,使生物产业成为国民经济的支柱产业之一,并争取

---

① 《国民经济和社会发展第十一个五年规划纲要》,载 http://news.xinhuanet.com,最后访问日期:2009年8月13日。
② 《国家中长期科学与技术发展规划纲要》,载 http://www.gov.cn,最后访问日期:2009年8月13日。
③ 吴忠泽:《加速发展生物技术,培育新的经济增长点》,载 http://www.863.org.cn,最后访问日期:2009年8月13日。

第七章 我国转基因生物安全立法及其完善

用15年的时间,使中国生物技术与产业化进入世界先进行列"①。

我国转基因产品的应用主要集中在医药和农业领域。在医药方面,基因工程疫苗已于1992年上市,外用基因工程碱性成纤维细胞因子等也获得了良好的经济和社会效益。在农业方面,自1997年3月起,农业部开始对在我国境内开展的转基因植物、动物和微生物研究、试验、环境释放和商业化生产等活动进行安全评价和审批。1998年,转基因抗虫棉已经过田间试验,开始商业化种植;转基因耐存储番茄也进行了商业化生产,抗病转基因水稻、小麦等也正处于最后的试验评估阶段。目前批准商业化种植的有棉花、矮牵牛花、番茄、甜椒等,其中规模最大的是抗虫棉②;正在研发的转基因生物主要是转基因植物,特别是水稻和玉米等。③ 2009年8月17日,农业部批准发放了转植酸酶基因玉米"BVLA430101"、转基因抗虫水稻"华恢1号"及杂交种"Bt汕优63"的生产应用安全证书,④使得我国很可能成为世界上第一个种植转基因主粮作物的国家。

我国是转基因产业发展最快的国家之一,转基因作物环境释放、运输、储存与加工对生态环境安全有着重要意义。此外,我国市场上销售的大豆油、豆腐、豆浆、玉米粉等产品,很大比例是由转基因农产品加工而成的,因此转基因生物对人类健康的影响也值得关注。

在农业转基因作物与技术的发展战略上,我国政府采取了积极扶持、遵循程序、健康发展的指导思想与稳妥严格的管理措施。与生物技术的发展相比,转基因生物安全方面的法制建设相对落后。在相当长的一段时期内,我国的生物技术研发几乎处在无人管理的状态下,在后期产业化过程中也存在监管空白或监管不力等问题,这对我国现代生物技术的良性发展以及生态环境和人类健康的保护非常不利。⑤

应当承认,我国公众的生态环境安全意识之觉醒,并非基于西方环境

---

① 杨文利:《我国生物技术产业步入发展阶段》,载 http://www.sdkjb.com.cn,最后访问日期:2009年8月13日。
② 王永飞编著:《转基因植物及其应用》,华中理工大学出版社2007年版,第113—116页。
③ 中华人民共和国科技部:《2002中国生物技术发展报告》,中国农业出版社2003年版,第217页。
④ 农业部:《未批准转基因粮食作物种子进口到境内种植》,载 http://nc.people.com.cn,最后访问日期:2009年8月26日。
⑤ 刘谦主编:《生物安全》,科学出版社2001年版,第78—84页。

伦理中的生态本位主义,而是基于环境问题已经严重影响到人们自身的利益。在开展转基因生物研究之初,人们已经认识到其具有生态和健康风险,但由于尚未产生现实的危害,往往难以引起公众的足够重视。随着转基因技术及其产物,特别是转基因食品的日益市场化,公众对转基因生物安全的关注有所增强。

总之,我国的现代生物技术和产业已具备加速发展的基础和条件,同时,由于转基因生物特别是转基因水稻等主要粮食作物在健康和生态安全性方面存在很大争议①,政府在积极推动生物技术发展的同时,也不得不高度重视转基因生物安全的法制建设和管理工作,慎重对待转基因产品。② 以下针对我国转基因生物安全监管,特别是农业转基因生物安全监管,探讨相关法律问题及完善对策。

二、我国转基因生物安全立法之历史沿革

由于认识不足等原因,从20世纪80年代后期到90年代初期,我国生物安全的研究和实践远远落后于生物技术的发展。进入90年代,由于我国签署和履行《生物多样性公约》③、转基因产品进口量和消费量巨大④以及生物技术发展产生副作用等因素的影响,政府有关部门才开始积极解决生物安全问题,如拨出专门经费用于生物技术安全研究,修改或制定有关的法律、法规、规章和指南,成立或者指定相应的行政管理机构,等等。⑤

---

① 《转基因大米该不该上餐桌》,载 http://www.biotech.org.cn,最后访问日期:2009年8月28日。
② 钟欣:《我国积极慎重推动转基因农产品研发及应用》,载 http://www.cinic.org.cn,最后访问日期:2009年8月29日。
③ 1992年11月7日,全国人大常委会批准我国政府于1992年6月11日签署的《生物多样性公约》,载 http://www.npc.gov.cn,最后访问日期:2009年8月23日。
④ 我国的东北地区原本是全世界种大豆的黄金地带,但自从开放转基因大豆和豆制品的进口后,我国已经成为世界最大的大豆和转基因大豆进口国。据专家估计,我国餐桌上有50%以上的大豆色拉油属于转基因食品。在转基因棉花领域,我国同步审批了多个国产和进口的转基因抗虫棉品种,但我国70%的抗虫棉棉种市场被进口品种占领。参见胥晓莺:《中国提高转基因安全门槛》,载 http://www.businesswatch.com.cn,最后访问日期:2009年8月8日。
⑤ 刘旭:《农业生物技术与生物安全的现状及对策》,载 http://agri.0437.gov.cn,最后访问日期:2009年8月21日。

第七章　我国转基因生物安全立法及其完善

总体看来,我国转基因生物安全立法的发展过程体现了"以外促内"的特点:国内立法中的许多基本原则和制度,往往不是基于我国在转基因生物安全监管中所积累的经验,而是结合国内实际情况直接从国际条约和外国立法中加以引进、移植和转化。20世纪90年代,在我国开始进行生物安全议定书谈判之初,国内的相关立法非常缺乏,仅有的部分规范性文件只是行政规章层次的,且主要针对实验室条件下的封闭利用,有关转基因生物及其产品越境转移、标识等的规范几乎处于空白状态。而在边谈判、边学习的过程中,我国从法律规制的角度逐渐深化了对转基因生物安全的认识。2000年以后,转基因生物安全立法进一步加强,无论从数量、质量还是这些法律规范对转基因生物安全所产生的实际影响来说,都取得了令人瞩目的进展。以下基于时间顺序,对国务院及其相关主管部门制定的有关转基因生物安全的一系列法规、规章和政策进行简要梳理。

1993年12月24日,原国家科学技术委员会(现科学技术部)颁布实施《基因工程安全管理办法》。这是我国第一部有关转基因生物安全管理的专门性的行政规章。该办法适用于在我国境内进行的一切基因工程工作,包括实验研究、中间试验、工业化生产以及遗传工程体释放和遗传工程产品使用等,并规定从国外进口遗传工程体,在我国境内进行基因工程工作的,也应当遵守之。[①] 事实上,该规章制定后,发生效力的范围非常有限,基本局限于以实验研究为主的封闭利用。

1996年7月10日,农业部根据《基因工程安全管理办法》颁布实施《农业生物基因工程安全管理实施办法》,并于1997年12月25日对其加以修订。该实施办法对农业生物遗传工程体的安全等级进行了划分,并对相应的管理措施,特别是农业生物基因工程登记和安全评价的具体程序与规则作出了规定。农业部还据此设立了农业生物基因工程安全管理办公室,负责该办法的施行;成立了农业生物基因工程安全委员会,负责对全国农业生物遗传工程体及其产品的中间试验、环境释放或商业化生

---

① 《基因工程安全管理办法》,载 http://www.biosafety.gov.cn,最后访问日期:2009年8月26日。

产进行安全性评价。① 2002 年 3 月 20 日,《农业转基因生物安全评价管理办法》生效,《农业生物基因工程安全管理实施办法》同时废止。②

1998 年 3 月 26 日,国家烟草专卖局根据《基因工程安全管理办法》和《农业生物基因工程安全管理实施办法》颁布实施《烟草基因工程研究及其应用管理办法》,对相关的特殊问题作出具体规定。③

1998 年 6 月 10 日,经国务院同意和转发,科学技术部、卫生部制定的《人类遗传资源管理暂行办法》开始实施。该办法适用于所有涉及我国人类遗传资源的采集、收集、研究、开发、买卖、出口和出境等活动,规定国家对人类遗传资源实行分级管理、统一审批的制度,对重要遗传家系和特定地区遗传资源实行申报制度。发现和持有重要遗传家系和特定地区遗传资源的单位或个人应及时向有关部门报告,未经许可,不得擅自采集、收集、买卖、出口、出境或以其他形式对外提供。根据该暂行办法,国务院科学技术行政主管部门和卫生行政主管部门共同负责管理全国人类遗传资源,由其联合成立的中国人类遗传资源管理办公室负责日常工作。④

1999 年 4 月 22 日,原国家药品监督管理局颁布《新生物制品审批办法》,同年 5 月 1 日起实施。该办法对包括转基因药品在内的新生物制品的临床研究、生产等作出了规定。⑤

2000 年 7 月 8 日,第九届全国人大常务委员会第十六次会议通过了《种子法》。该法第 14 条要求"转基因植物品种的选育、试验、审定和推广应当进行安全性评价,并采取严格的安全控制措施。具体办法由国务院规定";第 35 条第 3 款则明确规定,"销售转基因植物品种种子的,必须用

---

① 《农业生物基因工程安全管理实施办法》,载 http://www.biosafety.gov.cn,最后访问日期:2009 年 8 月 7 日。
② 《农业转基因生物安全评价管理办法》,载 http://law.chinalawinfo.com,最后访问日期:2009 年 8 月 6 日。
③ 《烟草基因工程研究及其应用管理办法》,载 http://www.05791.com,最后访问日期:2009 年 8 月 7 日。
④ 《人类遗传资源管理暂行办法》,载 http://health.sohu.com,最后访问日期:2009 年 8 月 13 日。
⑤ 《新生物制品审批办法》,载 http://www.chinapharm.com.cn,最后访问日期:2009 年 8 月 13 日。

明显的文字标注,并应当提示使用时的安全控制措施。"①

2000年10月31日,第九届全国人大常务委员会第十八次会议对《渔业法》进行修订,增加了"引进转基因水产苗种必须进行安全性评价,具体管理工作按照国务院有关规定执行"的内容,作为该法第17条第2款。②

2000年12月21日,国务院发布《全国生态环境保护纲要》,要求"加强生物安全管理,建立转基因生物活体及其产品的进出口管理制度和风险评价制度"③。

2001年5月23日,国务院颁布实施《农业转基因生物安全管理条例》。该条例规定了农业转基因生物安全管理体制和法律制度,是迄今为止我国有关转基因生物安全管理的最重要的立法。④

2002年1月5日,农业部颁布了与《农业转基因生物安全管理条例》配套的三个行政规章,即《农业转基因生物安全评价管理办法》⑤、《农业转基因生物进口安全管理办法》⑥和《农业转基因生物标识管理办法》。⑦这三个管理办法均规定自2002年3月20日起开始实施。2004年7月1日,为了落实《行政许可法》,农业部对其加以修订。⑧

2002年3月12日,农业部发布《转基因农产品安全管理临时措施公告》,规定采取如下临时措施:向我国出口转基因生物的境外公司可在申请安全证书的基础上,持本国或第三国有关机构出具的安全评价有效文件,向农业部农业转基因生物安全管理办公室申请"临时证明",对审查合

---

① 《中华人民共和国种子法》,载 http://law.chinalawinfo.com,最后访问日期:2009年8月3日。
② 《中华人民共和国渔业法》,载 http://www.agri.gov.cn,最后访问日期:2009年8月9日。
③ 《全国生态环境保护纲要》,载 http://www.people.com.cn,最后访问日期:2009年8月13日。
④ 《农业转基因生物安全管理条例》,载 http://law.chinalawinfo.com,最后访问日期:2009年8月13日。
⑤ 《农业转基因生物安全评价管理办法》,载 http://law.chinalawinfo.com,最后访问日期:2009年8月13日。
⑥ 《农业转基因生物进口安全管理办法》,载 http://www.agri.gov.cn,最后访问日期:2009年8月23日。
⑦ 《农业转基因生物标识管理办法》,载 http://agri.gov.cn,最后访问日期:2009年8月21日。
⑧ 《农业部关于修订农业行政许可规章和规范性文件的决定》,载 http://law.chinalawinfo.com,最后访问日期:2009年8月21日。

格者,农业部将在30天内发给"临时证明"。进口商可持境外公司已取得的"临时证明"办理报检手续,并按《农业转基因生物标识管理办法》的规定进行标识。该临时措施有效期截止到2002年12月20日。①

2002年10月11日,农业部决定将转基因农产品安全管理临时措施的实施期限延长至2003年9月20日。② 2003年3月10日,农业部又宣布针对进口大豆等转基因农产品的安全管理临时性措施的实施期限延长至2004年4月。③ 其后,农业部将依照《农业转基因生物安全管理条例》及《农业转基因生物安全评价管理办法》、《农业转基因生物进口安全管理办法》、《农业转基因生物标识管理办法》对进口的农业转基因生物实施正常管理。

2002年3月4日,国务院批准了《外商投资产业目录》及附件,由原国家计委、原国家经贸委和原外经贸部联合公布,自2002年4月1日起施行。其中,转基因植物种子生产、开发被列入"禁止外商投资产业目录"。④

2002年4月8日,卫生部颁布了《转基因食品卫生管理办法》⑤,自2002年7月1日起施行。该办法涉及转基因食品的食用安全性与营养质量评价、生产或者进口审批、标识以及监督等内容。2007年12月1日,《新资源食品管理办法》开始施行,《转基因食品卫生管理办法》同时废止。

2002年12月28日,第九届全国人大常务委员会第三十一次会议对《中华人民共和国农业法》进行修订,增加了"农业转基因生物的研究、试验、生产、加工、经营及其他应用,必须依照国家规定严格实行各项安全控制措施"这一规定,作为该法第64条第2款。⑥

2004年5月24日,国家质量监督检验检疫总局颁布实施《进出境转

---

① 《转基因农产品安全管理临时措施公告》,载http://news.xinhuanet.com,最后访问日期:2009年8月21日。
② 《农业部:转基因产品安全措施延长9个月》,载http://www.china.com.cn,最后访问日期:2009年8月21日。
③ 《转基因大豆贸易临时协议延长至2004年4月》,载http://news.xinhuanet.com,最后访问日期:2009年8月22日。
④ 《外商投资产业目录》,载http://www.falvfagui.com,最后访问日期:2009年8月22日。
⑤ 《转基因食品卫生管理办法》,载http://www.china.org.cn,最后访问日期:2009年8月22日。
⑥ 《中华人民共和国农业法》,载http://news.xinhuanet.com 最后访问日期:2009年8月22日。

第七章 我国转基因生物安全立法及其完善

基因产品检验检疫管理办法》①,对转基因产品的进出境和过境检验检疫管理作出规定。

2004年7月1日,《行政许可法》开始施行。该法规定,行政规章只可以在上位法设定的行政许可事项范围内,对实施该行政许可作出具体规定,而不得自行设定行政许可。② 因此,原国家科学技术委员会于1993年12月24日颁布实施的《基因工程安全管理办法》等行政规章与该法相冲突的内容,特别是规章中有关行政许可的规定,需要根据《行政许可法》加以调整。

2005年4月27日,国务院核准我国加入《卡塔赫纳生物安全议定书》。同年9月6日,我国成为该议定书的缔约国。③ 为配合履约工作,我国政府还在原国家环境保护总局(现环境保护部)设立了国家生物安全管理办公室、国家联络点和生物安全信息交换所,原国家环境保护总局还联合国务院相关部门共同研究和起草《转基因生物安全法》。④

2006年1月16日,农业部制定了《农业转基因生物加工审批办法》,自2006年7月1日起实施。⑤ 该办法要求在我国境内从事农业转基因生物加工的单位和个人,应申请并取得加工所在地省级人民政府农业行政主管部门颁发的《农业转基因生物加工许可证》。

2006年5月11日,国家林业局发布了《开展林木转基因工程活动审批管理办法》⑥,要求从事转基因林木的研究、试验、生产、经营和进出口等活动须依照该办法报告国家林业局或者申请其审批。

2006年4月29日,第十届全国人大常务委员会第二十一次会议通过了《农产品质量安全法》,自2006年11月1日起施行。该法第30条规

---

① 《进出境转基因产品检验检疫管理办法》,载 http://www.biosafety.gov.cn,最后访问日期:2009年8月22日。
② 《行政许可法》第14条、15条、16条和17条。载 http://law.chinalawinfo.com,最后访问日期:2009年8月21日。
③ 吴晓青:《保护生物多样性,促进人与自然和谐发展》,载 http://www.gov.cn,最后访问日期:2009年8月21日。
④ 《关于〈转基因生物安全法〉起草的说明》,第1页。
⑤ 《农业转基因生物加工审批办法》,载 http://www.gov.cn,最后访问日期:2009年8月21日。
⑥ 《开展林木转基因工程活动审批管理办法》,载 http://www.gov.cn,最后访问日期:2009年8月21日。

定,"属于农业转基因生物的农产品,应当按照农业转基因生物安全管理的有关规定进行标识"①。

2009年6月2日,国务院办公厅印发了《促进生物产业加快发展的若干政策》②,从目标、重点领域、生物企业、自主创新、财税支持、创造良好市场环境、强化生物遗传资源保护和生物安全监管、加强组织领导等方面作了原则性规定,明确提出建立国家促进生物产业发展的部际协调机制,并成立国家生物产业发展专家咨询委员会。该政策的目标在于"把生物产业培育成为高技术领域的支柱产业和国家的战略性新兴产业"。

此外,部分地方政府的相关主管部门也制定并实施了一些有关转基因生物安全的规范性文件,如深圳市农林渔业局于2005年7月22日发布了《深圳市农业转基因生物安全监督检查办法》③,山东省农业厅于2006年8月22日发布了《山东省农业转基因生物加工许可审批办法》④,等等。

三、我国转基因生物安全法律体系

转基因生物安全涉及科技、经济、贸易、健康、环保等多个领域,涉及农业、渔业、林业、工业、商业等多个行业,相关的立法也较为复杂。虽然这些立法的形式多种多样,具体内容和任务存在很大差别,立法的级别及法律效力也不完全相同,但它们建立在同一个经济基础之上,肩负保障技术进步、产业发展和转基因生物安全的共同使命。⑤ 综合看来,我国转基因生物安全法律体系主要包括以下几个组成部分:

---

① 《中华人民共和国农产品质量安全法》,载http://www.gov.cn,最后访问日期:2009年8月21日。
② 《促进生物产业加快发展的若干政策》,载http://www.gov.cn,最后访问日期:2009年8月21日。
③ 《深圳市农业转基因生物安全监督检查办法》,载http://www.szdaj.gov.cn,最后访问日期:2009年8月21日。
④ 《山东省农业转基因生物加工许可审批办法》,载http://www.shandong.gov.cn,最后访问日期:2009年8月21日。
⑤ 汪其怀:《中国农业转基因生物安全管理回顾与展望》,载《世界农业》2006年第6期,第18—20页。

第七章　我国转基因生物安全立法及其完善

1. 我国缔结或参加的有关转基因生物安全的国际条约和公约,特别是《生物多样性公约》和《卡塔赫纳生物安全议定书》。

2. 法律中有关转基因生物安全的条款,如《种子法》第35条第3款关于转基因植物品种种子的文字标注和安全使用控制措施的规定,《农产品质量安全法》第30条关于属于农业转基因生物的农产品应当依法进行标识的规定,等等。

3. 国务院制定的转基因生物安全行政法规,即《农业转基因生物安全管理条例》。

4. 国务院有关部门制定的转基因生物安全行政规章,主要包括:关于基因工程的《基因工程安全管理办法》和《烟草基因工程研究及其应用管理办法》,关于农业转基因生物的《农业转基因生物安全评价管理办法》、《农业转基因生物进口安全管理办法》、《农业转基因生物标识管理办法》以及《农业转基因生物加工审批办法》,关于转基因食品的《转基因食品卫生管理办法》以及关于转基因药品的《新生物制品审批办法》,等等。

5. 地方政府相关主管部门制定的规范性文件,如《深圳市农业转基因生物安全监督检查办法》。

综上可见,基于一部行政法规、近十部行政规章和若干部地方规范性文件,以及部分相关法律和国际条约,我国现有的转基因生物安全立法初步形成了一个相互联系、相互配合、相互补充、内部基本协调一致的有机整体。这个法律体系的关键组成部分是国务院制定的行政法规以及国务院农业、卫生、科技等部门制定的行政规章。《农业法》、《种子法》等相关法律虽有涉及转基因生物的规范,但其条文结构简单,内容单薄,且并不着眼于转基因生物安全自身。

四、我国转基因生物安全管理体制

目前,我国负责转基因生物安全管理的国家机构主要有环境保护部、科技部、农业部、卫生部、教育部和中国科学院等,其中最为主要的是农业部和环境保护部。①

4.1 农业部

1994年以后,随着农业生物技术、转基因作物和转基因饲养动物的发展,农业部成为对生物技术及其产物进行安全管理的主要部门。1996年7月10日,农业部颁布《农业生物基因工程安全管理实施办法》,对实验研究、中间试验及商业化生产的审批权限都作了明确规定。2001年5月23日,国务院颁布《农业转基因生物安全管理条例》,明确规定由国务院农业行政主管部门负责全国农业转基因生物安全的监督管理工作。该条例是目前我国有关转基因生物安全的最高层级的专门立法,其所称的"农业转基因生物"是指"利用基因工程技术改变基因组构成,用于农业生产或者农产品加工的动植物、微生物及其产品"。

归纳看来,我国的农业转基因生物安全管理体制涉及以下几个主要部分:一是由农业部、国家发展与改革委员会、科学技术部、卫生部、商务部、国家质量监督检验检疫总局、环境保护部等七个部门联合组成的部级联席会议;二是设在农业部的农业转基因生物安全管理领导小组及农业转基因生物安全管理办公室;三是负责本行政区域内的农业转基因生物安全监督管理工作的县级以上地方农业行政主管部门。此外,农业部还成立了国家农业转基因生物安全委员会,负责农业转基因生物的安全评价工作。

农业转基因生物安全管理部际联席会议的主要职责是贯彻落实国务院关于农业转基因生物安全管理的决策和部署;研究农业转基因生物安全管理工作的重大政策,提出有关政策建议;修订和完善《农业转基因生物安全管理条例》及配套规章;研究协调部门间联合执法与行政监管等重大事项;研究协调农业转基因生物安全管理能力建设事项;研究协调应对农业转基因生物安全重大突发事件;制定、调整农业转基因生物标识目

---

① 王艳青:《国际履约与中国转基因生物安全管理》,载《世界农业》2007年第1期,第4—6页。

录;完成国务院交办的其他事项。①

联席会议每年举行一次,根据工作需要可临时召开全体会议或部分成员会议。会议由召集人或召集人委托的人员主持。各成员单位提出的议题,应提前报联席会议办公室。联席会议以会议纪要形式明确议定事项,经与会单位同意后印发有关部门,同时抄报国务院。②

4.2 环境保护部(原国家环保总局)

随着人们对环境问题日益关注,转基因生物在释放后引发的环境问题开始受到重视。国务院环境保护行政主管部门负责组团,代表国家参加有关生物安全议定书的谈判,并负责联合国环境规划署所制定的《国际生物技术安全指南》在我国的实施。

同时,国家生物物种资源保护部际联席会议制度赋予国务院环境保护行政主管部门一定的协调权。该部际联席会议由国务院环境保护行政主管部门召集,成员包括发展和改革、教育、科技、财政、建设、农业、林业、商务、卫生、海关、工商行政管理、质量监督检验检疫、食品药品监督管理、知识产权、中医药管理等部门。

生物物种资源保护部际联席会议的职责是研究审议国家生物物种资源(包括生物遗传资源)保护和管理的方针、政策、法规和标准;研究审议国家生物物种资源保护的各项规划和行动计划;研究审议国家重点保护和监控的生物物种资源名录;研究协调部门间的生物物种资源管理和出入境生物物种资源查验管理等重大事项,审议开展全国生物物种资源执法检查的有关重大事项;研究协调国家生物物种资源能力建设的有关重大事项;研究国际生物物种资源规则、制度和国际谈判的有关重大事项,并向国务院提出对策建议。该部际联席会议每半年举行一次,根据工作需要可随时召开全体会议或部分成员会议。③

---

① 《国务院办公厅关于同意农业转基因生物安全管理部际联席会议制度的函》,载http://www.gov.cn,最后访问日期:2009年8月21日。
② 同前注。
③ 《国家环境保护总局关于印发生物物种资源保护部际联席会议制度的通知》,载http://websearch.mep.gov.cn,最后访问日期:2009年8月21日。

4.3 其他部门

根据原国家科学技术委员会(现科学技术部)颁布的《基因工程安全管理办法》,在我国境内进行的一切基因工程工作,包括实验研究、中间试验、工业化生产以及遗传工程体释放和遗传工程产品使用等,须经过国务院科学技术行政主管部门审批同意。按照该办法,在原国家科学技术委员会领导下成立了国家生物遗传工程安全委员会,由来自卫生部、农业部等机构的专家组成,负责医药、农业和轻工业等部门的生物安全。

根据《基因工程安全管理办法》、《农业生物基因工程安全管理实施办法》以及《烟草基因工程研究及其应用管理办法》,转基因烟草及其产品的规模种植和以转基因烟草为原料生产卷烟,须经国家烟草专卖局审批同意。

根据科学技术部、卫生部制定的《人类遗传资源管理暂行办法》,涉及我国人类遗传资源的采集、收集、研究、开发、买卖、出口、出境等活动,由科学技术部、卫生部共同管理。

根据国家质量监督检验检疫总局颁布实施的《进出境转基因产品检验检疫管理办法》,转基因产品的进出境和过境检验检疫由该局负责管理。

根据国家林业局制定的《开展林木转基因工程活动审批管理办法》,转基因林木的研究、试验、生产、经营和进出口等活动由国家林业局管理。

五、我国转基因生物安全管理基本政策

我国人口众多,人均耕地较少,与许多发达国家相比,更需要开发和应用适合自身需要的农业转基因技术。从转基因作物的绝对种植面积来看,我国仅占世界第六位,但涉及的人口最多,影响非常广泛。与西方国家相比,我国目前的农业生物技术还较为落后,但在亚洲属先进水平,在第三世界中居领先地位。预计在未来10年,我国有望在农业生物技术应用方面达到世界领先水平。[①]

---

① 黄朝武:《未来十年:中国农业生物技术应用将达领先水平》,载 http://www.agri.gov.cn,最后访问日期:2009年8月21日。

在生物技术迅速发展、国际竞争日趋激烈的背景下,我国生物安全管理的总体目标应是统筹协调生产者与消费者、生物技术研发与产业化应用、经济发展与风险控制、国内贸易与对外出口等方面的关系,通过制定相关政策、法律、制度和技术标准,把现代生物技术及其产物可能产生的危险降到最低限度,在保护生态环境和人类健康的同时促使现代生物技术的研发和产业化发展。[1]

从一系列法规、规章和政策的文本来看,我国生物安全管理的总体方针是研究开发与预先防范并重,统一监管与部门分工协作相结合,实行科学管理,注重公众参与,加强生物安全国际事务合作;转基因活生物及其产品的市场开发政策则是按照生物安全等级,对各类转基因生物及其产品的商业化生产、销售和使用分别实行鼓励、限制或禁止措施——鼓励低风险的转基因生物及其产品的生产、销售和消费,禁止高风险的转基因生物及其产品的生产,努力将转基因生物及其产品在生产、运输、销售和使用过程中可能对生态环境和人类健康造成的危害降到最低水平。[2]

简言之,我国对待转基因技术发展的基本态度和政策是大力研究、科学评价、审慎应用、加强管理、稳妥推进、协调发展。

六、我国转基因生物安全管理基本制度

6.1 基因工程安全管理制度

《基因工程安全管理办法》[3]规定由原国家科学技术委员会(现科学技术部)主管全国基因工程安全工作,并成立具体负责基因工程安全监督和协调的全国基因工程安全委员会。国务院有关行政主管部门依照相关规定,在各自的职责范围内对基因工程工作进行安全管理。[4]

---

[1] 王永飞编著:《转基因植物及其应用》,华中理工大学出版社2007年版,第132—136页。
[2] 中国国家生物安信息交换所:《生物安全政策》,载http://www.biosafety.gov.cn,最后访问日期:2009年8月21日。
[3] 《基因工程安全管理办法》,载http://www.biosafety.gov.cn,最后访问日期:2009年8月21日。
[4] 同前注文,第4条。

在基因工程安全监管措施方面,该管理办法确立了安全评价与等级控制制度、分类分级归口审批制度等。① 从事基因工程工作的单位,应当进行安全性评价,评估潜在危险,确定安全等级,制定安全控制方法和措施②,并应当依据遗传工程产品适用性质和安全等级进行分类分级申报,经审批同意后方能进行相关工作。③

《烟草基因工程研究及其应用管理办法》④规定由国家烟草专卖局设立烟草基因工程管理委员会,负责对烟草基因工程的研究及其产品的田间试验、示范及推广应用的管理。在烟草基因工程安全监管措施方面,该管理办法要求,从事烟草基因工程研究工作,应当根据植物基因工程工作的安全等级进行申报,经国家烟草专卖局审查并上报全国基因工程安全委员会批准后,方能立项并开展⑤;拟进行烟草基因工程产品田间试验、示范及推广,须经国家烟草专卖局批准后方能进行⑥;各单位的烟草基因工程种子要经过国家烟草专卖局烟草基因工程管理委员会组织进行的安全性评价后,再经全国烟草品种审定委员会审定通过,方可在指定区域进行试种⑦;烟草基因工程种子的应用须经国家烟草专卖局有关主管部门审查并上报全国烟草品种审定委员会审定通过后,方可在规定的范围内推广,并做到烟叶单收、单储、单用,防止与其他品种的烟叶混合。凡供出口备货的烟叶,禁止烟草基因种子的应用。⑧

6.2 农业转基因生物安全管理制度

6.2.1 安全评价制度

生物安全评价制度是生物安全法律制度中最核心的内容之一,是转基因生物研究、试验、生产、加工、经营和进出口等活动的安全连接点。

---

① 《基因工程安全管理办法》,第5条。
② 同前注文,第8条。
③ 同前注文,第13条。
④ 《烟草基因工程研究及其应用管理办法》,载 http://www.05791.com,最后访问日期:2009年8月21日。
⑤ 同前注文,第6条。
⑥ 同前注文,第8条。
⑦ 同前注文,第13条。
⑧ 同前注文,第17条。

第七章　我国转基因生物安全立法及其完善

农业转基因生物安全评价的对象是《农业转基因生物安全管理条例》所规定的"农业转基因生物",即利用基因工程技术改变基因组构成,用于农业生产或者农产品加工的植物、动物、微生物及其产品,主要包括:(1)转基因动植物(含种子、种畜禽、水产苗种)和微生物;(2)转基因动植物、微生物产品;(3)转基因农产品的直接加工品;(4)含有转基因动植物、微生物或者其产品成分的种子、种畜禽、水产苗种、农药、兽药、肥料和添加剂等产品。①

安全评价的内容是农业转基因生物对人类、动植物、微生物和生态环境构成的危险或者潜在的风险。评价工作按照植物、动物、微生物三个类别,以科学为依据,以个案审查为原则,实行分级分阶段管理。

农业转基因生物安全评价由国家农业转基因生物安全委员会负责。该委员会由从事农业转基因生物研究、生产、加工、检验检疫、卫生、环境保护等方面的专家组成,每届任期3年。农业部设立农业转基因生物安全管理办公室,具体负责农业转基因生物安全管理工作。而从事农业转基因生物研究与试验的单位,应成立由单位法定代表人领导的农业转基因生物安全小组,负责本单位的农业转基因生物安全管理及安全评价申报工作。

农业部根据农业转基因生物安全评价工作的需要,委托具备检测条件和能力的技术检测机构对农业转基因生物进行检测,为安全评价和管理提供依据。按照农业转基因生物对人类、动植物、微生物和生态环境的危险程度,安全等级分为Ⅰ、Ⅱ、Ⅲ和Ⅳ四级。② 基因操作对受体生物安全等级的影响分为三种类型,即增加受体生物的安全性、不影响受体生物的

---

① 《农业转基因生物安全管理条例》第3条。
② 《农业转基因生物安全评价管理办法》第11条规定:(一)符合下列条件之一的受体生物应当确定为安全等级Ⅰ:(1)对人类健康和生态环境未曾发生过不利影响;(2)演化成有害生物的可能性极小;(3)用于特殊研究的短寿活期受体生物,实验结束后在自然环境中存活的可能性极小。(二)对人类健康和生态环境可能产生低度危险,但是通过采取安全控制措施完全可以避免其危险的受体生物,应当确定为安全等级Ⅱ。(三)对人类健康和生态环境可能产生中度危险,但是通过采取安全控制措施,基本上可以避免其危险的受体生物,应当确定为安全等级Ⅲ。(四)对人类健康和生态环境可能产生高度危险,而且在封闭设施之外尚无适当的安全控制措施避免其发生危险的受体生物,应当确定为安全等级Ⅴ:(1)可能与其他生物发生高频率遗传物质交换的有害生物;(2)尚无有效技术防止其本身或其产物逃逸、扩散的有害生物;(3)尚无有效技术保证其逃逸后,在对人类健康和生态环境产生不利影响之前,将其捕获或消灭的有害生物。

安全性和降低受体生物的安全性。

农业转基因生物安全评价管理分为实验研究、中间试验、环境释放、生产性试验和申请领取安全证书五个阶段。

在我国境内从事农业转基因生物研究、试验、进口、生产和加工的单位或个人，应当根据该生物的类别和安全等级，分阶段向农业转基因生物安全管理办公室报告或提出许可申请。农业部每年组织两次农业转基因生物安全评审，自收到申请之日起两个月内作出受理或者不予受理的决定，并在受理日期截止后3个月内作出批复。

在中间试验结束后拟转入环境释放的，或者在环境释放结束后拟转入生产性试验的，试验单位应向农业转基因生物安全管理办公室提出申请，经国家农业转基因生物安全委员会安全评价合格并由农业部批准后，方可根据农业转基因生物安全审批书的要求进行相应的试验。

在生产性试验结束后拟申请安全证书的，试验单位应向农业转基因生物安全管理办公室提出申请，经国家农业转基因生物安全委员会安全评价合格并由农业部批准后，方可颁发农业转基因生物安全证书。

6.2.2 生产、加工和经营许可证制度

生产转基因植物种子、种畜禽、水产苗种，应当取得国务院农业行政主管部门颁发的种子、种畜禽、水产苗种生产许可证。生产单位和个人申请转基因植物种子、种畜禽、水产苗种生产许可证，除应当符合有关法律、行政法规规定的条件外，还应当符合下列条件：(1) 取得农业转基因生物安全证书并通过品种审定；(2) 在指定的区域种植或者养殖；(3) 有相应的安全管理、防范措施；(4) 国务院农业行政主管部门规定的其他条件。

生产转基因植物种子、种畜禽、水产苗种的单位和个人，应当建立生产档案，载明生产地点、基因及其来源、转基因的方法以及种子、种畜禽、水产苗种流向等内容。

单位和个人从事农业转基因生物生产、加工的，应当由国务院农业行政主管部门或者省、自治区、直辖市人民政府农业行政主管部门批准。具体办法由国务院农业行政主管部门制定。农民养殖、种植转基因动植物的，由种子、种畜禽、水产苗种销售单位代办审批手续。审批部门和代办单位不得向农民收取审批、代办费用。

从事农业转基因生物生产、加工的单位和个人,应当按照批准的品种、范围、安全管理要求和相应的技术标准组织生产、加工,并定期向所在地县级人民政府农业行政主管部门提供生产、加工、安全管理情况和产品流向的报告。

农业转基因生物在生产、加工过程中发生基因安全事故时,生产、加工单位和个人应当立即采取安全补救措施,并向所在地县级人民政府农业行政主管部门报告。从事农业转基因生物运输、贮存的单位和个人,应当采取与农业转基因生物安全等级相适应的安全控制措施,确保农业转基因生物运输、贮存的安全。

经营转基因植物种子、种畜禽、水产苗种的单位和个人,应当取得国务院农业行政主管部门颁发的种子、种畜禽、水产苗种经营许可证。

经营单位和个人申请转基因植物种子、种畜禽、水产苗种经营许可证,除应当符合有关法律、行政法规规定的条件外,还应当符合下列条件:(1)有专门的管理人员和经营档案;(2)有相应的安全管理、防范措施;(3)国务院农业行政主管部门规定的其他条件。经营转基因植物种子、种畜禽、水产苗种的单位和个人,还应当建立经营档案,载明种子、种畜禽、水产苗种的来源、贮存、运输和销售去向等内容。

6.2.3 产品进口审批制度

根据《农业转基因生物安全管理条例》、《农业转基因生物进口安全管理办法》和《进出境转基因产品检验检疫管理办法》等的规定,国家农业转基因生物安全委员会负责农业转基因生物进口的安全评价,农业转基因生物安全管理办公室负责农业转基因生物进口的安全管理。对于进口的农业转基因生物,按照其三种不同用途,即用于研究试验、生产或用作加工原料,分别进行管理。

从境外引进农业转基因生物的,引进单位应向农业转基因生物安全管理办公室提出申请,根据其使用目的和安全等级提供相关材料,包括农业部规定的申请资格文件、进口安全管理登记表、引进农业转基因生物在国(境)外已经进行了相应研究的证明文件、引进单位在引进过程中拟采取的安全防范措施等。经审查合格后,由农业部颁发农业转基因生物进口批准文件。引进单位应凭此批准文件办理相关手续。

境外公司提出上述申请的,应在中间试验开始前进行,试验材料经审批同意后方可入境,并依次经过中间试验、环境释放、生产性试验以及申领农业转基因生物安全证书等阶段。

引进的农业转基因生物在生产中应用前,应取得农业转基因生物安全证书,方可依照有关种子、种畜禽、水产苗种、农药、兽药、肥料和添加剂等的法律、行政法规和规章的规定办理相应的审定、登记或者评价、审批手续。

进口用作加工原料的农业转基因生物如果还具有生命活力,就应当建立进口档案,载明其来源、贮存、运输等内容,并采取适当的安全控制措施,确保农业转基因生物不进入环境。农业部自收到申请之日起270天内作出批准或者不予批准的决定,并通知申请人。

国家通过进口审批程序和对质检证书发放时间的控制,在农产品收获期间缓解进口转基因产品对国内传统产品价格的冲击,在播种时通过稳定价格来鼓励农民调整种植结构,保护农民种植传统作物的积极性。

6.2.4 标识制度

对农业转基因生物[①]实行标识管理的目的在于规范农业转基因生物的销售行为,引导农业转基因生物的生产和消费,保护消费者的知情权。

《农业转基因生物安全管理条例》规定,列入农业转基因生物标识目录的农业转基因生物,应当进行标识。未标识和不按规定标识的,不得进口或销售。实施标识管理的农业转基因生物目录,由国务院农业行政主管部门会商国务院有关部门制定、调整和公布。条例还进一步明确了农业转基因生物特别是转基因食品的标识办法。

6.2.5 监督检查制度

农业行政主管部门履行监督检查职责时,有权采取下列措施:(1)就被检查的研究、试验、生产、加工、经营或者进口、出口,询问从事上述活动的单位、个人以及相关的利害关系人、证明人,并要求其提供与农业转基因生物安全有关的证明材料或者其他资料;(2)查阅或者复制农业转基因生物研究、试验、生产、加工、经营或者进口、出口的有关档案、账册和资

---

① 在我国,"农业转基因生物"是指利用基因工程技术改变基因组构成,用于农业生产或者农产品加工的植物、动物、微生物及其产品。

料等;(3)要求有关单位和个人就有关农业转基因生物安全的问题作出说明;(4)责令违反农业转基因生物安全管理的单位和个人停止违法行为;(5)在紧急情况下,对非法研究、试验、生产、加工、经营或者进口、出口的农业转基因生物实施封存或者扣押。

当发现农业转基因生物对人类、动植物和生态环境存在危险时,国务院农业行政主管部门有权宣布禁止生产、加工、经营和进口,收回农业转基因生物安全证书,销毁存在危险的农业转基因生物。

6.3 转基因食品食用安全性与营养质量评价制度

自2002年7月1日起开始实施的《转基因食品卫生管理办法》确立了转基因食品食用安全性和营养质量评价制度。卫生部负责制定和颁布转基因食品食用安全性和营养质量评价规程及相关标准。转基因食品食用安全性和营养质量评价采用危险性评价、实质等同、个案处理等原则。

卫生部还设立了负责转基因食品食用安全性与营养质量评价工作的转基因食品专家委员会。该委员会由食品安全、营养和基因工程等方面的专家组成。卫生部根据转基因食品食用安全性和营养质量评价工作的需要,认定具备条件的检验机构承担对转基因食品食用安全性与营养质量评价的验证工作。

此外,该办法要求转基因食品的生产者保留转基因食品进(出)货记录——包括进(出)货单位、地址、数量——至少二年备查,这是转基因食品可追溯性制度在我国立法中的具体体现。

2007年12月1日,卫生部发布的《新资源食品管理办法》开始施行,《转基因食品卫生管理办法》同时废止。根据《新资源食品管理办法》的规定,转基因食品和食品添加剂的管理依照《农业转基因生物安全管理条例》等有关法规执行。

七、我国转基因生物安全立法及其实施中存在的主要问题

在我国,以《农业转基因生物安全管理条例》为主要组成部分的转基因生物安全法律体系基本形成,初步规范了转基因生物研究、试验、生产、

加工、经营、进口以及相应的政府管理等活动,但相关立法及其实施仍存在一些问题。

7.1 缺乏法律层次的综合性专门立法

我国于 2005 年 9 月 6 日成为《卡塔赫纳生物安全议定书》的缔约方后,就需要启动将相关国际法原则和制度国内法化的进程。但在目前有关转基因生物安全的国家级专门立法中,除了《农业转基因生物安全管理条例》这一行政法规外,其他的管理规范都是由国务院相关主管部门,如原国家科委、农业部、国家烟草专卖局、卫生部、原国家药品监督管理局等根据各自的实际情况和工作需要分别制定和实施的行政规章,尚缺乏进行全过程管理的综合性的生物安全法律。[①]

实际上,1993 年的《基因工程安全管理办法》是我国第一部有关生物安全管理的立法,并曾经一度成为其他转基因生物安全立法[②]的范本和依据。但该办法的基本出发点是技术管理,而且主要规范封闭状态下的转基因生物利用,几乎不涉及有关转基因生物及其产品的市场化行为,再加上很多规定过于原则,缺乏可操作性,客观上并未真正有效实施。1994 年以后,由于我国农业转基因作物和转基因饲养动物的发展,以及转基因大豆等农产品的大量进口,农业部成为负责生物安全管理的主要政府机构。尤其是在《农业转基因生物安全管理条例》颁布后,农业部又陆续制定和实施了一系列与之配套的行政规章,从而在农业转基因生物安全监管方面建立了较为全面、系统的法律制度框架。[③]

总体看来,现有部门规章较为零乱,仅能对生物安全的某些方面进行规定,一旦出现重大生物安全问题,或者问题超出部门规章的调整范围,相关部门就很难进行有效管理。就连在目前的转基因生物安全管理中发挥主要作用的《农业转基因生物安全管理条例》,也是国务院将农业部制

---

① 参见前文"我国转基因生物安全立法之历史沿革"以及"我国转基因生物安全管理主要法律制度"部分。
② 如 1996 年 7 月 10 日由农业部颁布实施的《农业生物基因工程安全管理实施办法》和 1998 年 3 月 26 日由国家烟草专卖局颁布实施的《烟草基因工程研究及其应用管理办法》等。
③ 史晓丽:《转基因技术及其产品的法律规制》,载《比较法研究》2003 年第 4 期,第 81—82 页。

定的有关农业转基因生物安全管理的行政规章上升为行政法规,其管理的对象和范围也有很大的局限性。① 而在一些重点管理领域尚未建立规章,甚至缺乏必要的技术性标准与规范。同时,没有综合性的转基因生物安全立法,法律体系缺乏规划性、系统性、全面性和协调性。这些都容易导致政出多门、重复管理和矛盾冲突,也容易导致法律制度的缺失和管理上的"真空"。

7.2 缺乏有效的监管协调机制

我国转基因生物安全监管是在缺乏国家统一规划和领导的情况下由科技、农业、卫生等相关主管部门分别进行的,这些部门无一例外地都通过各自制定的行政规章确立自身的管理者地位,总体上缺乏有效的监管协调机制。这种监管体制所导致的主要问题有:

第一,条块分割,多头管理,相关政府部门之间缺乏协调与配合。

目前,农业行政主管部门承担着转基因生物安全管理的主要职责,转基因生物的研究、试验、生产、加工、进口等活动主要由农业部以及省级人民政府的农业主管部门管理。与此同时,科技、林业、卫生、商务、环境保护、质检、食品药品监督管理、外交等部门以及中国科学院等单位也在各自的职责范围内承担一定的转基因生物安全管理职责。由于缺乏有关转基因生物安全的综合性法律,难免出现职权重叠、冲突或缺位的状况,容易导致部门协调方面的困难②,导致研究与应用之间的矛盾。③ 在实践中,环境保护部对我国转基因生物及其产品的研究、试验、进口和产业化了解较少,相关的事务基本由农业部来管理。但是,作为国务院环境保护行政主管部门,环境保护部在生物安全领域的活动又十分踊跃,其行使职权的法律依据并不明确。

---

① 史晓丽:《转基因技术及其产品的法律规制》,载《比较法研究》2003 年第 4 期,第 82—83 页。
② 《卡塔赫纳生物安全议定书》由环境保护部牵头会签。这涉及谁主管的问题。由于部门利益难以协调,该议定书的会签工作曾不断推迟。参见《转基因农业:争议中不断发展》,载 http://www.biotech.org.cn,最后访问日期:2009 年 8 月 21 日。
③ 胥晓莺:《中国提高转基因安全门槛》,载 http://www.businesswatch.com.cn,最后访问日期:2009 年 8 月 21 日。

第二，部门监管不力。总体看来，我国对转基因技术产业化发展的政策较为谨慎，审批较为严格，管理也较为规范。自1999年进行了转基因抗虫棉的商业化种植之后，政府没有再批准任何一种转基因作物进行商业化种植。①

尽管如此，由于监管不力或缺位，转基因生物及其产品在研发和利用环节的违法现象都较为普遍。

在转基因技术研究方面，许多科研单位的实验室达不到相应的转基因生物安全保障条件，甚至不具备从事转基因技术研究的基本条件。②

在转基因生物的环境释放方面，研究单位大都绕过县级和省级农业行政主管部门而直接向国务院农业行政主管部门报告，致使县级和省级农业行政主管部门往往对本行政区域内的农业转基因生物的环境释放毫不知情、无从监管。如果研究单位未向国务院农业行政主管部门报告就进行了农业转基因生物环境释放，就会出现各级政府监管都缺位的"管理真空状态"。③

在转基因农产品的商业化生产方面，在高额利润的驱使下，不少单位违反转基因种子、种畜禽和水产苗种的生产、经营许可证制度，非法从事相关的生产和经营活动，甚至连我国政府尚未批准进行商业化种植的转基因水稻的种子，也被发现在湖北省非法销售和种植，由此生产的转基因大米已进入市场。④

在转基因生物标识方面，企业有法不依，政府执法不严，造成《农业转基因生物标识管理办法》形同虚设。以转基因食品为例，在2002年底，中国(香港)绿色和平组织分7个批次，在香港、北京、上海、广州等城市对近60个著名食品品牌进行采样并检测的结果显示：16个样品含有转基因成分，其中包括雀巢公司的6种产品、麦当劳汉堡的面饼以及肯德基的薯条

---

① 《转基因水稻商业化，中国科学家到底有无私利》，载 http://zz.ag365.com，最后访问日期：2009年8月21日。
② 周曙东、崔奇峰：《我国转基因农产品管理中存在的问题及其对策建议》，载《中国科技论坛》2006年1月第1期，第61页。
③ 同前注。
④ 周京平：《绿色和平组织宣布：中国市场发现转基因大米》，载 http://news.xinhuanet.com，最后访问日期：2009年8月21日。

和面饼等产品。2003年7月,在北京市农业局开展的农业转基因生物标识监督抽查中,14家企业的22个豆油、豆粕品牌均为转基因产品,但是都未贴上转基因生物标签。对于这一切,绝大多数消费者一无所知。①

第三,监管能力不足。我国用于转基因生物安全研究和管理的资金,相对技术研发的投入来说微乎其微。此外,有关转基因生物安全监管的能力建设和机构设置也都很薄弱。例如,农业部农业转基因生物安全管理办公室负责全国范围内的转基因生物安全监督以及大部分的农业转基因生物相关活动的行政审批等工作,但该办公室只有几位工作人员,而地方上的相关工作多由各省、自治区、直辖市农业厅的科教处之类的机构兼管,实质上最多只有半个人在从事相关管理工作。②

7.3 监管制度覆盖不全面

第一,制度手段和管理措施不充分。现有的转基因生物安全立法建立了以安全评价、许可证和标识等制度为核心的监督管理制度体系,但在越境转移的事先知情同意、公众参与、损害赔偿与责任保险等方面的制度严重不足甚至缺失。

第二,调整范围和环节不完整。现有转基因生物安全立法调整的重点在于农业领域,该领域的转基因生物安全监管覆盖研究、开发、释放、生产、加工、进口等多个方面,监管内容相对丰富。但是随着我国生物技术和产业的迅速发展,医药、林业、野生动植物等领域的转基因生物安全问题也日益明显,而这方面的立法比较薄弱,有的还停留在研究讨论阶段。此外,现有立法主要调整转基因生物及其产品的研究、试验、推广、生产、加工、进口等活动,却未涉及保管、运输、废弃和处置等环节,这将影响转基因生物安全监管的总体效果。

7.4 信息交流不顺畅、公众参与程度低

第一,部门间尚未形成完善的信息共享机制。在多个部门共同管理

---

① 《目前国内转基因产品的情况》,载 http://www.cinic.org.cn,最后访问日期:2009年8月21日。
② 胥晓莺:《中国提高转基因安全门槛》,载 http://www.businesswatch.com.cn,最后访问日期:2009年8月21日。

转基因生物安全事务的现有格局中,信息交流是协调相关管理工作的关键性机制。为了避免出现管理上的重复与空白,该机制尚待进一步加强与完善。

第二,相关决策缺乏透明度,往往存在暗箱操作的嫌疑。[①] 我国政府在转基因生物安全管理中的透明度和公众参与程度较低。即便是作为转基因管理"智囊团"、负责转基因生物安全评价的国家农业转基因生物安全委员会的成员改选,也没有经过公开程序,而是由各部门推荐人选,由农业部加以认定。该委员会成员的名单不向大众公开,转基因生物及其产品的安全审批材料更不向社会公开。[②]

第三,公众参与原则体现不足。赋予社会公众广泛的知情权,使其对转基因生物及其产品有明晰的了解和辨别,是提高社会公众的转基因生物安全意识、保障消费者权益的重要前提和内容。在此基础上,建立适宜的公众参与机制,充分发挥公众的监督与制约作用,有利于改进和加强转基因生物安全管理工作。

7.5 相对忽视生态环境保护

现行转基因生物安全立法规制的重心在于农业领域的转基因生物及其产品的技术研发、市场地位和产业化发展,对生态环境的关注和相关表述较为薄弱。[③]

八、完善我国转基因生物安全立法的基本立场

在对待转基因生物安全问题的态度上,美国的开放和欧洲的保守形成了较为鲜明的对比。在美国,转基因生物及其产品的范围很广,涉及牛奶、水果、蔬菜、玉米、大豆、猪肉、牛肉等主要食品。而欧盟只批准了为数

---

① 张伟:《农业部为转基因水稻颁安全证书被疑暗箱操作》,载 http://www.edu.cn,最后访问日期:2009 年 8 月 21 日。
② 胥晓莺:《中国提高转基因安全门槛》,载 http://www.businesswatch.com.cn,最后访问日期:2009 年 8 月 21 日。
③ 这可能和国务院环境保护行政主管部门没有组织过任何现行的转基因生物安全专门立法的制定有关。

很少的转基因作物投入商业化利用。①

调查显示,美国公众普遍对新生事物持乐观态度,较少的人注意到了生物技术应用中的风险,而且,如果这些技术得到了食品与药品管理局等政府机构的认可,人们就会认为相关产品及其风险是可以接受的。而在欧洲,公众对于生物技术在医疗、化工等领域的应用非常有信心,但对于其在食品领域的应用却有很多忧虑,并且这种忧虑已在政治、经济、文化等多个方面成为欧洲当今社会的主流意识之一。②

一般来说,在美国和欧盟的转基因生物安全法律和政策之外,并不存在一种特殊的制度框架。不同国家和地区都根据自己的状况和需要,在两种立场和制度之间寻找最有利于自身利益的平衡点。但在这一过程中,受外来政治、经济等压力的影响,不同国家作出最后选择的基本出发点往往会偏离防范转基因生物及其产品对生态环境和人类健康造成的风险这一初衷。例如,多数非洲国家欠缺科技研发能力,却通过立法严格限制转基因技术的商业化应用。究其根源,在于其经济体系主要靠矿产品和农产品的出口来维持,而农产品出口的主要市场是强烈抵制转基因产品的欧洲。这使得非洲不敢冒险尝试转基因作物。但值得省思的是,基于恶劣的农业生产条件,非洲怎能承担得起不采用转基因技术的代价呢?③

实际上,许多常规食品也可能对人类健康具有某些不良作用,要求转基因产品"零风险"的科学性值得商榷,④全面肯定或全面否定转基因生物的简单做法都不足取。目前,对转基因食品安全性的分歧多是基于政治、经济、文化、伦理乃至宗教等方面的考量,各国竞相开展转基因技术研发的事实说明了其真实态度。而要让转基因技术最大限度地为人类创造利益,就必须加强转基因生物安全法律制度,健全和完善转基因生物安全

---

① 毛新志:《美国、欧盟有关转基因食品的管理、法律法规对我国的启示》,载《科技管理研究》2005年第2期,第38—40页。

② 宋锡祥:《欧盟转基因食品立法规制及其对我国的借鉴意义》,载《上海大学学报》(社会科学版)2008年第1期,第35—38页。

③ 陈超:《国外转基因生物安全管理分析及其启示》,载《中国科技论坛》2007年第9期,第76—81页。

④ 朱俊林:《标识转基因食品的伦理动因》,载《湖南师范大学社会科学学报》2007年第3期,第45—48页。

评价和风险防范体系。

我国政府在 20 余年的转基因生物安全监管实践中,一方面认识到转基因技术对提升整个农业以及其他相关产业的水平具有关键作用——如转基因棉花的大规模商业化种植促进了农业增效、农民增收;另一方面也认识到目前我国的转基因技术研发、应用与安全管理水平与美国等发达国家相去甚远,在竞争中处于明显的劣势地位。

实际上,美国粗放型的转基因生物安全监管模式并不适合于我国,而欧盟过于严格的监管模式也不符合可持续发展的理念。作为一个人口众多的发展中国家,我国在完善转基因生物安全立法方面要借鉴国际和外国经验,梳理、评价、完善和编纂现有法律、法规和规章有关转基因生物安全的规定,同时要通过总结经验,明确转基因生物安全监管的基本立场,既大力发展转基因技术和产业,又保护经济、生态、健康和安全不受转基因生物及其产品的威胁,在转基因技术研发、商业化应用以及生态环境与公众健康保护之间寻找一个适当的平衡点。

九、我国转基因生物安全法律的基本框架

总体看来,我国的转基因生物安全研究和管理工作远远落后于生物技术和产业的发展,现行转基因生物安全立法及其实施中存在一系列问题,难以确保"积极研究,科学评价,审慎应用,加强管理,稳妥推进,协调发展"这一复杂政策的有机协调和有效实施。而健全和完善法律层次的转基因生物安全立法则是解决上述问题的必经之路。

作为进一步制定或者修订相关行政法规和行政规章的重要基石,转基因生物安全法律应当明确我国转基因生物安全管理的目标、原则、管理体制和基本制度等。

9.1 立法途径

为了健全和完善法律层次的转基因生物安全立法,可能的途径主要有二:一是采取美国式的分散立法之方法,通过对现有相关法律的修改或补充,使之也能适用于转基因生物安全管理。基本做法是修订《环境保护

第七章 我国转基因生物安全立法及其完善

法》，针对转基因生物安全问题设立专门的章节，并在其他相关法律中增加或完善有关转基因生物安全监管的具体内容。采用这种方式的立法成本和难度并不低。这主要是由于转基因生物安全问题并非传统的环境问题，它除了涉及生态环境和公众健康外，还涉及技术研发、产业化、国际和国内贸易等众多方面的利益关系，即使把转基因生物安全问题完全纳入到传统环境法的框架内，很多针对普通环境问题的立法目标、原则和规制手段也无法充分适应转基因生物安全管理的需要，同时，其他相关法律的修改与补充涉及面广，任务繁重，衔接与协调较为困难。另外一种选择就是针对转基因生物安全问题制定新的专门法律，这也是世界上许多国家和地区的通行做法。如欧盟有关转基因生物及其产品的指令和条例，澳大利亚的《基因技术法》，德国的《基因工程法》，巴西有关生物安全的第11105号法律等。这些专门立法的名称往往并不一样，但各自都构建了较为全面、系统、协调的转基因生物安全制度体系和监管框架。

笔者更倾向于制定新的专门法律，主要理由是：一方面，比较各国的转基因生物安全立法可知，相对于分散式立法，专门立法的制度较全面，内容较丰富，协调统一性较强，管理架构较明晰，同时有助于避免分散立法所导致的缺漏与重复现象；另一方面，转基因生物安全问题非常复杂，影响广泛，相关主体和社会关系具有多元化的特点，而我国自从20世纪90年代就开始基于分散式立法开展转基因生物安全管理工作，积累了大量有益的经验，其中许多经验已经以相对集中的行政法规和行政规章的形式，如国务院颁布的《农业转基因生物安全管理条例》及其一系列配套规章确定了下来。目前，我国转基因技术和产业发展对法制建设提出了更高要求，结合国外经验教训和我国现有的转基因生物安全法规、规章、相关法律以及管理实践，制定专门的转基因生物安全法律显得既必要又可行。

新的法律制定后，转基因生物安全法律体系就会更加完善。除了我国签署加入的有关转基因生物安全的国际条约，特别是《生物多样性公约》以及《卡塔赫纳生物安全议定书》之外，该体系还包括国家立法机构制定的转基因生物安全法律以及相关法律、国务院制定的转基因生物安全行政法规以及国务院农业、林业、卫生、环境保护等部门根据各自的管理职责制定的相关行政规章。而在地方层次,各地也可以针对自身实际状况和需求制定地方性转基因生物安全法规或规章。

9.2 立法目标和原则

我国转基因生物安全法律的目标,应是通过确立转基因生物安全管理体制以及相应的制度支撑体系,把转基因技术及其产物可能产生的风险降到最低限度,在保护生态环境和人类健康的同时促进生物技术研发与产业化发展顺利进行。

为此,应当坚持风险预防原则,设计和实施较为严格的转基因生物及其产品监管制度,待积累了较为丰富的资料和实践经验,有充分理由可以确信转基因技术和产业发展不会对生态环境和人类健康造成重大或者不可逆转的危害之后,再逐步放松监管,并在条件成熟时通过修订法律改采实质等同性原则和损害预防原则。笔者认为,在确定立法原则方面,这是较为合理、稳妥、可行的折中做法。

9.3 管理体制

目前,我国负责转基因生物安全事务的主要是国务院农业行政主管部门和环境保护行政主管部门。前者主要依据《农业转基因生物安全管理条例》开展执法活动。该条例是目前我国转基因生物安全管理方面效力层级最高的专门性法律文件,所涵盖的农业转基因生物(含其产品)的范围十分广泛,而且涉及研发、生产、加工、销售、进口等众多环节。可以说,在关于转基因生物安全管理的权力争夺赛中,农业部门占了先机,且在长期的行政管理过程中积累了较为丰富的资源和经验,具有优势地位。而国务院环境保护行政主管部门作为主管全国环境保护工作的政府机构,负责生物多样性保护等事务。该部门负责组团代表国家参加有关生物安全议定书的谈判,同时也是联合国环境规划署所制定的《国际生物技术安全指南》在我国的实施机构,但在国内的转基因生物安全管理方面,该部门并未开展多少具有实质意义的工作。

那么,基于对实践状况、未来发展需要以及理论基础的综合考量,到底应该选择农业部还是环境保护部作为我国转基因生物安全事务的主管机构呢？笔者认为，环境保护部应是首选。主要原因在于，转基因技术对于农业现代化的潜力和意义巨大，而农业部是我国农业产业化发展的主要规划者、引导者和推动者，同时也是农业转基因生物安全的主要管理者，由其作为我国转基因生物安全事务的主管机构，不仅存在如何将转基因生物安全管理的范围扩展至农业领域之外以及基于何种理论依据来协调卫生、林业、环境保护等转基因生物安全相关管理部门之难题，而且会由于其自身的产业管理者身份导致角色冲突——农业部可能更希望借助转基因技术来提升整个农业的产业化发展水平，而不是特别关注转基因生物及其产品带来的生态环境与人类健康方面的风险。环境保护部门与产业管理部门的重要区别在于，环境保护部门在性质上属于公共管理部门，以维护环境质量以及相关的公众健康等非经济性公共利益为使命，在对转基因技术及其产物的生态与健康影响进行管理的过程中，通常不存在立场和利益冲突。基于此，相对于农业部而言，由环境保护部作为我国转基因生物安全事务的主管机构似乎更为适当。当然，要实现对转基因生物安全事务的全面、有效管理，除了环境保护部门外，还需要农业、林业、卫生、科技等相关监管部门的分工合作。

9.3.1 转基因生物安全事务主管机构

作为国家转基因生物安全事务主管机构，国务院环境保护行政主管部门负责对全国转基因生物安全实施统一监督、指导和协调，组织拟订国家转基因生物安全管理规划、政策、法规、技术规范和标准，组织建立国家生物安全数据库、生物安全信息档案和生物安全监测网络，发布国家生物安全信息，指导风险评价管理，认证转基因生物风险评价机构，统一转基因生物标识，审批转基因生物的环境释放，协调国际生物安全条约的履行。

在国务院环境保护行政主管部门设立国家生物安全管理办公室，负责国家生物安全管理的日常工作，对外作为履行《卡塔赫纳生物安全议定书》的联络点和生物安全信息交换所的联络点。

9.3.2 转基因生物安全事务分管机构

在国家和省、自治区、直辖市层次上，除了环境保护部门外，科技、农业、林业、卫生、质量检验检疫、工商行政管理等部门也应依法参与转基因生物安全管理工作。其中,国务院科技行政主管部门负责转基因技术研发和生物安全技术研发的规划、指导和监管;国务院农业行政主管部门负责农业转基因生物研究与试验的风险评价、农业转基因生物田间释放、生产和加工的监管,农业转基因生物经营和进出口的审批,农业转基因生物安全信息档案和监测网络的建立与维护,并协同国务院环境保护行政主管部门履行生物安全国际条约;国务院林业行政主管部门负责林业转基因生物研究与试验的风险评价、林业转基因生物林地释放的监管,林业转基因生物进出口的审批,林业转基因生物安全信息档案和监测网络的建立与维护,并协同国务院环境保护行政主管部门履行生物安全国际条约;国务院卫生行政主管部门负责转基因食品和药品研究、开发和商业化活动的安全监管,转基因食品和药品进出口的审批,并协同国务院环境保护行政主管部门履行生物安全国际条约;国家质量检验检疫部门负责对取得许可证后的转基因生物及其产品的出入境实施监督管理;国务院工商行政主管部门负责对进入市场的转基因生物及其产品进行监督和检查,查处违法销售转基因生物及其产品的行为。

9.3.3 转基因生物安全管理协调机构

设立国家转基因生物安全委员会,作为转基因生物安全管理的协调机构。该委员会由国务院环境保护、科技、农业、林业、卫生、工商、质量检验检疫等部门的主管领导组成,主要负责协调国家转基因生物安全管理事务,并提出制定国家转基因生物安全战略、政策、法律和法规的建议等。

9.3.4 转基因生物安全管理咨询机构

成立国家转基因生物安全技术委员会,作为转基因生物安全管理的咨询机构。该委员会由国务院相关部门的代表以及环境保护、消费者保护、生物、生态、农业、林业、知识产权、医药、卫生、食品、伦理、法律、经济贸易等相关领域专家的代表组成,负责对转基因生物及其产品相关活动进行风险评价并作出相应的技术性决议。转基因生物安全管理部门在对转基因生物及其产品相关活动进行审批、登记、控制、检查或者开展其他监管活动时,需要考虑国家转基因生物安全技术委员会对有关技术问题的意见。

9.4 基本制度

我国目前的转基因生物安全立法,从规制对象来说,主要确立了基因工程安全监管制度、农业转基因生物安全监管制度以及转基因食品和药品安全监管制度;从规制手段来说,主要确立了安全评价、标识、监督检查、食品安全性与营养质量评价、许可证、可追溯性等基本制度。而未来的转基因生物安全法律应当以此为基础,进一步明确、补充和完善现有的转基因生物安全监管制度。

9.4.1 转基因生物风险评价制度

生态和健康风险评价制度是转基因生物安全监管的一项基本措施,其目的是评估和确定转基因生物研发、生产、加工、经营、进口等活动对生物多样性和人类健康可能产生的不利影响的状况和程度,以便相关政府部门作出管理决策,避免或尽量降低转基因生物对生物多样性和人类健康可能造成的危害。

9.4.2 转基因食品安全评价制度

进行转基因食品安全评价是转基因食品管理的基础与核心,该制度的基本目标是确保转基因食品和相应的传统食品同样安全且其营养价值也不低于相应的传统食品。

转基因食品安全评价应当遵循以科学为基础、个案分析和逐步进行等原则,但是部分国家和地区采取实质等同性原则。相对而言,实质等同性原则对风险的包容度更大。

9.4.3 转基因生物及其产品许可证制度

在从事转基因生物及其产品的研发、生产、加工和经营等活动时,除了可以依法采取报告备案方式的个别情形外,都必须事先获得相关政府主管部门的许可。该制度是转基因生物安全监管方面最为基础和关键的手段之一,在现有的《农业转基因生物安全管理条例》中已得到原则确立。

9.4.4 转基因生物及其产品进口事先知情同意制度

目前,我国转基因生物及其产品的进口量很大,而出口量非常有限。但从长远来看,我国在进口转基因生物及其产品的同时,也会向其他国家特别是第三世界国家出口畜禽疫苗、转基因农作物种子以及转基因产品等。就进出口总量而言,转基因生物可能会处于基本平衡状态,而转基因产品的进口量仍将大于出口量。①

《卡塔赫纳生物安全议定书》要求各缔约方采取必要、合理的法律、行政和其他手段履行该议定书设定的义务,而其第6条及以下条款对事先知情同意制度作了规定。在一定程度上,该制度会增加转基因生物及其产品进口的成本,但它对保护生物多样性及其可持续利用、保护人类健康发挥着不可或缺的重要作用。作为《生物多样性公约》以及《卡塔赫纳生物安全议定书》的缔约方,我国应当完成此制度的国内法化,而现有的《转基因生物进出口管理办法》已经初步体现了该制度。在制定专门的转基因生物安全法律时,该制度仍应成为其基本内容之一。与此同时,该专门法律也应对转基因生物及其产品出口的条件和程序作出规定。

9.4.5 转基因生物及其产品标识制度

转基因生物及其产品的安全性尚无定论,而且国内外舆论的整体评价偏向负面,因此从维护消费者知情权和选择权的角度出发,应当在现有立法的基础上,进一步确立和完善转基因生物及其产品标识制度。

9.4.6 转基因生物及其产品可追溯性制度

转基因生物及其产品可追溯性制度是欧盟在近年提出的一项新制度,也是对转基因生物及其产品标识制度的重要补充和发展,目前在我国现有的转基因食品立法中也有所体现。

9.4.7 应急处理和损害赔偿制度

从事转基因生物封闭研究、中间试验、环境释放、商业化利用和越境转移的,应当制定转基因生物安全事故处理应急预案并报送相关主管部门审查和备案;发生转基因生物安全事故的,应当立即控制危害后果、通报可能受到影响的单位和个人、报告所在地省级人民政府环境保护行政主管部门和其他有关行政主管部门并接受调查处理。

因从事转基因生物封闭研究、中间试验、环境释放和商业化应用、运输、贮存、越境转移、废弃物处理和处置等活动造成危害的,有责任排除危害,并对直接受到损失的单位或者个人赔偿损失;造成环境污染或者破坏

---

① 刘旭:《农业生物技术与生物安全的现状及对策》,载 http://agri.0437.gov.cn,最后访问日期:2009年8月21日。

的,应当支付生态环境损害赔偿金。为了确保对受害人或者受害生态环境的赔偿能力,责任人应当采取责任保险或者其他财务保障措施。而在转基因作物引起侵权的情况下,由于作为转基因农业最基本主体的农民在事实上往往不具备对转基因作物进行风险控制的足够能力,因此应作为适用无过失责任原则的例外。

危害完全由不可抗拒的自然灾害造成,并经及时采取合理措施仍然不能避免的,或者损害完全由受害人自己的故意行为造成的,从事转基因生物相关活动的单位和个人可以免于承担赔偿责任。

9.4.8 转基因生物安全专家咨询制度

建立专家咨询制度,针对转基因技术及其产物可能引发的安全问题,由相关领域的专家作出技术性判断或者提出应对措施的建议,供主管机构决策时参考。

9.4.9 转基因生物安全监管公众参与制度

社会公众参与有关转基因生物安全的公共决策,不仅可以提高人们的认识水平,创造有利于转基因生物安全管理的社会氛围,同时也是现代政府管理活动的重要内容和形式。但该制度在我国现有的转基因生物安全法规、规章中并未得到充分体现。

转基因生物安全法律应当赋予社会公众有关转基因生物安全事务的知情权、参与权,确保其依法参与政府的转基因生物安全管理工作,包括参与决策和规则制定,参与审批、监督以及相关危机的应对与处理等活动。

参 考 文 献

一、著作类

(一) 中文著作

1. 白英瑞:《欧盟:经济一体化理论与实践》,经济管理出版社 2002 年版。
2. 陈君石编:《转基因食品:基础知识及安全》,人民卫生出版社 2003 年版。
3. 陈灵芝、马克平主编:《生物多样性科学:原理和实践》,上海科学技术出版社 2001 年版。
4. 付宝荣等主编:《生态环境安全和管理》,化学工业出版社 2005 年版。
5. 高崇明编:《生物伦理学》,北京大学出版社 1999 年版。
6. 蒋太才编:《技术经济学基础》,清华大学出版社 2006 年版。
7. 康晓光:《权力的转移——转型时期中国权力格局的变迁》,浙江人民出版社 1999 年版。
8. 刘长秋、刘迎霜:《基因技术法研究》,法律出版社 2005 年版。
9. 刘谦、朱鑫泉主编:《生物安全》,科学出版社 2001 年版。
10. 吕忠梅:《环境法学》,中国法制出版社 2004 年版。
11. 罗豪才主编:《行政法学》,北京大学出版社 1996 年版。
12. 陶希晋:《中国民法学:民法债权》,法律出版社 1995 年版。
13. 王保树:《经济法原理》,社会科学文献出版社 2003 年版。
14. 王灿发、于文轩:《转基因生物国际法导论》,中国政法大学出版社 2006 年版。
15. 王俊岩、王保树主编:《市场经济法律导论》,中国民主法制出版社 1996 年版。
16. 王关林、方宏筠主编:《植物基因工程》,科学出版社 2002 年版。
17. 王利明、杨立新编著:《侵权行为法》,法律出版社 1996 年版。
18. 王利明:《民法·侵权行为法》,中国人民大学出版社 1993 年版。
19. 王明远:《环境侵权救济法律制度》,中国法制出版社 2001 年版。
20. 王明远:《清洁生产法论》,清华大学出版社 2004 年版。
21. 王曦主编:《国际环境法与比较环境法评论》(第二卷),法律出版社 2005 年版。
22. 王永飞编著:《转基因植物及其应用》,华中理工大学出版社 2007 年版。
23. 王泽鉴:《侵权行为法:基本理论、一般侵权行为》,中国政法大学出版社 2002

年版。
24. 吴乃虎编著:《基因工程原理》,科学出版社 1998 年版。
25. 徐海根、王健民等主编:《〈生物多样性公约〉热点研究:外来物种入侵、生物安全、遗传资源》,科学出版社 2004 年版。
26. 徐晋麟、陈淳编:《基因工程原理》,科学出版社 2007 年版。
27. 许钟麟、王清勤编著:《生物安全实验室与生物安全柜》,中国建筑工业出版社 2004 年版。
28. 薛达元编:《生物安全管理与实践——南京生物安全国际研讨会论文集》,中国环境科学出版社 1999 年版。
29. 薛达元主编:《转基因生物风险与管理》,中国环境科学出版社 2005 年版。
30. 薛达元主编:《转基因生物环境影响与安全管理——南京生物安全国际研讨会论文集》,中国环境科学出版社 2006 年版。
31. 闫新甫主编:《转基因植物》,科学出版社 2003 年版。
32. 杨立新:《侵权法论》,人民法院出版社 2004 年版。
33. 殷丽君编:《转基因食品》,化学工业出版社 2002 年版。
34. 曾北危主编:《转基因生物安全》,化学工业出版社 2004 年版。
35. 张惠展编著:《基因工程》,华东理工大学出版社 2005 年版。
36. 张献龙等编:《植物生物技术》,科学出版社 2004 年版。
37. 张新宝:《中国侵权行为法》,中国社会科学出版社 1998 年版。
38. 赵亚华编著:《分子生物学教程》(第二版),科学出版社 2006 年版。
39. 朱守一主编:《生物安全与防止污染》,化学工业出版社 1999 版。

(二) 外文译著
40. 〔德〕Gunter Kahl 编:《基因工程词典》,陈启良译,高等教育出版社 2007 年版。
41. 〔德〕罗尔夫·斯特博:《德国经济行政法》,苏颖霞等译,中国政法大学出版社 1999 年版。
42. 〔美〕保罗·A.萨缪尔森、威廉·D.诺德豪斯:《经济学》(第 12 版),高鸿业等译,中国发展出版社 1992 年版。
43. 〔美〕丹尼斯·缪勒:《公共选择理论》,杨春学等译,中国社会科学出版社 1999 年版。
44. 〔美〕费恩曼:《物理学讲义》(第三卷),潘笃武、李洪芳译,上海科学技术出版社 2006 年版。
45. 〔美〕曼瑟尔·奥尔森:《集体行动的逻辑》,陈郁等译,上海三联书店·上海人民出版社 1995 年版。

46. 〔美〕斯蒂格利茨:《政府为什么干预经济——政府在市场经济中的角色》,郑秉文等译,中国物资出版社1998年版。
47. 〔美〕詹姆斯·D. 盖斯福德等:《生物技术经济学》,黄祖辉等译,上海三联书店·上海人民出版社2003年版。
48. 经济合作与发展组织编:《环境保护的经济手段》,夏光、茅于轼等译,北京大学出版社1993年版。

(三) 外文著作

49. Brenda A. Trolin, *Mapping Public Policy for Genetic Technologies: A Legislator's Resource Guide*, National Conference of State Legislatures (Denver, Colorado), 1998.
50. C. W. M. Van Berkel, *Cleaner Production in Practice*, geborel te Boxtel, 1996.
51. Galun Esra and Breiman Adina, eds. *Transgenic Plants: With an Appendix on Intellectual Properties & Commercialization of Transgenic Plants by John Barton*, London, River Edge, NJ World Scientific Publishing Co., 1997.
52. Rachel Carson, *Silent Spring*, Boston: Houghton Mifflin Company, 2002.
53. Reynolds M. Salerno, Balancing Security and Research at Biomedical and Bioscience Laboratories, Presented at BTR 2003: "*Unified Science and Technology for Reducing Biological Threats and Countering Terrorism*", New York Planting Technology Press, 2003.
54. Sunkin Mauric, *Sourcebook on Environmental Law*, London: Cavendish, 2000.
55. Timothy M Swanson, *Biotechnology, Agriculture, and the Developing World: The Distributional Implications of Technological Change*, MA Edward Elgar Publishing, Inc. 2002.

二、论文类

(一) 中文论文

1. 边永民:《论预先防范原则在国际环境法中的地位》,载《河北法学》2006年第7期。
2. 边永民:《欧盟转基因生物安全法评析》,载《河北法学》2007年第5期。
3. 蔡守秋:《论生物安全法》,载《河南省政法管理干部学院学报》2002年第2期。
4. 曹明德:《生态法的理论基础》,载《法学研究》2002年第5期。
5. 陈超:《国外转基因生物安全管理分析及其启示》,载《中国科技论坛》2007年第9期。
6. 陈俊红:《日本转基因食品安全管理体系》,载《中国食物与营养》2004年第1期。
7. 陈烈夫、吕秀英等:《转基因作物安全性风险评估的程序与方法》,载《科学农业》

（台湾地区）2004年第5期。

8. 陈乃用：《实质等同性原则和转基因食品的安全性评价》，载《工业微生物》2003年第3期。
9. 陈乃用：《转基因食品安全性评价和实质等同性》，载《中国食物与营养》2004年第4期。
10. 陈如明：《疯牛病的研究进展》，载《畜牧与兽医》2004年第2期。
11. 陈维春：《国际法上的风险预防原则》，载《现代法学》2007年第5期。
12. 陈文炳：《日本转基因技术研究与管理最新动态》，载《检验检疫科学》2002年第3期。
13. 戴忠喜：《转基因食品标识与消费者知情权保护研究》，载《中国工商管理研究》2004年第1期。
14. 冯楚建：《澳大利亚生物安全研究与法制化管理考察总结》，载《科技与法律》2003年第3期。
15. 高晓露：《论风险预防原则的适用要件》，载《当代法学》2007年第2期。
16. 郭安凤：《生物技术的两用性及其监控措施》，载《生物技术通讯》2006年第6期。
17. 韩梅：《农业转基因生物安全管理现状及对策》，载《江苏农业科学》2007年第6期。
18. 何丹军、严继宁：《外来生物入侵现状及其预防》，载《中国检验检疫》2007年第4期。
19. 洪健飞：《美国政府对生物技术产品的管制》，载《生物技术通报》2004年第5期。
20. 胡斌：《试论国际环境法中的风险预防原则》，载《环境保护》2002年第6期。
21. 黄艳娥：《转基因产品的生产与安全管理》，载《世界农业》2001年第3期。
22. 蒋敏：《美国监管对用生物技术改良作物程序的评价 I 产品进入市场前安全性的评价》，载《生物技术通报》2002年第5期。
23. 金峰：《转基因生物侵权法律问题研究》，清华大学法律硕士专业学位论文（2005）。
24. 金慧华：《预防原则在国际法中的演进和地位》，载《华东政法学院学报》2005年第3期。
25. 柯坚：《我国生物安全立法问题探讨》，载《中国环境管理》2000年第1期。
26. 李尉民：《〈卡塔赫纳生物安全议定书〉及其对转基因农产品国际贸易和生物技术的影响》，载《生物技术通报》2000年第5期。
27. 李正明：《美欧转基因产品之争对农产品国际贸易影响分析》，载《商业研究》2005年第9期。

28. 李志亮等:《转基因食品安全性研究进展》,载《生物技术通报》2005年第3期。
29. 林风:《澳大利亚生物安全研究与法制化管理》,载《海峡科技》2003年第4期。
30. 林祥明:《美国转基因生物安全法规体系的形成与发展》,载《世界农业》2004年第5期。
31. 刘大椿:《现代科技的伦理反思》,载《光明日报》2001年1月2日第8版。
32. 刘大椿:《现代科学技术的价值考量》,载《南京大学学报》(哲学·人文科学·社会科学版)2001年第4期。
33. 刘鸿飞:《生物技术发展史》,载《国外科技新书评介》2007年第12期。
34. 刘全义:《终止子技术不进行商业化应用》,载《棉花学报》2000年第4期。
35. 刘泽海:《我国转基因食品市场准入制度研究》,载《科技咨询导报》2007年第21期。
36. 龙火生、马毅青等:《生物安全的由来及发展》,载《家畜生态》2003年第24期。
37. 吕炳斌:《试论基因技术发展对法律的挑战》,载《华东理工大学学报》(社会科学版)2002年第1期。
38. 毛新志:《美国、欧盟有关转基因食品的管理、法律法规对我国的启示》,载《科技管理研究》2005年第2期。
39. 明莉:《转基因生物的国际立法——浅析〈生物安全议定书〉》,载《法制与社会》2007第2期。
40. 那力:《国际环境损害责任的两个重大变化》,载《法商研究》2006年第6期。
41. 牛惠之:《基因改造科技管理之国际规范及其调和》,载中国台湾"行政院"农业委员会动植物防疫检疫局编:《基因改造议题:从纷争到展望》,2004年12月。
42. 钱水苗:《污染环境侵权行为民事责任的特点》,载《杭州大学学报》(社会科学版)2000年第2期。
43. 秦笃烈:《透视美国生物国防战略与实施:生物医学21世纪将成为国家安全的前沿》,载《科学中国人》2004年第2期。
44. 史晓丽:《转基因技术及其产品的法律规制》,载《比较法研究》2003年第4期。
45. 史晓岩:《美国政府的管道监管体系》,载《中国石油企业》2004年第10期。
46. 宋金田:《欧澳转基因食品安全管制》,载《江苏农村经济》2006年第7期。
47. 宋锡祥:《欧盟转基因食品立法规制及其对我国的借鉴意义》,载《上海大学学报》(社会科学版)2008年第1期。
48. 苏金乐:《农业转基因研究和应用过程中预防原则及其伦理学解读》,载《道德与文明》2005年第6期。
49. 万霞:《生物安全的国际法律管制——〈卡塔赫纳生物安全议定书〉的视角》,载

《外交学院学报》2003 年 1 期。

50. 汪其怀:《中国农业转基因生物安全管理回顾与展望》,载《世界农业》2006 年第 6 期。
51. 汪其怀、付仲文:《菲律宾转基因生物安全管理》,载《世界农业》2002 年第 6 期。
52. 王伯荪、王昌伟等:《生物多样性刍议》,载《中山大学学报》(自然科学版)2005 年第 6 期。
53. 王灿发:《创建框架性法规体系——生物安全管理立法初探》,载《国际贸易》2000 年第 7 期。
54. 王灿发:《生物安全的国际法原则》,载《现代法学》2003 年第 4 期。
55. 王林山:《转基因食品的安全性评价与管理》,载《粮食问题研究》2004 年第 3 期。
56. 王小钢:《论〈卡塔赫纳生物安全议定书〉中与 WTO 规则冲突的贸易措施》,载《生物技术通报》2004 年第 1 期。
57. 王艳青:《国际履约与中国转基因生物安全管理》,载《世界农业》2007 年第 1 期。
58. 王志伟:《拯救地球—现代科技—经济框架与环境时代》,载《学术月刊》2001 年第 5 期。
59. 向文:《欧盟转基因食品法律管制之法律传统背景分析》,载《法制与社会》2007 年第 3 期。
60. 谢翀:《论转基因农产品的国际贸易问题》,载《武汉工业学院学报》2006 年第 1 期。
61. 应瑞瑶、沈亚芳:《美欧转基因产品贸易争端原因分析及对我国的启示》,载《国际贸易问题》2004 年第 5 期。
62. 于智勇:《现代生物技术发展史上的重要事件》,载《生物学杂志》2002 年第 5 期。
63. 詹映、朱雪忠:《转基因作物新品种知识产权的技术措施保护初探》,载《科研管理》2003 年第 5 期。
64. 张斌:《转基因农产品争端及各方观点》,载《调研世界》2001 年第 11 期。
65. 张岂之:《论环境伦理、科技伦理与法律伦理》,载《西安交通大学学报》(社会科学版)2001 年第 2 期。
66. 张蔚:《试析转基因产品对国际贸易的影响》,载《国际经贸探索》2002 年第 3 期。
67. 张振钿、黄国锋:《基因污染与生态环境安全》,载《生态环境》2005 年第 6 期。
68. 张忠民:《美国转基因食品标识制度法律剖析》,载《社会科学家》2007 年第 6 期。
69. 周珂、杨子蛟:《论环境侵权损害填补综合协调机制》,载《法学评论》2003 年第 6 期。
70. 周曙东、崔奇峰:《我国转基因农产品管理中存在的问题及其对策建议》,载《中国科技论坛》2006 年第 1 期。
71. 朱俊林:《标识转基因食品的伦理动因》,载《湖南师范大学社会科学学报》2007 年第 3 期。
72. 朱星华:《预防原则与科学依据在多边协定下的协调——以〈生物安全议定书〉与〈实施卫生与植物卫生措施协定〉为例》,载《科技与法律》2006 年第 4 期。

(二) 外文论文

73. Christopher P. Rogers, Liability for the Release of GMOs into the Environment: Exploring the Boundaries of Nuisance, *Cambridge Law Journal*, 62(2) July 2003.
74. Clive James, *Preview*: *Global Status of Commercialized Biotech/GM Crops*, ISAAA, Dec 2004.
75. Gabrielle H. Williamson, Controversial New Rules on Green Genetic Technology, http://www.internationallawoffice.com.
76. IISD, Earth Negotiations Bulletin, Vol. 9, No. 137.
77. Julie Hill, Decision-making on Biotechnology: Developing New Principle for Regulation, *Journal of Environmental Assessment Policy and Management*, March 1999.
78. Koltunow AM, Bicknell RA and Chaudhury AM, Apomixis: Molecular Strategies for the Generation of Genetically Identical Seeds without Fertilization, *Plant Physiology*, 1995.
79. M. Miraglia, K. G. Berdalb, Detection and Traceability of Genetically Modified Organisms in the Food Production Chain, *Food and Chemical Toxicology*, Volume 42, Issue 7, July 2004.
80. Michael Cardwell, The Release of Genetically Modified Organisms into the Environment: Public Concerns and Regulatory Responses, *Environmental Law Review*, 2003 (4).
81. Paul Grun, Tim Ramsay, Nina Fedoroff, The Difficulties of Defining the Term "GM", *Science*, 2004 (303).
82. Victor Pelaez, State of Exception in the Regulation of Genetically Modified Organisms in Brazil, *Science and Public Policy*, 36(1), February 2009.

三、网站类

(一) 中文网站

1. 北大法律信息网:www.chinalawinfo.com
2. 凯风网:www.kaiwind.com
3. 人民网:www.people.com.cn

4. 山东省人民政府网站：www.shandong.gov.cn
5. 商务周刊网站：www.businesswatch.com.cn
6. 深圳市档案局网站：www.szdaj.gov.cn
7. 新华网：news.xinhuanet.com
8. 中国产业经济信息网：www.cinic.org.cn
9. 中国法律法规网：www.falvfagui.com
10. 中国国家生物安全信息交换所网站：www.biosafety.gov.cn
11. 中国教育和科研计算机网：www.edu.cn
12. 中国农业科学院网站：www.caas.net.cn
13. 中国农业信息网：www.agri.gov.cn
14. 中国人大网：www.npc.gov.cn
15. 中国生物技术信息网：www.biotech.org.cn
16. 中国网：www.china.com.cn
17. 中国政府网：www.gov.cn
18. 中华人民共和国环境保护部网站：www.sepa.gov.cn

（二）外文网站

19. 爱尔兰非转基因网络：www.gmfreeireland.org
20. 奥地利环保局网站：www.umweltbundesamt.at
21. 澳大利亚联邦法规文件注册中心网站：www.frli.gov.au
22. 巴西生物安全委员会网站：www.ctnbio.gov.br
23. 法兰克福大学网站：www.uni-frankfurt.de
24. 加拿大可持续发展国际中心：www.iisd.ca
25. 经济合作与发展组织网站：www.oecdchina.org
26. 联邦德国环境保护局网站：www.bundesregierung.de
27. 联合国粮农组织网站：www.fao.org
28. 联合国网站：www.un.org
29. 绿色和平网站：www.greenpeace.org
30. 美国国家健康局生物技术活动管理办公室网站：oba.od.nih.gov
31. 美国国家生物信息组织生物技术联合管理网：usbiotechreg.nbii.gov
32. 美国可持续农业研究与教育：www.sare.org
33. 美国联邦环保署网站：www.epa.gov
34. 美国明尼苏达公共广播网：minnesota.publicradio.org
35. 美国农业部外国农业服务中心网站：www.fas.usda.gov

36. 美国食品与药品管理局网站：www.fda.gov
37. 欧盟法律检索网站：eur-lex.europa.eu
38. 欧盟委员会网站：ec.europa.eu
39. 欧洲区域非转基因认证、生物多样性与农村发展大会网站：www.gmo-free-regions.org
40. 日本环境省生物安全办公室网站：www.bch.biodic.go.jp
41. 日本环境省网站：www.env.go.jp
42. 生物多样性公约网站：www.cbd.int
43. 世界社会主义网：www.wsws.org
44. 英国pew慈善信托网站：www.pewtrusts.org
45. 英国内阁办公室网站：www.cabinetoffice.gov.uk
46. 英联邦公共部门信息办公室网站：www.opsi.gov.uk
47. 英联邦官方文件档案办公室网站：www.archive.official-documents.co.uk
48. 英联邦制定法数据库网站：www.statutelaw.gov.uk
49. 英联邦自然保护联合委员会网站：www.jncc.gov.uk

四、法律法规类

（一）中文法律法规

1. 《基因工程安全管理办法》(1993)
2. 《进出境转基因产品检验检疫管理办法》(2004)
3. 《开展林木转基因工程活动审批管理办法》(2006)
4. 《民法通则》(1986)
5. 《农产品质量安全法》(2006)
6. 《农业法》(2002)
7. 《农业生物基因工程安全管理实施办法》(1996)
8. 《农业转基因生物安全管理条例》(2001)
9. 《农业转基因生物安全评价管理办法》(2002)
10. 《农业转基因生物标识管理办法》(2001)
11. 《农业转基因生物加工审批办法》(2006)
12. 《农业转基因生物进口安全管理办法》(2001)
13. 《侵权责任法》(2009)
14. 《人类遗传资源管理暂行办法》(1998)
15. 《山东省农业转基因生物加工许可审批办法》(2006)

16. 《深圳市农业转基因生物安全监督检查办法》(2005)
17. 《新生物制品审批办法》(1999)
18. 《行政许可法》(2003)
19. 《烟草基因工程研究及其应用管理办法》(1998)
20. 《渔业法》(2000)
21. 《种子法》(2004)
22. 《转基因食品卫生管理办法》(2002)

(二) 外文法律法规

23. 澳大利亚基因技术法(2000)
    Gene Technology Act 2000
24. 澳大利亚基因技术法(2000)实施条例
    Gene Technology Regulations
25. 巴西国家生物技术委员会机构法(1995)
    National Technical Biosafety Committee Institutional Acts
26. 巴西生物安全法(1995)
    Law 8974
27. 保加利亚转基因生物法(2005)
    Genetically Modified Organisms Act
28. 德国基因工程法(1993)
    German Genetic Engineering Act
29. 卡塔赫纳生物安全议定书(2000)
    Cartagena Protocol on Biosafety
30. 美国公共健康安全与生物恐怖主义预防应对法(2002)
    The Public Health Security and Bioterrorism Preparedness and Response Act
31. 美国联邦杀虫剂、杀菌剂和灭鼠剂法(1947)
    Federal Insecticide, Fungicide, and Rodenticide Act (FIFRA)
32. 美国联邦食品、药品和化妆品法(1938)
    Federal Food, Drug, and Cosmetic Act (FFDCA)
33. 美国联邦有毒物质控制法(1976)
    Toxic Substances Control Act (TSCA)
34. 美国植物保护法(2002)
    Plant Protection Act
35. 挪威转基因技术法(1993)

The Act relating to the Production and Use of Genetically Modified Organisms (Gene Technology Act)

36. 欧盟关于环境损害预防与救济责任的指令(2004)

Directive 2004/35/CE of the European Parliament and of the Council of 21 April 2004 on Environmental Liability with regard to the Prevention and Remedying of Environmental Damage

37. 欧盟关于有意向环境释放转基因生物的指令(2001)

Directive 2001/18/EC of the European Parliament and of the Council of 12 March 2001 on the Deliberate Release into the Environment of Genetically Modified Organisms and Repealing Council

38. 欧盟特定转基因食品强制标识条例(1998)

Council Regulation (EC) No. 1139/98 of 26 May 1998 concerning the Compulsory Indication of the Labelling of Certain Foodstuffs Produced from Genetically Modified Organisms of Particulars other than Those Provided for in Directive 79/112/EEC

39. 欧盟新食品和新食品成分条例(1997)

Regulation (EC) No. 258/97 of the European Parliament and of the Council of 27 January 1997 concerning Novel Foods and Novel Food Ingredients

40. 欧盟转基因生物可追溯性和标识以及转基因食品和饲料可追溯性条例(2003)

Regulation (EC) No 1830/2003 of the European Parliament and of the Council of 22 September 2003 concerning the Traceability and Labelling of Genetically Modified Organisms and the Traceability of Food and Feed Products Produced from Genetically Modified Organisms

41. 欧盟转基因生物越境转移条例(2003)

Regulation (EC) No 1946/2003 of the European Parliament and of the Council of 15 July 2003 on Transboundary Movements of Genetically Modified Organisms

42. 欧盟转基因食品和饲料条例(2003)

Regulation (EC) No 1829/2003 of the European Parliament and of the Council of 22 September 2003 on Genetically Modified Food and Feed

43. 日本关于通过监管改性活生物体的利用活动实现生物多样性的保护和可持续利用的法律(2003)

Law Concerning the Conservation and Sustainable Use of Biological Diversity through the Regulations on the Use of Living Modified Organisms (Law No. 97 of 2003)

44. 瑞士转基因生物环境释放法令

Switzerland Ordinance on the Release of Transgenic Organisms into the Environment (1999)

45. 瑞士转基因生物越境转移法令(2001)
    Switzerland Ordinance on the Transboundary Movement of GMOs
46. 生物多样性公约(1993)
    Convention on Biological Diversity
47. 英国动物(科学规程)法(1986)
    Animals (Scientific Procedures) Act
48. 英国环境保护法(1990)
    Environmental Protection Act
49. 英国食品与环境保护法(1985)
    Food and Environment Protection Act
50. 英国卫生法(2006)
    Health Act
51. 英国野生动物与乡村法(1981)
    Wildlife and Countryside Act
52. 英国职业健康与安全法(1974)
    Health and Safety at Work etc. Act

后　记

2003年8月，我完成在哈佛法学院和哈佛大学环境中心的访问研究回到清华，就开始关注有关能源与气候变化、生物遗传资源与转基因生物安全的研究，为环境资源法学专业的研究生开设了"能源法专题"课程，并着力加强"清华环境与能源法论坛"。由于一切都才开始，困难自然不少。

那时候金峰还是清华法学院的法律硕士研究生。基于对生物技术法律问题的兴趣，他自告奋勇来参与我的相关研究，并帮助张罗"论坛"的各种讲座和研讨会。其后我以《转基因生物安全法律问题与我国的对策研究》为题申请了国家社会科学基金并获得批准。在项目申请过程中，崔建远教授和程啸博士给予了宝贵的支持。

到2006年底，研究报告的主体部分已经完成，其后又陆续进行了数次修改。在项目申请和实施阶段，金峰帮助收集整理文献资料；在书稿完善阶段，又帮助规范和校对注释。本书的面世，离不开他的辛劳和重要贡献。

学术著作的出版通常并不容易。承蒙北京大学法学院汪劲教授关爱，他欣然同意将本书纳入其负责主编的"环境法学研究文库"。2009年初，在北京大学出版社编辑郭瑞洁老师的帮助下，我申请了北京市社会科学理论著作出版资助，王灿发教授和汪劲教授分别为此提供了推荐信。虽然评审阶段有一点波折，但最终还是于2010年初获得批准。

书稿完成后，吴珊、王希扬、赵莹、何佳琦、方瀛平、杨舒婷和刘星星等同学分别作了校阅并提出了完善建议。

现在，也就是本书即将付印之时，我要由衷地感谢上面所提到的每个人，还要感谢身边所有关心我的同事、朋友和同学，感谢时刻支持我的家人。

转基因生物安全法是环境法学中的新领域，相关研究总体上刚刚起步，基础非常薄弱。本书就是这方面的探索性尝试之一。在开展这项研究工作时，不得不将技术、生态、管理与法律等紧密结合起来，跨度很大，常常感到难以把握。虽然成果不够令自己满意，但面对这一极其复杂的新问题、新现象，既然已经尽心尽力，也就没有太多遗憾。倘若本书能够供各位贤达批判或借鉴，对其理论或实践工作有所启示，那就是对我最大、最好的激励了。请多多赐教。

王明远

2010 年 4 月 12 日

于清华园明理楼